U0665091

"城市更新与人文遗产"
上海系列

马学强·主编

上海城市之心

南京东路街区百年变迁

The Heart of Shanghai

上海社会科学院出版社
SHANGHAI ACADEMY OF SOCIAL SCIENCES PRESS

主　编

马学强

执行主编

张婷婷　陆　烨

副主编

任伟峰　徐叶玉

*

编委会成员

韩琥亮　胡　端

李东鹏　蓝　天

鲍世望（图片）

序 言

　　一个城市的中心区，通常是这个城市政治、经济、社会、文化、宗教等方面的多功能集聚区，是这个城市历史积淀最为厚重的区域，也是产生、演绎城市故事最为丰富的区域。上海城市在不同时期，空间范围、指称对象并不完全一样，其中心区在不同时期也不完全一样。近代开埠以前，上海城市空间范围指上海城厢内外，其中心区在今人民路、中华路围成的圆圈内。近代开埠以后，由于多种因素交互作用，特别是由于租界的存在，上海出现多中心格局：华界政治中心先在县城，后来移至江湾五角场一带；法租界中心在法大马路即金陵东路一带；公共租界中心则在东起外滩、西至西藏路一带，其市政管理机关工部局设在汉口路。1945年抗战胜利以后，南京国民政府恢复对上海的统治，上海先前的"一市三治"行政格局随着租界的消亡而不复存在，上海市政中心移至原公共租界中心地带，汉口路、江西路口原公共租界工部局办公大楼成为上海市政府大楼。1949年上海解放以后，行政中心也一度设在这里。此后，东起外滩、西至西藏路、北起苏州河、南至延安东路，这一区域即被认为是大上海城市中心区的中心地段。本书研究的南京东路街区，是这一地段的一部分，故以"上海城市之心"命名，相当传神。

　　就历史文脉而言，这一街区是多重城市特色集聚、交汇、重叠的空间。

　　这里曾以休闲出名。这南京路原名公园弄，又叫派克路，其得名便由休闲而来。中国人叫这条路为"大马路"，马路之名由此而来。那时，英国人遛在这条路上的，不是征战之马，而是休闲之马。英租界起先造的三个跑马场，都在这条路边。即使到19世纪末20世纪初，南京路作为十里洋场早已名闻遐迩，两侧休闲场所依然很多，包括大光明电影院、夏令配克电影院、先施公司、新新公司的屋顶游乐场等。20世纪90年代南京东路辟为步行街，正是对其休闲传统的发扬。

　　这里一向以繁华著称。近代以来，中国最繁华的城市是上海，上海最繁华的地区在公共租界，公共租界最繁华的地段在苏州河以南，苏州河以南最繁华的地方就是本书所描述

的街区。一个半世纪以来，中国许多体现摩登、领导潮流的现代化市政设施，都从这里开始。中国之有煤气灯、电灯，从这里开始；中国之有铁藜木路、有轨电车、自动扶梯，从这里开始；中国之有霓虹灯、摩天楼、大型综合游乐场，从这里开始。二十四层的国际饭店，雄踞中国高楼之首达半个世纪。"风乍起，吹皱一池春水。"中国诸多引领商业潮流、引领时尚的源头，都在这里。高楼林立、店铺栉比、万商云集、百货杂陈、车水马龙、摩肩接踵，一切描摹繁华的字眼都加给她，还是显得那么苍白与不足。1932年，人们就已这样描述：

> 南京路不愧是世界的大商场。你看，橱窗内陈列着有的是千金的珍玩，宝贵的器皿，华美的装饰物，富丽的日用品，和珍异的……这是一九三一年最新式的别克轿车，那是刚才到埠的上等法兰西绒；这边是报时最准确的德国金表，那又是价值昂贵的珍珠钻戒，还有五色的绫罗，美丽的绸缎，还有高贵的呢帽，精美的高跟鞋。还有，还有，我几乎数不清楚了。这奇珍的货品，这华贵的陈列品，真的，使我简直喊不出它叫什么，也说不出它的用途。本来，像我这般穷小子，怎能懂得，也怎配懂得它呢！什么糖果店、绸缎店，什么银楼、车行，什么钟表店、照相店，像鱼贯似的排列着，争奇斗胜，别出心裁地陈列着各色货品，来吸引路人的注意。终于，我的目光缭乱了，缭乱得昏了头。啊，伟大啊！伟大的南京路，伟大的东方百老汇！[①]

这里是名人荟萃的场所。上海名人，数以万计，少有没在南京路上留下足迹的。办《时务报》的梁启超，写《马氏文通》的马建忠，都曾居住在这里。著名的中西女塾、东文学社、爱国学社都设在这里，王国维、罗振玉、蔡元培、章太炎、邹容、章士钊、宋氏三姐妹，都活跃在这里。清末民初，蔡元培两次居住在这里。闻名遐迩的国际饭店、一品香西餐店、功德林素菜馆、东方饭店，先施、永安、大新与新新四大公司，汉口路基督教沐恩堂，都是达官显贵、才子佳人、世界名人惯于出入的地方。

这里是凸显权力的场所，也是阶级矛盾、民族矛盾聚焦的场所。租界存在的时期，公共租界每有庆典，比如上海通商50年大庆，英国女王诞辰，接待外国元首，庆祝抗战胜利，其游行队伍必经这里，阅兵式必在跑马场。1925年五卅惨案发生在南京路，更增强了这条路的民族主义色彩。20世纪30年代上海文人预测上海的未来，有人预料，上海在租界收回、政权易手以后，最惹人注目的改变，是跑马厅改为"人民公园"，成为人民集会

---

① 礼宰：《逛逛南京路》，《新闻报》，1932年1月21日，第2版，引文中的省略号为原文所有。

的重要场所。二十多年之后的历史事实，竟与预言完全吻合，连公园名字也一字不差。预言者并不是算命先生，之所以一语中的，就因为谁都明白南京路、跑马厅的象征意义。改革开放以后，这里矗立起上海市政大厦、上海博物馆、上海城市规划展示馆、上海大剧院等，都凸显了这里城市中心广场的特色，也是对这一地块历史文脉的自觉延续。

对于这一街区历史文化价值的重视，并非始于今天。还在1946年，即抗战胜利以后的第二年，当时的上海市参议会，曾就跑马厅地块如何使用，进行讨论，争论异常激烈。影响力最大的《申报》就此问题两次邀请市民投票，四天内收到4 463封来信，其中按照表格逐项填注的有1 284张，赞成开放马禁、恢复跑马功能的仅59票，而持反对态度的有1 225票。[①] 在此舆论一边倒的态势下，跑马厅地块的跑马功能就注定将永远成为历史。

总之，这是文化内涵极其丰厚、研究价值极大的街区。马学强教授主持的学术团队，与黄浦区南京东路街道合作，优势互补、相得益彰，以口述访谈与文献发掘相结合的方式，利用道契与户籍资料，对这一街区的历史进行了系统的发掘与研究，披露了许多前所未知的史料，释读了这一街区历史的特殊价值。对于这一街区，对于南京路，学术界已经出版了不少很好的研究成果，黄浦区从事档案、文史研究的部门与学者，前辈学者沈寂先生，美国学者高家龙教授，日本学者菊池敏夫，都已有很好的成果问世。本书的出版，对此前的成果有吸收，也有新的发现与补充。

上海正在努力建设国际文化大都市，要让这座城市令人向往，中外文化交相辉映，现代和传统文明兼收并蓄，要让建筑可以阅读，街区适合漫步。本书的出版，对于人们了解上海、阅读上海、展现上海文化底蕴、增添上海城市魅力，都有不可替代的价值。

是为序。

熊月之

（中国史学会副会长、上海历史学会会长、

上海社会科学院原副院长、研究员）

2017 年 7 月 30 日

---

① 《市民投票反对赛马》，《申报》1946 年 9 月 14 日。

■ 人民公园人民广场自东向西鸟瞰，祁雯摄于 2017 年 5 月 26 日

目 录

第 1 章

地图中的变迁

　　人民广场，作为上海的中心地标，具有多重意义：在地理上，为上海公路"零公里"处；①在行政上，是上海市人大、上海市人民政府及部分委办局的办公所在地，为行政中心；在交通上，为上海市中心的交通枢纽之一，地铁1号线、2号线、8号线等多条轨道交通在此交汇，空中有延安路高架与南北高架的交汇点，地面有59个公交站点，是上海市中心规模最大的地铁换乘和公交集散地。紧邻以"中华商业第一街"著称的南京路步行街，大、中型商店云集，为上海的商业商务中心之一。其周边聚集了上海博物馆、上海城市规划展示馆、上海大剧院、上海音乐厅、上海历史博物馆、上海当代艺术馆、上海市工人文化宫等设施，拥有一批著名的文化机构，还有大光明电影院、和平影都、天蟾京剧中心逸夫舞台、中国大戏院等影剧场。人民广场是一个融行政、文化、交通、商业为一体的园林式广场，在行政区划上，它归属于南京东路街道。

　　南京东路街道位于上海黄浦区西北部，其范围：东至福建中路，南至延安东路——西藏中路——金陵西路，西至成都北路，北至苏州河，辖区面积2.41平方千米，下辖19个居委会。②现南京东路街道是由原南京东路街道、人民广场街道与金陵东路街道的三个居委在2007年合并而成。南京东路街道地理位置特殊，区位特征明显，地处上海中心城区的核心区域。

　　明清时期，这一带属于"老闸"的一部分，分布着诸多村落，民居散处，浦溆潆

---

① 1950年11月，为了统一上海的平面坐标系统，上海市地政局对全市进行了测量，测量就以国际饭店楼顶的中心旗杆为原点，由此奠定了上海城市平面坐标体系。国际饭店，即位于人民广场北侧的南京西路。以上海为起点的312、318、320三条国家级干线公路（即"国道"），都将人民广场作为"零公里"起始处，这里也是204国道的终止点。

② 至2016年末，南京东路街道有户籍户数3.04万户，户籍人口9.98万人，常住人口6.16万人，辖19个居委会，原北海路居委由于动迁，实际居住人口减少，就近撤并入相邻的平望街居委会统一管辖，整个街道有社区单位8 947家，其中机关事业单位247家，企业5 121家，个体经营户3 579户。此数据由南京东路街道提供。

■ 图1-1，上海市人民政府及公路"零公里"处，摄于2017年5月31日

泗。自1843年上海开埠以后，这里成为英租界的重要组成部分，城市化进程快速推进。经过数十年的经营，这里作为当时上海最主要的商业、娱乐业、服务业中心，南京东路的百货业蜚声海内外，人民广场旧址原为上海跑马厅，是专门举行赛马等活动的场所，盛极一时。

1949年5月上海解放后，上海市人民政府对上海跑马厅进行改造，成为"人民广场"，作为全市人民游行集会的场所，可容纳百万人。改革开放以来，上海市政府又对人民广场进行综合改造。① 改造后的人民广场成为上海的行政、文化中心。广场的北侧是上海市人民政府所在地，西北侧为上海大剧院，东北侧为上海城市规划展示馆，南

---

① 人民广场综合改造工程，自1988年5月地铁站开工以来，经过6年多建设，于1994年国庆前夕展露新姿。

侧为上海博物馆，人民大道穿越其中。广场两侧各设 17 米宽的绿化带，绿化总面积达 8 万平方米。南京东路所在的街区也迎来了前所未有的发展机遇，改造更新，城市面貌焕然一新。

要完整展现 100 多年来南京东路街区一带的形成与演变，仅仅依据文字的表述有其局限性，若借助于不同时期、不同类型的地图，则更可概览其全貌。考察一个街区的变迁，无论是道路、建筑，还是街区的形成、空间的延伸，是有许多维度的，可以通过平面，也可以通过立体，其构图异常复杂。近年来，我们从海内外陆续搜集到南京东路街区一带的各类地图数十幅，这些地图绘制的时间跨度很大，从 16 世纪一直到现在，体现了多种维度，且有不同的构图特点。通过对各种空间构图的解析，南京东路街区一带的空间形态、功能结构等得以充分显示。

■ 图 1-2，人民广场鸟瞰，摄于 2017 年 6 月 2 日

第一节 南京东路街区的"前世"

　　从几幅地图中可以反映明清时期上海县城北部一带的景象，此为"前世"。

　　图1-3为明弘治十七年（1504年）《上海志》所附"上海县地理图"，这是上海的早期地图。该绘制地图，无比例尺之设，也无方位之定，只反映大致轮廓，环绕县治内外，旁有黄浦、吴淞江，内有上海县衙、儒学、城隍、社坛、馆驿等。综合其他文献记载，其时上海县城未筑，县治之北、吴淞江边还是一片荒地，人口稀少，图中标注高昌乡等。

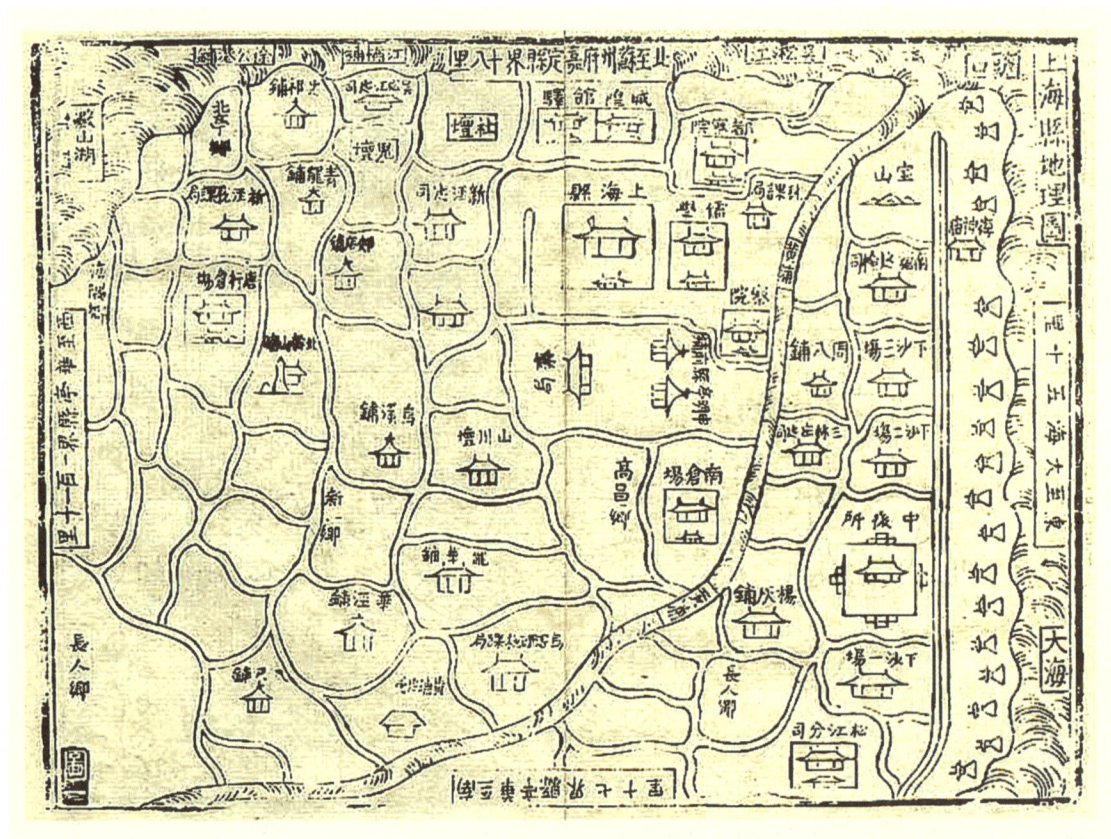

▪ 图1-3，明弘治十七年（1504年）《上海志》所附"上海县地理图"

清嘉庆十九年（1814年）所修的《上海县志》，内有多幅地图，其中的"上海县全境图"（图1-4）绘有上海县城，四周设防，设敌楼、平台。城北处标注"老闸市"，西北为"新闸市"。

在清嘉庆《上海县志》所附的"乡保区图"中（图1-5），可以反映县城北部一带的乡保区图情况，这里属于上海县高昌乡。

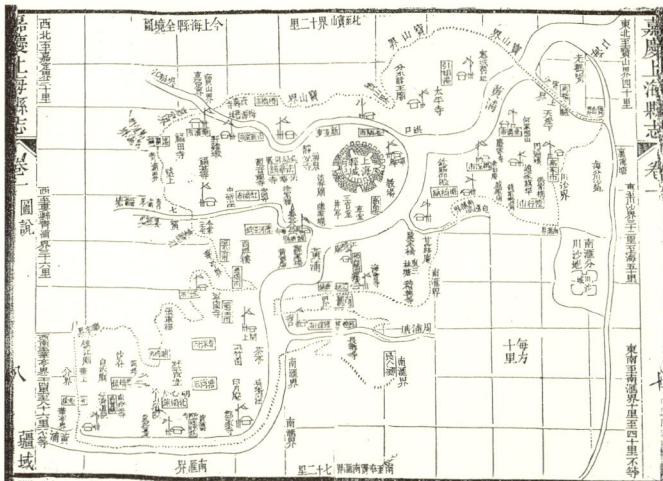

■ 图1-4，清嘉庆《上海县志》收录的"上海县全境图"

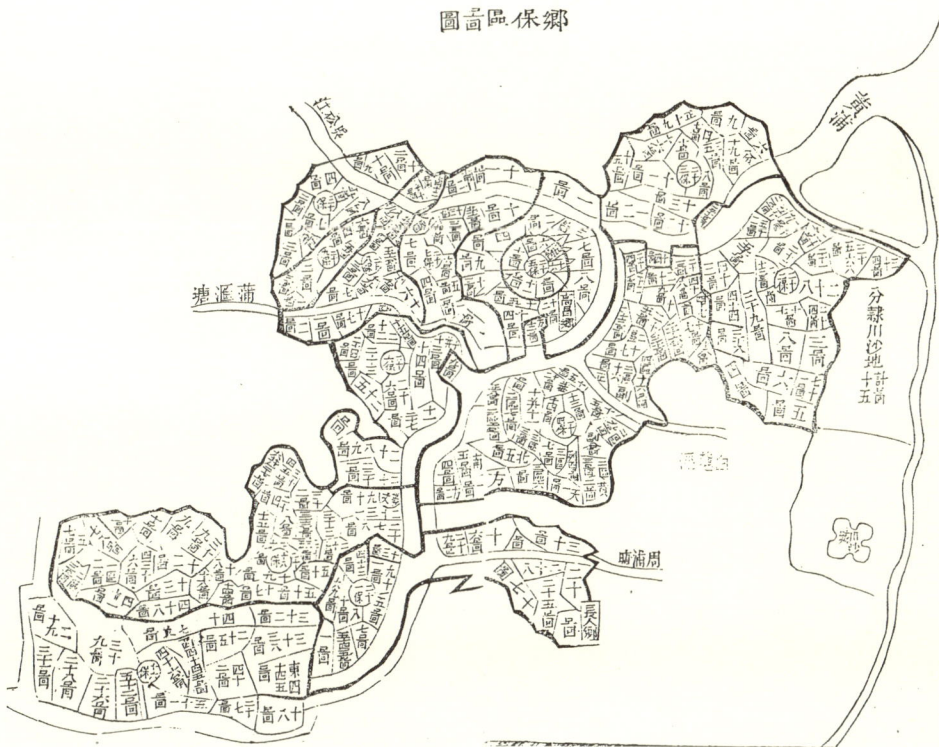

■ 图1-5，清嘉庆《上海县志》"乡保区图"

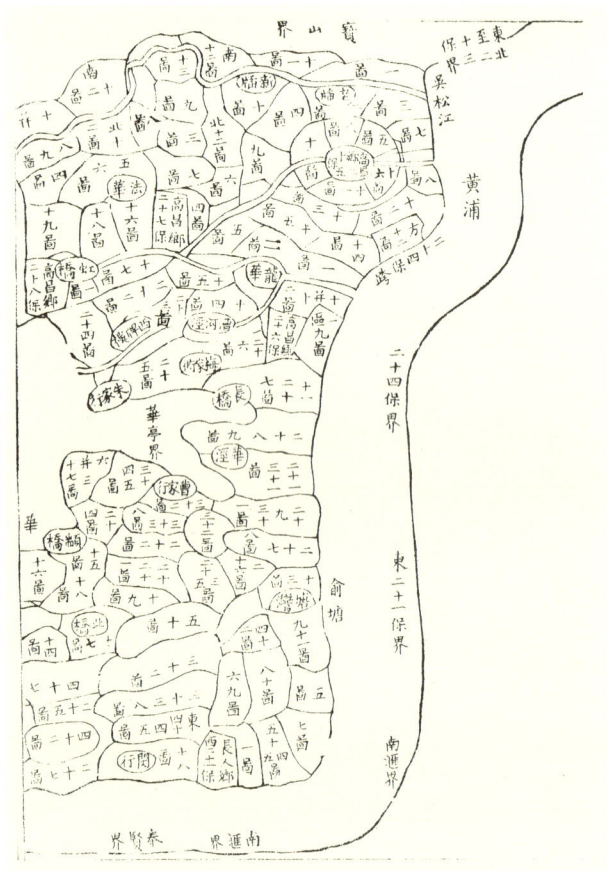

■ 图1-6，清同治《上海县志》"浦西乡保区图"

到了清同治年间，这一带"乡保区图"的格局基本保持不变（图1-6）。

结合更多的文献记载，本文继续考察上海县城及四郊的图区分布情况，该地区属高昌乡二十五保，划分为十六图，大致如下：

一图老闸北，二图老闸南，三图旧军工厂，四图晏公庙，五图城隍庙，六图侯家浜，七图小东门，八图大东门，九图西门外，十图西门内，十一图大小南门，十二图陆家浜，十三图斜桥头，十四图五里桥头，十五图草堂头，十六图大东门内。[①]

今南京东路一带，在明清时期的地籍上属于上海县二十五保一图、二图，跨吴淞江，老地名称"老闸"，位于新闸以东（图1-7）。

在开埠以前，县城是上海县的中心。上海县城内除官署、庙宇以外，还有大量的店肆街巷。至清乾嘉道年间，因沿海贸易的兴起，县城内外有所拓展，特别是县城东南隅，"人烟稠密，几于无隙地"[②]。那里地近港口，是上海最为繁盛的地方，沙船号子都集中于此，各地运载的南北货物也在这里集散，行号、店铺林立，货物琳琅满目，但市面显得有些拥挤和嘈杂。

与上海县城、东门外港口一带商贸繁荣的情形相映照，同样位处黄浦江畔、县城北面的那块地方却仍是乡村景象，寂寞异常。有一片农田，零星地分布着几个小村落，沿浦之地有几家旧式船厂、木行，"余者卑湿之地，溪涧纵横，一至夏季，芦草丛生，田间

① 详见〔清〕应宝时等修，俞樾等纂：同治《上海县志》卷一《乡保》，清同治十年（1871年）刊本。
② 张春华著：《沪城岁事衢歌》。

丘墓累累"①。从相关地契上看，黄浦江与吴淞江交汇处往南，注明"东至黄浦"的地块，除建了一些营垒兵防设施外，大多为农民的田地，在1840年前后，其业主分别是：奚尚德、奚尚宾、吴金盛、吴建勋、石成山、吴会元、施万兴、石炳荣、吴思本、陈圣章、姚恒源、吴秀昌、吴恺亭、王协忠、吴大德、吴襄、陈茂林、瞿吉夫、方锯、石姓、周远兰等。②这些业主拥有的田地多寡不等，有数亩、数十亩，少数人家达到数百亩。今西藏路桥南堍也是如此，其地属二十五保二图过字圩，土名泥城桥东，一块面积为23.15亩的土地，分别为周、俞、徐、王、奚诸姓占有，如周朝昆基地原契内有1.189亩，王正英、徐明皋、奚锦堂原契内基地有2.973亩。③从这一带的田单名册上可以看出，业主分散，地块零碎。农户们大多种稻植棉，从事农业生产。

清道光十二年（1832年），英国东印度公司派出的"阿美士德号"到达上海，当其船员驾驶着小艇驶进吴淞口时，看到的是这样一幅场景：

江岸两边一马平川，寂静无声，河渠纵横交错，土地精耕细作，与荷兰几有异曲同工之妙……时值麦收，人们都忙碌于收割。土地看来都分成小块经营，因为在每家农舍前我们都看到妇孺将从地里运回的麦子脱粒、扬净。当地的植棉十分普遍，是中国商品性棉业生产的最主要地区。④

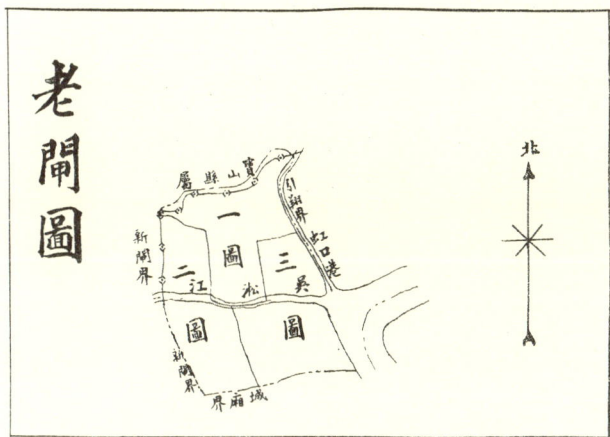

■ 图1-7，"老闸图"，选自民国时期所修的《上海县续志》

这些欧洲人当时是怎么也想不到数十年后这里会变成近代上海城市的主体，远东闻名的"十里洋场"。

---

① 岑德彰：《上海租界略史》，第2页。
② 参见《上海道契》第一卷相关契号，上海古籍出版社1997年版，目前已出版的《上海道契》第一卷，收录英册道契第1—300号（中间略有缺省，如缺第8、10、30、105等号），此注。
③ 见英册道契第791号，上海市房屋土地资源管理局档案馆藏。
④ 参见胡夏米著，张忠民译：《"阿美士德号"1832年上海之行纪事》，载《上海研究论丛》（第2辑），上海社会科学院出版社1989年版。

第二节　城市化进程中的街区演变

　　自近代通商开埠以来，上海城市快速发展，各个区块的景观在空间上发生着眼花缭乱的变化，"四围马路各争开，英法花旗杂处来。怅触当年丛冢地，一时都变作楼台"[①]。这是上海洋场竹枝词中的一段，形象表达了近代上海城市的发展。位于英租界的南京东路一带也在快速发生着变化，马路开辟，楼台兴筑，从乡村到城市，几十年间，景观大异。

　　这一区域的开发与英租界的辟立与扩充直接有关。

■ 图1-8，1855年黄浦江畔（外滩）"洋行分布图"

　　1842年中英《南京条约》签订，上海被列为通商口岸，准允英人在这里贸易居留。从1843年起，围绕租地边界、租地手续以及外侨应遵守事宜等问题，巴富尔与宫慕久屡次磋商，谈判也时断时续。与此同时，英国商人、传教士乃至领事官员一直在与黄浦滩上、吴淞江畔的业主直接接触，私下达成土地转让协议，并订立了一批租地议单。如宝顺洋行的颠地·兰士禄（Lancelot-Dent）于1844年4月在二十五保三图必字圩向业主奚尚德等人租地13亩8分9厘4毫。随后，麦都思、怡和行、和记行、仁记行、义记行、融和行、英商梭、公平行、大英国官署、花旗国商人德记行、太平行、公易行、长利行、名利行等也陆续向中国业主租地（图1-8）。[②]当时所立的那些租地议单，实际上就是上海

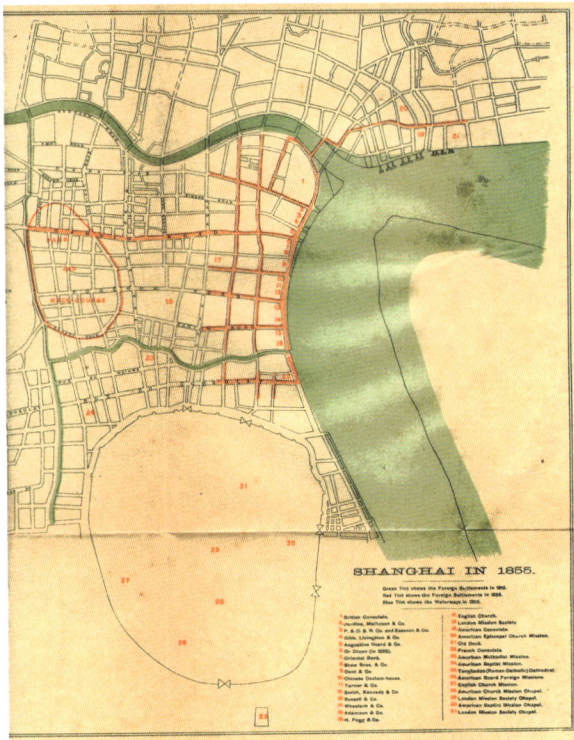

---

① 葛其龙：《前后洋泾竹枝词》，参见顾柄权编著：《上海洋场竹枝词》，上海书店出版社1996年版，第356页。
② 时值开埠之初，一些人名或洋行在道契登记中很有意思：如义记行，旁注"即荷利地·威士公司"；融和行，"即位第"；仁记行，即"吉·利永墩公司"；英商梭，即"托玛士·李百里公司"；太平行，即"季勒曼·波文公司"；花旗国商人德记行，即"吴鲁国·北士公司"，等等。另有一些，前后译名并不统一，但译音相近，此外，将道契中的租地人（洋行名）与1855—1857年的外滩地图所列洋行名单相互参照，则基本符合。

民间的租地契约。

大约谈判了两年，终于有了结果。双方商定，准允在一特定范围内，将土地租于外人。清道光二十五年十一月初一日（1845年11月29日），宫慕久以上海道台名义发布一项告示，这个告示就是他与巴富尔"依约商妥"的《土地章程》（Land Regulations），习称《第一次租地章程》。

《上海土地章程》以告示形式公布，前有"晓喻"，后列二十三条。首先确定租地界址，"就上海地势民情"，议定洋泾浜（一作"杨泾浜"，即今延安东路）以北，李家厂（有作"李家庄"或"李家场"，即今北京东路）以南地基租给英商建房居住。清道光二十八年（1848年），英租界地界扩充，北以吴淞江（即苏州河）为界，西以泥城浜（Defence Creek，今西藏路）为界，称为"英租界"（British Settlement）。[①] 今南京东路街道一带均属于早期的英租界范围。

1863年，美租界与英租界合并，称英美公共租界。从1895年开始，英美租界谋求扩充。1899年，实现扩张计划，并正式改称国际公共租界。

从租地到开发，直至街区的成型，经历了一个过程。下面一组地图（图1-9至图1-17），从各个角度反映了不同时期南京东路街区一带的变迁。

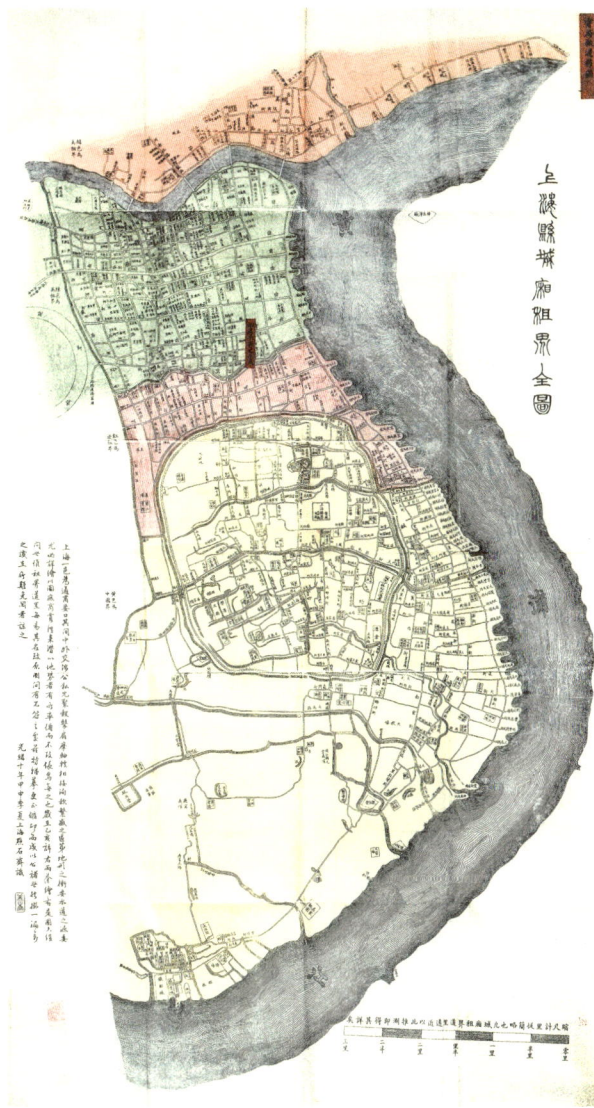

▪ 图1-9，清光绪十年（1884年）"上海城厢租界全图"

① 详见徐公肃、丘瑾璋：《上海公共租界制度》，上海人民出版社1980年版，第20—21页。

图1-10为图1-9的局部图，图中显示：福建路早已开辟；苏州河以南，主要的马路厦门路、南京路、九江路、汉口路、福州路、广东路、六马路等也已修筑，西藏路开辟出其中的一段，旁有河流，西即为跑马场。其时洋泾浜还没有填没。南京东路街区一带的雏形已形成，街巷格局初具。

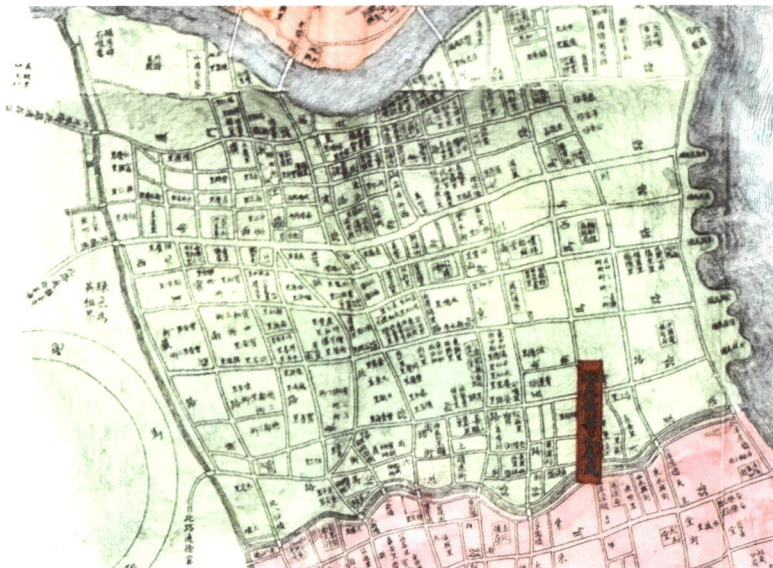

■ 图1-10，清光绪十年（1884年）"上海城厢租界全图"（局部图）

以南京东路为例，其位于黄浦区中部，东起中山东一路，西迄西藏中路，接南京西路。1851年辟筑今中山东一路至河南中路段，初以附近原有抛球场别名命名为花园弄，1854年西延至今浙江中路，1862年西延至今西藏中路，始成现今路段。1865年改以今江苏省会名命名为南京路，习称大马路或英大马路。初为黄沙路面，1862年改筑碎石、煤屑路面，1908年后改筑铁藜木路面。该路自开埠以来，一直为上海市最繁华的商业大街。

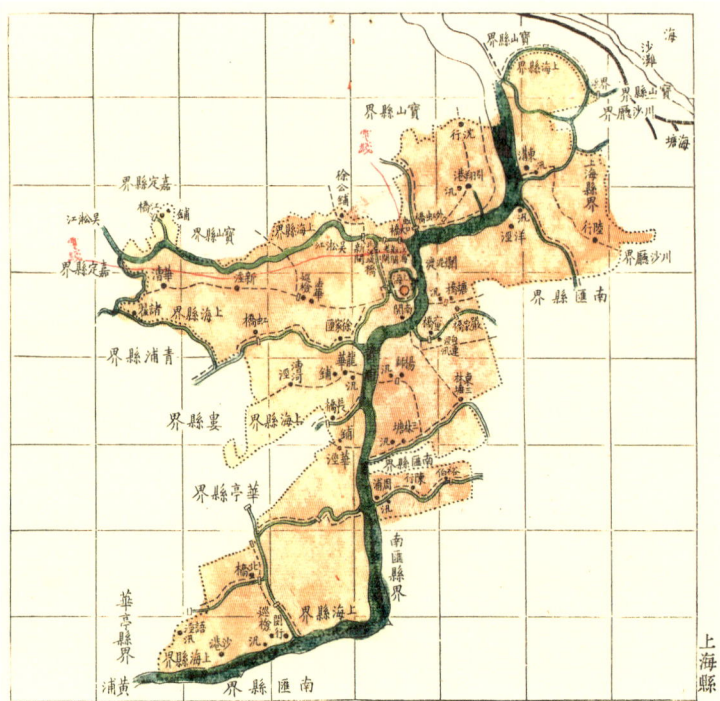

■ 图1-11，清光绪二十一年（1895年）《江苏全省舆图》中的"上海县图"，该图标示有"老闸"

图1-12、图1-13为"上海通商内外舆图",刊印于1902年,已出现"跑马场"等标识,周边的地名与景观一一标注。从图1-12可见,跑马场西面的道路也有所拓展。

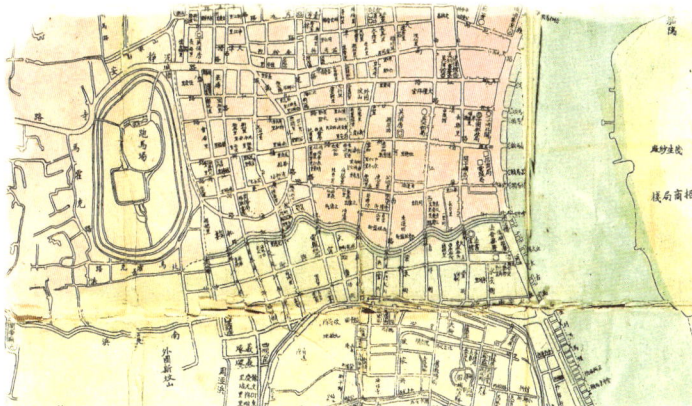

■ 图1-12,1902年"上海通商内外舆图"(局部图)

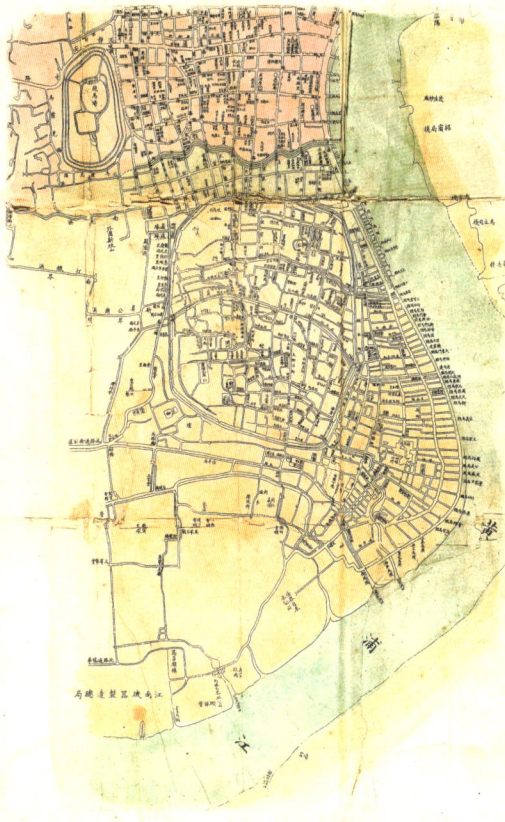

■ 图1-13,1902年"上海通商内外舆图"

图1-14清晰表明，南京东路一带已成为"公共租界中区"的一部分。

图1-15、图1-16、图1-17分别为"上海英租界分图""上海南北市全图""上海公共租界及闸北地图"，均绘制于1917—1918年间。

将这几幅地图拼接起来，便可一览今南京东路街区在100年前的街区景象。

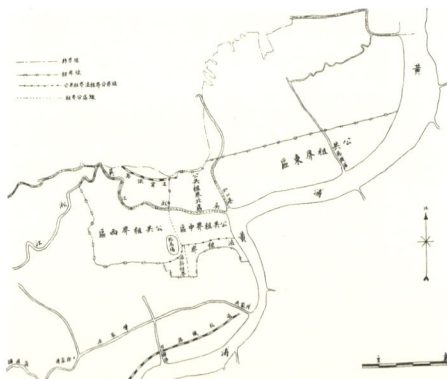

■ 图1-14，民国初期的上海，选自《上海县续志》

上海英租界分区图（1918年）

■ 图1-15，1917年"上海英租界分图"

上海南北市全图（1918年）

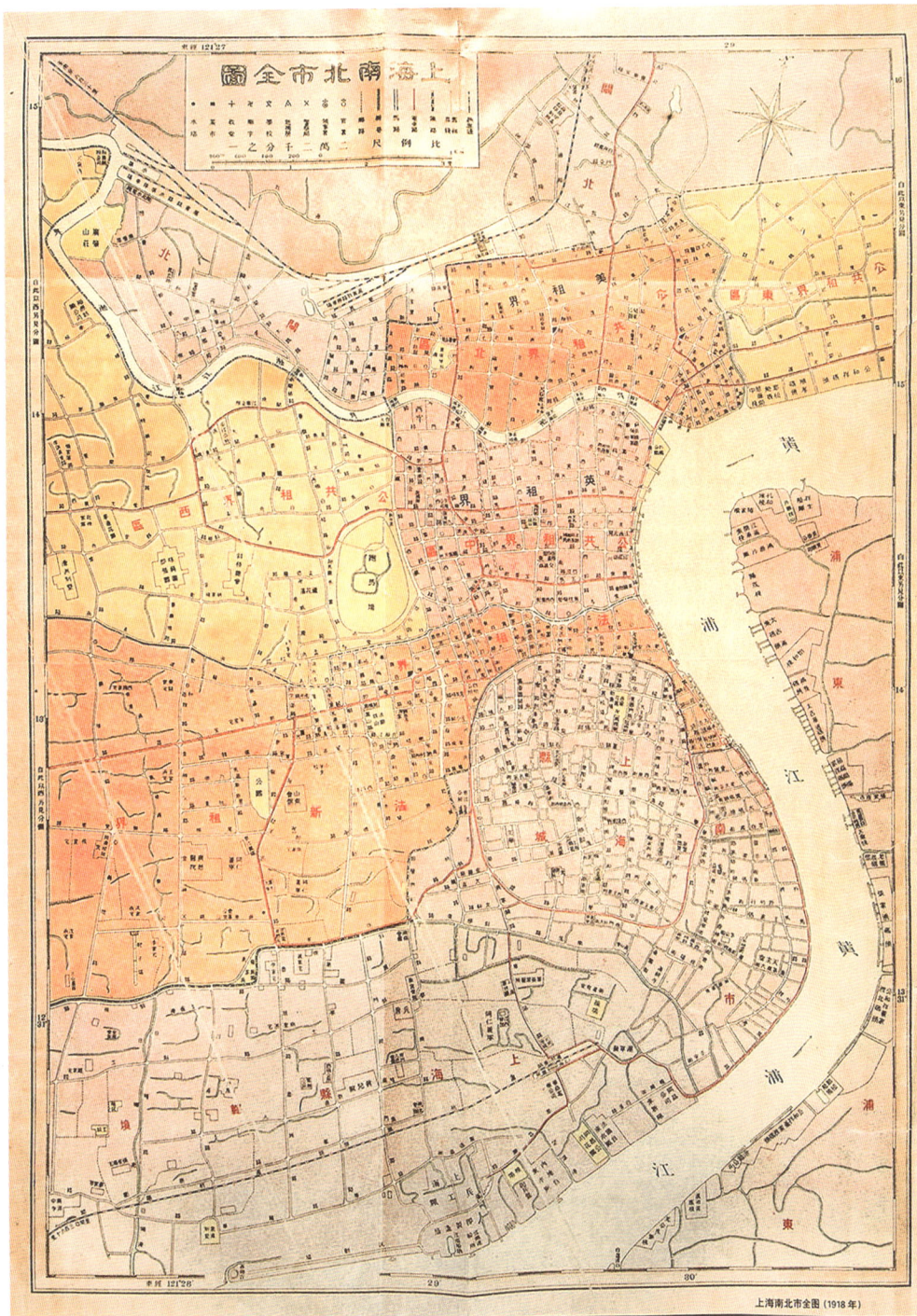

■ 图1—16，1917年"上海南北市全图"

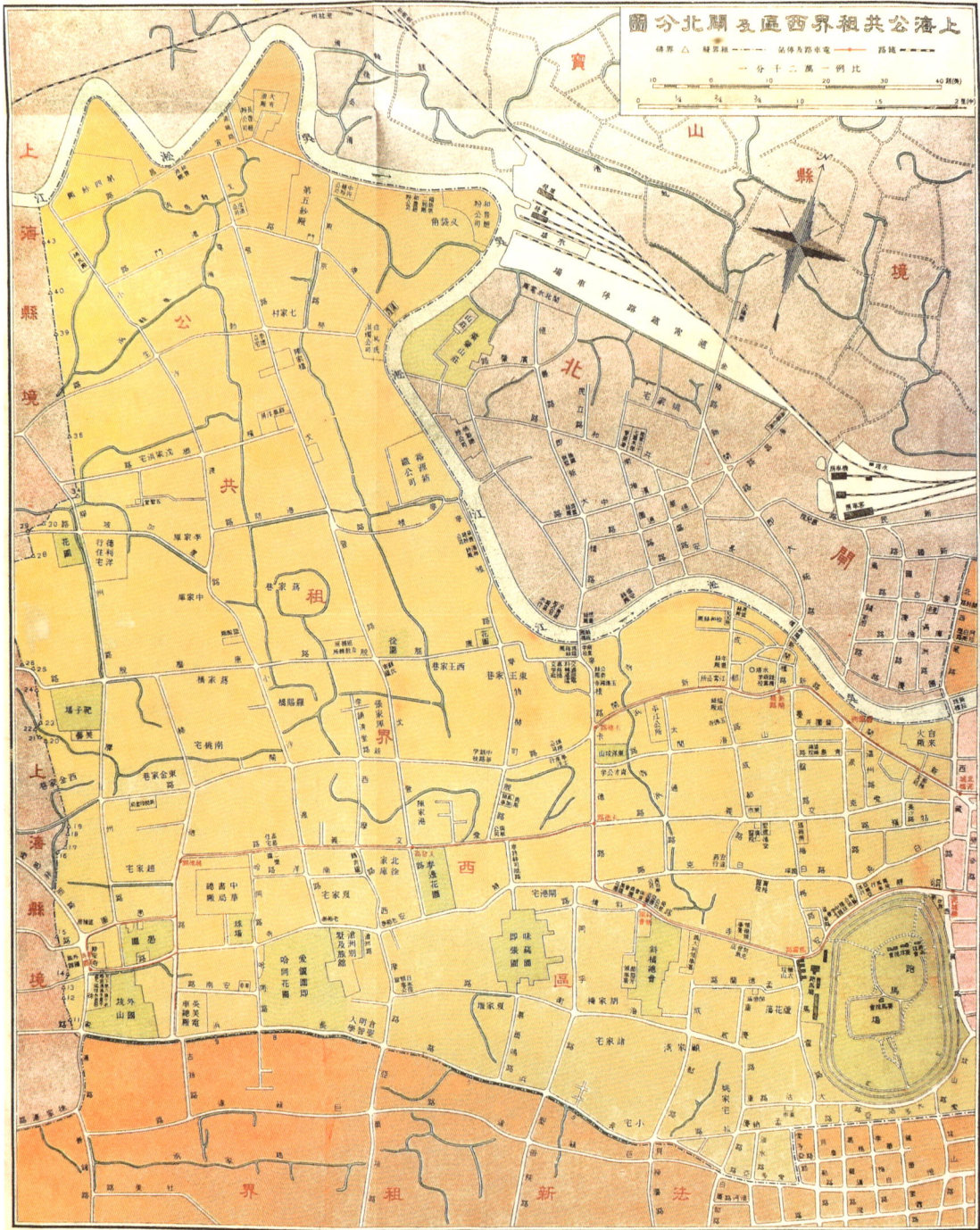

上海公共租界西区及闸北分区图（1918年）

■ 图1-17，1917年"上海公共租界及闸北地图"

南京东路早期的繁华靠近外滩一段，沿路设有老德记、科发等药房，公道、复泰等洋行及洋布、呢羽庄多家。至20世纪初，商业网点主要集中在浙江路以东路段，陆续设有《泰晤士》《德文新报》馆、惠罗公司、哈同地产公司及一批洋行，但此后

■ 图1-18，跑马总会与跑马场

该路发展重心逐渐西移，洋酒、烟草、珠宝、食品、西药、钟表、时装、呢绒、木器、房地产等商行公司先后向西藏路一带靠近，在1917年"上海英租界分图"中已有"先施公司""永安公司""新世界"等。至20世纪二三十年代，沿路设有先施、永安、新新、大新、丽安、华新、金刚、中华、三友实业社、中国国货等百货公司，另有华界及外省市的知名商号也相继迁入。这里成为上海最繁华的商业中心。

此时的跑马场，也迎来了它的辉煌时期，这一带迅速成为上海娱乐、服务业最发达的区域。

■ 图1-19，春季马赛第一天

在众多反映跑马总会、跑马场的历史照片中，我们选取了两张（图1-18、图1-19）。

值得一提的是，自1914年起，英租界、法租界联合填没洋泾浜和北长浜，辟筑成横贯东西的爱多亚路、长浜路和大西路（今延安东路、延

安中路）。至此，近代上海城市道路的骨架基本形成，租界地区取代南市城厢，成为上海的中心城区。1917年"上海英租界分图"中即标注："爱多亚路即洋泾浜"。

到19世纪的30年代，公共租界区域内尤其是中区一带大小马路已呈网格状分布，市政建设、交通线路均自成体系。在1937年绘制的"上海市区域现状图"（图1-20）中，以"跑马场"为中心，一个集商业、娱乐、服务等功能于一体的城市核心区更加成熟，并出现了大片的住宅区。

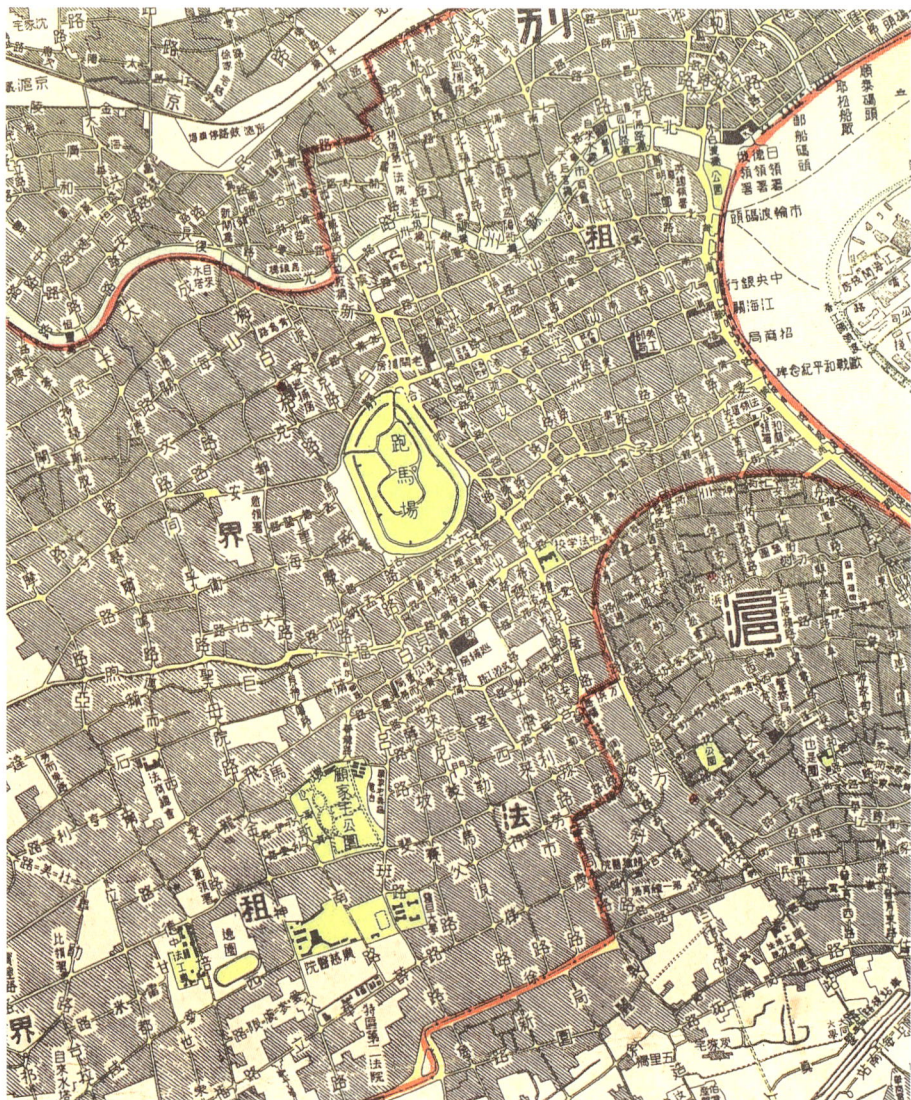

▪ 图1-20，1937年"上海市区域现状图"（局部）

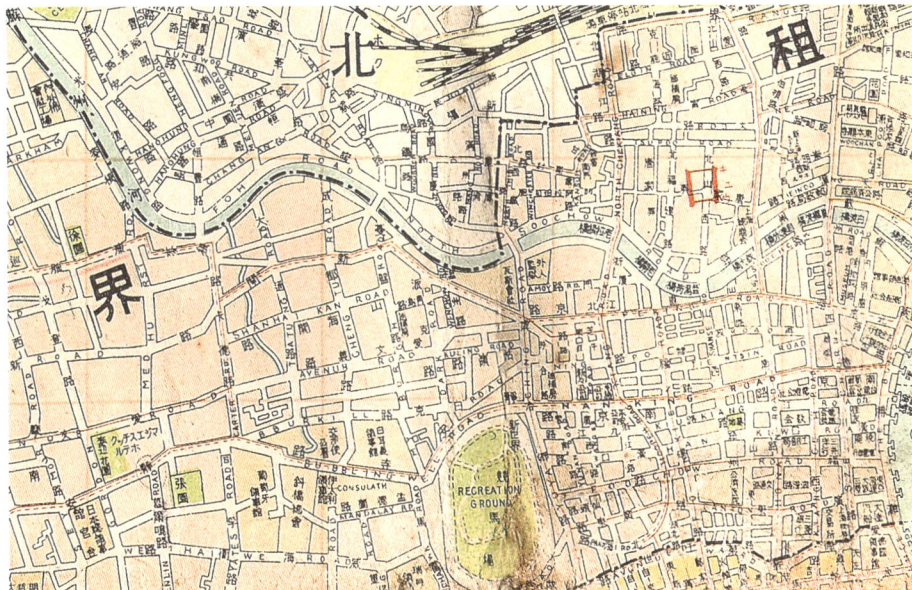

▪ 图1-21，1941年"最新大上海地图"，跑马场及其周边

图1-21为1941年"最新大上海地图"，该图由
日本人绘制，按二万四千分之一缩尺。初版发行于
昭和十四年，昭和十六年订正再版，由日本堂书店
发行。该图反映了日军占领时期的状况。

1947年刊印的《上海市行号路图录》，有多幅
关于这一带街区的详细图片，其中第15幅为体育
场一带的街区（见图1-22）。①

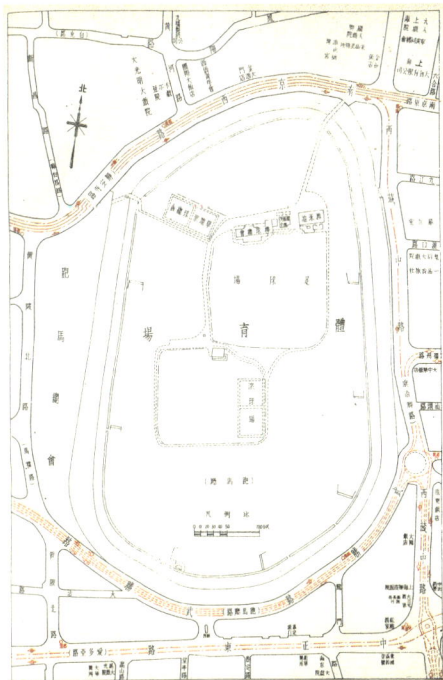

▪ 图1-22，体育场，选自《上海市行号路图录》（上册）

① 鲍士英测绘，顾怀冰等编辑：《上海市行号路图录》（上册），上海福利营业股份公司编印，1947年再版。

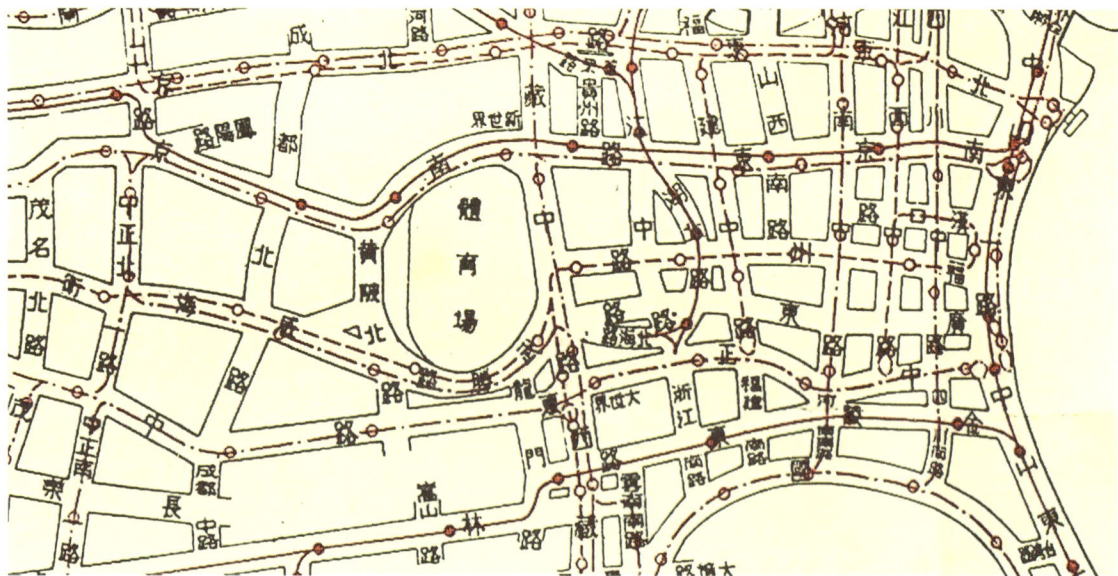

■ 图1-23，1948年"上海市交通图"（局部图）

图1-23为1948年"上海市交通图"（局部图），此时跑马场已改名"体育场"，以此为中心，形成上海的一大交通枢纽。

第三节　1949 年以来的南京东路街区

　　1949 年后，南京东路一带的行政隶属关系几次变化，一些机构与单位的名称也屡有变动。1978 年实行改革开放以来，这一带的街区面貌、经济结构、社会生活方式发生了较大变化，尤其是 20 世纪 80 年代后期，随着人民广场综合改造工程的启动，南京东路街区形态、景观为之大变。

　　图 1-24 为 1950 年出版的"最新上海市街图"的局部图，体育场周围地区的空间、景观显示得更为直观。

■ 图1-24，1950 年"最新上海市街图"（局部图）

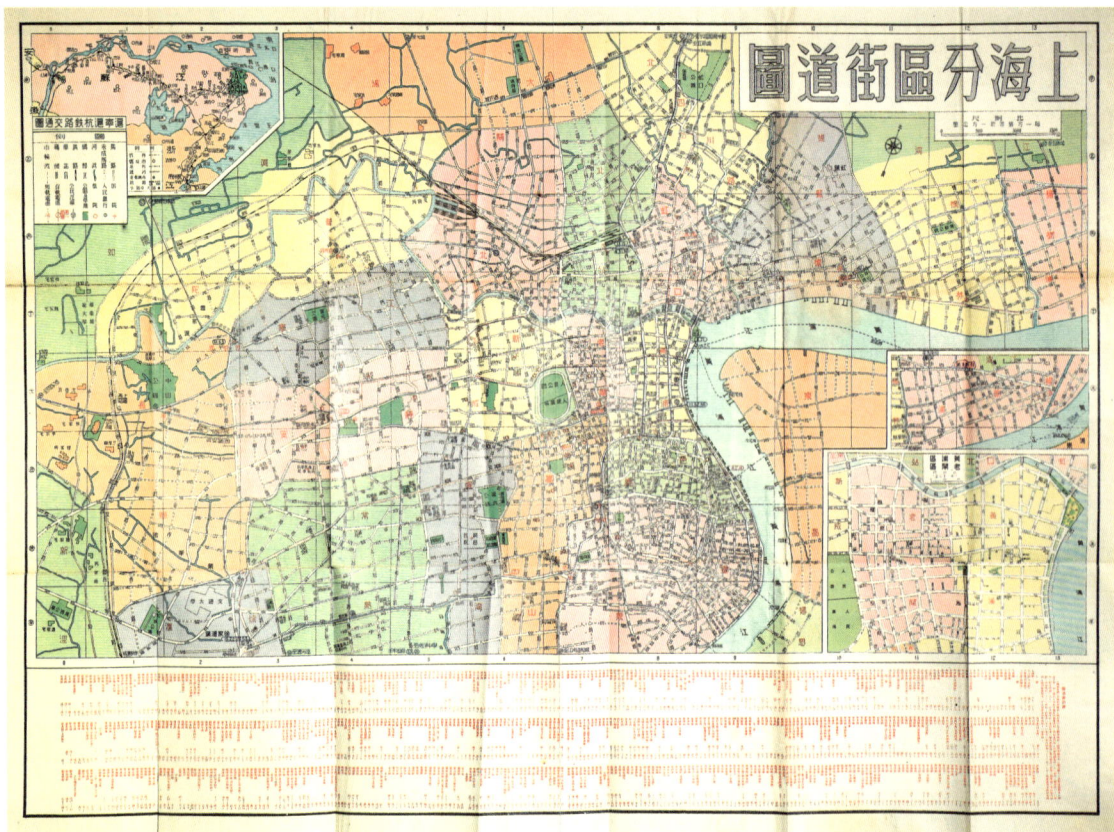

图1-25，1953年"上海分区街道图"

图1-25、图1-26为1953年"上海分区街道图"及其局部图。

从图1-26中来看，这时的体育场已改名"人民公园""人民广场"。当时的上海市人民政府在江西路、汉口路口的原工部局大楼旧址办公。上海解放后，人民政府立即组织力量整治城市环境，迅速修复损坏严重的市政工程设施。1951—1953年，上海市政府将租界时期的跑马厅改建成人民广场和人民公园。人民公园位于黄浦区南京西路和人民广场之间，为1949年后上海兴建的第一座市级综合性公园。此处原为跑马厅北部，1952年10月2日改建后正式开放，主要景点有：西区的廊、榭、亭、水池、假山、紫藤架等；东北区的五卅运动纪念碑、张思德塑像、南极石等；中区的大画廊、露天剧场、舞厅等，曾多次举办国家级、市级各类花展。

人民广场周边区域一直是上海的交通枢纽，商业、旅游人群的集聚区。值得一提的是，1949年5月27日，上海全部解放，中国人民解放军上海市军事管制委员会宣告成立，

陈毅任主任，粟裕任副主任。5月28日，上海市人民政府成立。中国人民革命军事委员会委任陈毅为上海市市长，曾山、潘汉年、韦悫为副市长。当日下午，陈毅等在该楼代表市军管会、市人民政府接管位于江西中路、汉口路口的国民党上海市政府，国民党上海市代市长赵祖康作移交。国民党政权上海市政府结束。中华人民共和国成立后，上海市政府一直驻设于此。1955年2月，上海市一届人大二次会议召开，产生新一届市政府，陈毅续任市长，并根据《中华人民共和国宪法》有关规定，决定将上海市人民政府改为上海市人民委员会（简称"人委"）。自1955年11月起，上海市人委及有关单位开始陆续搬入外滩中山东一路10—12号原汇丰银行大楼。[①] 1956年5月1日，上海市人民委员会正式发出通告，市机关从江西中路215号迁至外滩中山东一路10—12号原汇丰银行大楼内办公。[②]

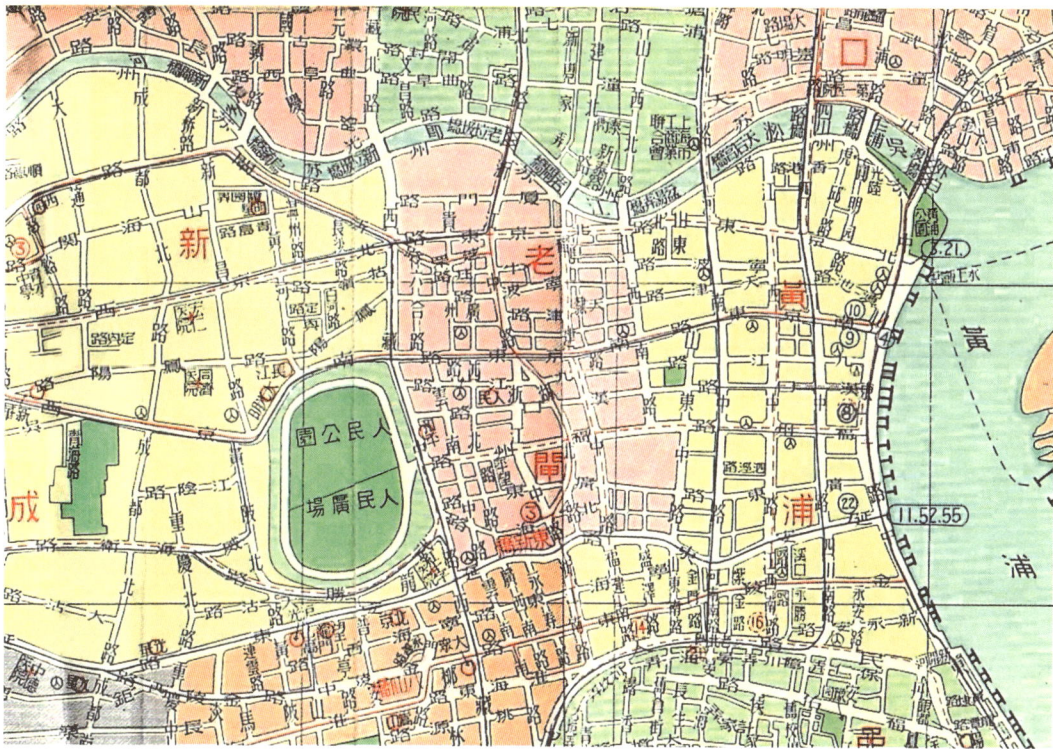

• 图1-26，1953年"上海分区街道图"（局部图）

---

① 上海市档案馆馆藏档案，档号B1-2-1661-25。1955年，位于外滩的汇丰银行撤出上海，另租圆明园路兰心大楼的写字间作为办事处。汇丰银行大楼收归国有，上海市人民政府进驻，将其改名"上海市人民政府大楼"，简称"市府大楼"。

② 1956年5月1日《解放日报》刊登上海市军管会、上海市人民委员会迁址通告。

图1—27为1975年"上海市市区交通图"，图1—28为其局部图，在该图中显示，此时的"上海市革委会"（全称上海市革命委员会，成立于1967年）在外滩的原汇丰银行大楼办公。1979年12月，上海市革委会改为上海市人民政府，办公地点不变。

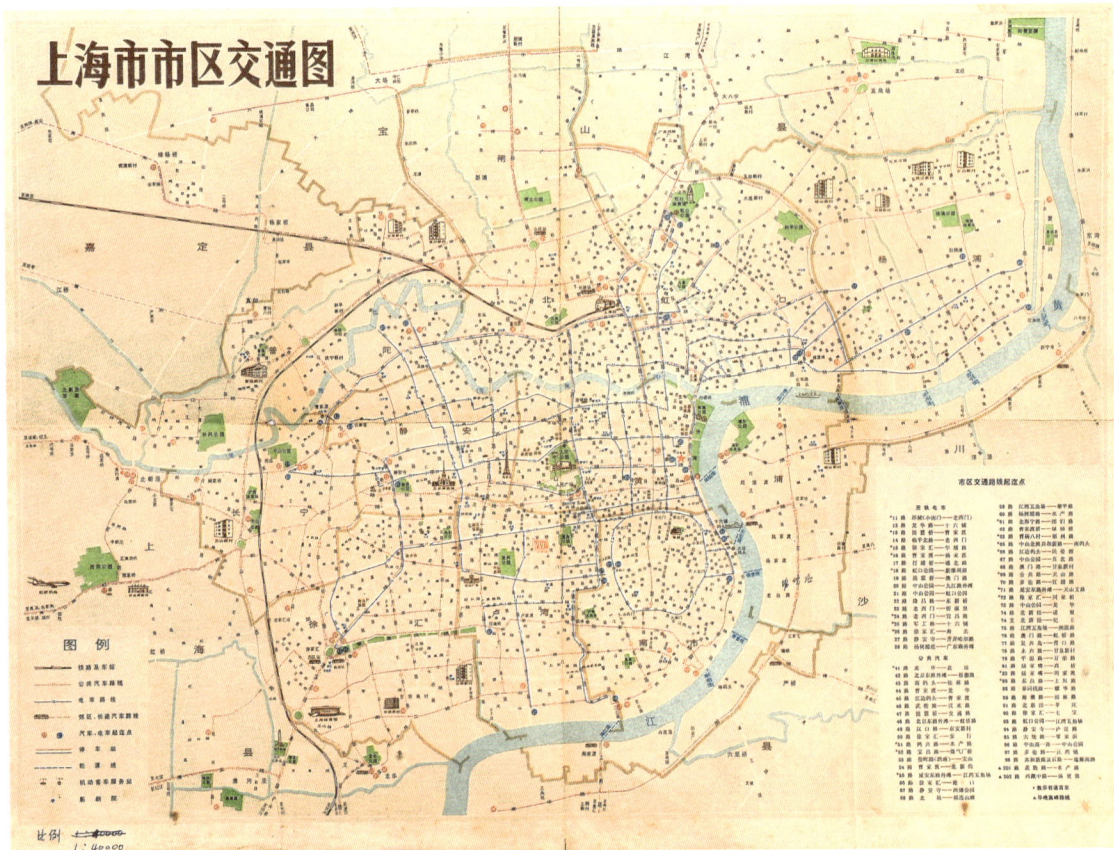

■ 图1—27，1975年"上海市市区交通图"

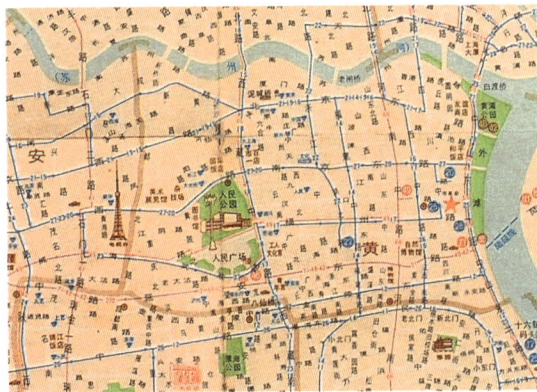

■ 图1—28，1975年"上海市市区交通图"（局部图）

　　1997年，上海市政府撤出原汇丰银行大楼，上海浦东发展银行通过置换购得该大楼的使用权。上海市政府迁至人民广场，办公地址位于黄浦区南京东路街道的人民大道200号人民大厦，这里成为上海全市的行政中心。图1-29为南京东路街区，选自"上海地图·大城区详图"（由上海市测绘院编制，上海科学普及出版社2012年版）。

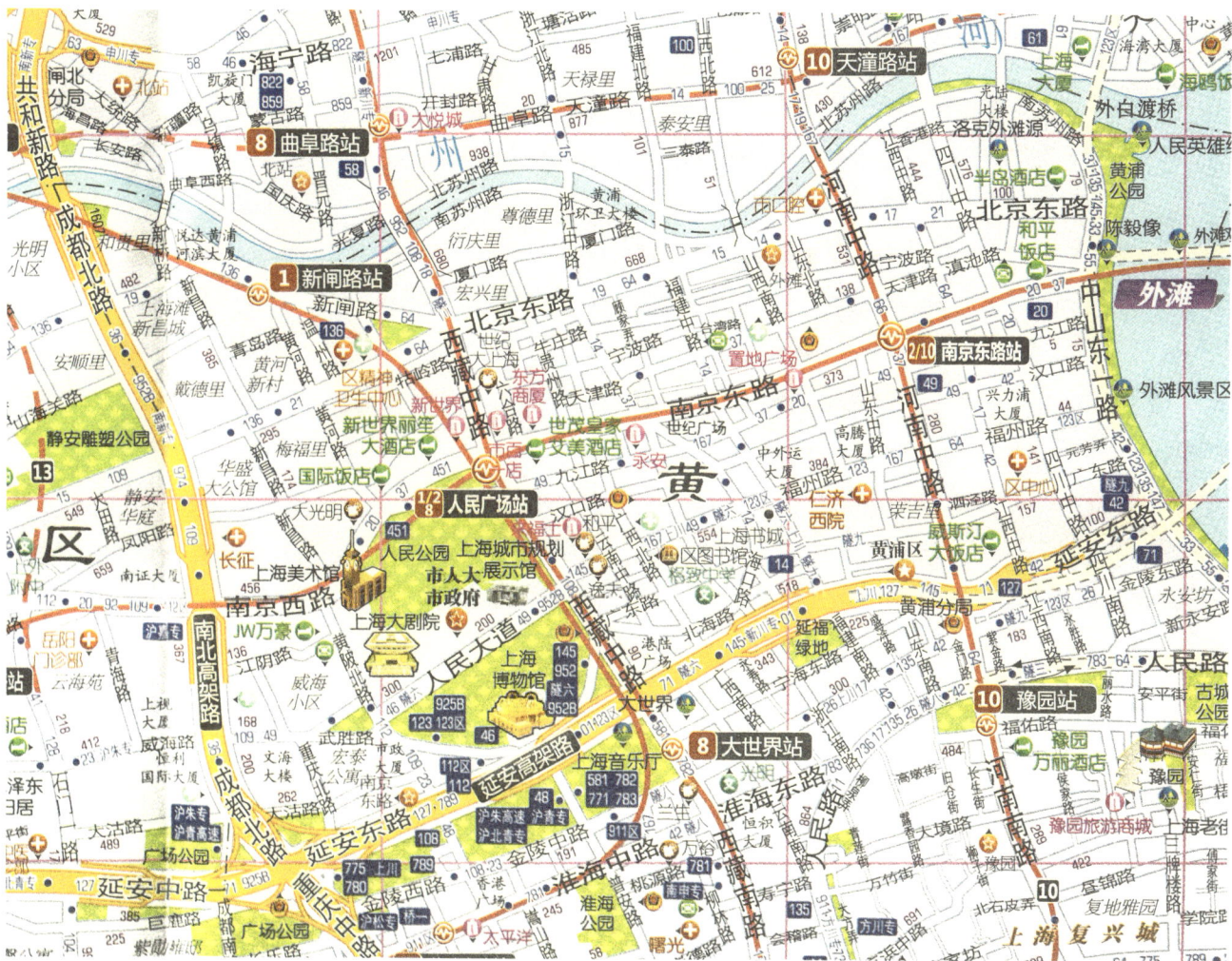

■ 图1-29，南京东路街区，选自"上海地图·大城区详图"

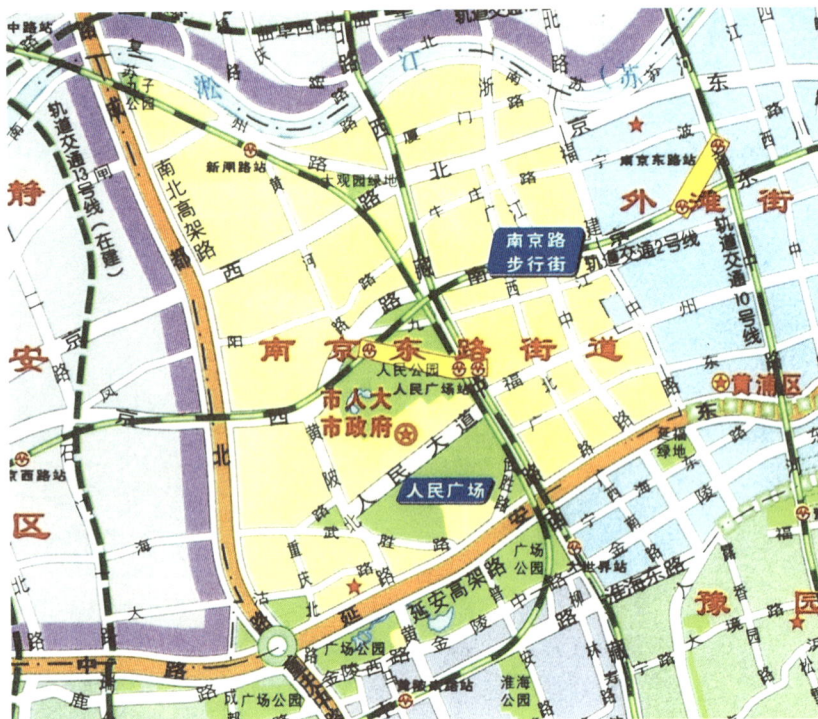

■ 图1-30，南京东路街道辖区，选自"黄浦区行政区划图"

图1-30为今南京东路街道辖区，选自"黄浦区行政区划图"（《2016年黄浦年鉴》），由南京东路街道提供。

通过各个时期的地图，使我们从中了解了不同时期的历史信息，折射出南京东路街区一带的空间扩展与景观变迁，反映了它的前世今生。

第 2 章

从边缘到中心

南京东路街区的形成与演进是上海这座口岸城市在租界效应的主导之下实现空间布局与功能变迁的一个缩影，自有其独特的肌理可寻，从边缘到中心，经历了一个过程。

开埠之初，这一带相较于港口贸易功能发达、洋楼林立的"东外滩"相比，是相对空旷清幽的"西外滩"。随着西人在泥城浜（今西藏中路）附近开始辟筑跑马场，填浜筑路，由造路到造街，公共交通臻于发达，公园、花园等休闲娱乐场所随之兴起，使该区域成为为外滩金融业、航运业提供商贸配套与生活便利的城市空间。至1949年前，南京路、福州路、汉口路、宁波路等已发展为蓬勃兴旺的特色商业街，各类百货、餐饮、住宿、教育、医疗、宗教行业在此集聚，所产之商品与服务追求时潮、标新立异、口碑良好，一时成为城市新兴阶层消费文化之先。丰富多元的业态、贴近大众需求的服务，又衍生出极具创新意识与生活气息的商业精神，以及先进有效的城市治理方式，由此营造出这一街区宜商、宜居、宜业的氛围。

第一节　泥城浜的变迁

西藏中路是南京东路街区的中轴线，如今是上海繁华的中心路段，而在历史上，其路名不断变迁。上海开埠之初，这条路还只是一条连接洋泾浜和苏州河的不知名小河浜，1848年公共租界扩界之后，将其开凿，作为西部边界的界河，称为"泥城浜"，后常以此

浜上所建"泥城桥"之名来概指这一区域。1912年开始，租界逐步将泥城浜填平成路，因其东南沿河的一条小路名为"西藏路"，因此，被填平的浜与路并成了一条重要马路——西藏路。1936年，租界工部局以中国著名商界领袖虞洽卿的名字命名西藏路，成为虞洽卿路。1941年太平洋战争爆发后，日伪势力控制了租界。1943年，汪伪政权对上海路名作了大规模更动，虞洽卿路又被更名为西藏中路，一直沿用至今。

（一）泥城浜的由来

1843年，上海英租界始辟，但西部边界并未确定。1848年，英国领事阿礼国向中方要求扩界，获得上海道台的同意，将其西南界扩至周径浜，西北界扩至苏州河滨的苏宅。1853年，上海爆发小刀会起义，清军包围了县城，租界为免受战火侵袭，就把西界的小河拓宽挖深，称为"护界河"，亦作"泥城浜"。

关于泥城浜名字的由来，有多种说法。一是陈荣广的"泥城说"，他在《老上海》一书中记载，在今天新世界附近，曾经有过一座泥土堆筑之城，名曰泥城，"高约寻丈，俨然一小城市也"[1]，在开埠通商后被外国人拆毁。余槐青也曾在竹枝词中感叹："沧海桑田成惯例，更从何处觅泥城。"此泥城其实是租界拓宽挖深河浜时，用挖出来的河泥堆成的一道2米高的似城土墙，于太平天国战事消弭后拆除。二是英国人兰宁的"泥脚之战"说，在小刀会起义期间，1854年4月4日，租界的外国军队、商团与清军发生了冲突，一个英国士兵在护界河边上摔了一跤，溅了一脚的泥水，当时北华捷报的记者把这次战争说成了"泥脚之战"（The Battle of Muddy Feet），然而排字工搞不清意思，自作主张改成了"泥城之战"（The Battle of Muddy Flat）。由于战斗发生于护界河旁边，于是护界河就被称为"泥城河"或"泥城浜"了。

（二）泥城桥一带早期的繁华

作为当时公共租界的西部边界，不算宽阔的泥城浜与东部的黄浦江相映成趣，而泥城浜东岸的西藏路，也就同时被称为"西外滩"（West Bund）。

与洋楼林立的东外滩相比，"西外滩"附近并不热闹，陆续出现的主要是为东部经济中心服务的一些配套设施。其中，著名的有大英自来火房。1865年初，租界的一些外国商人借鉴英国利用煤气照明的经验，合伙集资组建煤气公司，以15万两白银建起了中国第一家煤气厂，为租界居民供气。当时中国人称管道煤气为"自来火"，这个煤气厂后来也就被称为"大英自来火房"（Shanghai Gas Co., Ltd.）。[2]考虑到需要依靠水路运输原煤和其他原材料，自来火房选址在泥城浜以西（今汉口路）的地方，后来机器厂移至附近的新

■ 图2-2，苏州河畔的大英自来火房

---

① 陈荣广著：《老上海》，泰东图书局1919年版，第35页。
② 沈云龙主编，孙毓棠编：《中国近代工业史资料（第一辑）》，台湾文海出版社1979年版，第174页。

闸路。煤气厂初始铺管8 600码（25 800英尺），供给以洋行为主的58家主顾。当年12月18日开始向公共路灯供气，这是上海街头第一次出现煤气灯。19世纪70年代，上海人评租界十景，即有"夜市燃灯"："电火千枝铁管连，最宜舞馆与歌筵。紫明供奉今休羡，彻夜浑如不夜天"[1]，"西域移来不夜城，自来火较月光明。居人不信金吾禁，路上徘徊听五更"[2]。此后，自来火房事业迅速发展，至1901年更名为英商上海煤气公司时，已能向上海供气1.6亿立方英尺。在上海开始以电力代替煤气进行照明时，自来火房将煤气用途转向热能，用于采暖和烹饪，为西部新建的大批里弄住宅提供服务。至1930年代，自来火房的生产能力达到极限，才被新建的杨树浦煤气厂所替代。

随着租界经济社会的发展和寓沪外侨的增多，公共租界的城市格局由东外滩的经济、金融中心，向西部扩展为生活和休闲的区域，泥城浜附近西人跑马场的建立也让这片区域初步繁荣起来。1854年，上海跑马总会因原跑马场规模过小，在泥城浜东（今西藏中路以东、浙江中路以西）辟筑第二跑马场。1862年，跑马总会又圈定泥城浜西（今人民广场）400余亩土地，辟筑第三跑马场，并开始越界开筑马道至静安寺。在跑马场开辟之后，这片区域的人气急剧上升。时人在竹枝词中有着对热闹场景的诸多描述："西人角逐成年例，如堵来观举国狂"[3]，"为看跑马换衣新，几日前头约比邻"[4]。外侨还在泥城浜上进行跳浜比赛，观者众多，时人有云："春秋赛马大围场，末日还须看跳浜。惹得车马生意好，一般游女斗新妆。"[5]

由于泥城浜两岸逐渐热闹开来，对交通的要求日益提高。泥城浜上原筑有的小木桥已不堪重负，大规模地破墙与筑桥以利交通开始提上日程。1863年10月起，公共租界工部局着手在泥城浜进行丈量和设计，先后在泥城浜上自北向南建起4座桥，因横跨泥城浜而都被称为"泥城桥"：北泥城桥（位于今西藏中路苏州河南堍）、中泥城桥（大致在今凤阳路西藏中路口）、泥城桥（大致在今南京东路西藏中路口）、南泥城桥（大致在今广东路西藏中路口）。当时上海人习惯上称的"泥城桥"，则是指北泥城桥。随着逐步繁荣，"泥城桥"范围扩展为北泥城桥至凤阳路的泥城浜两侧一带。

从当时上海的城市空间上看，泥城桥亦已成为标识租界境内与境外的重要地标，上海人描述东西两侧地点，常用"泥城桥西张氏味莼园""泥城桥西首日清贸易研究所""泥城桥东首福昌成面包号"等。随着泥城桥的修筑，泥城浜两岸的交通大为便利，租界向西至静安寺的房地产业也得到极大发展，特别是洋商的房地产业，在西部相对空旷的区域里很

① 顾炳权编著：《上海洋场竹枝词》，上海书店出版社1996年版，第393页。
② 鸳湖隐名氏：《洋场竹枝词》第二首，《申报》同治十一年六月七日。
③ 顾炳权编著：《上海洋场竹枝词》，上海书店出版社1996年版，第71页。
④ 顾炳权编著：《上海洋场竹枝词》，上海书店出版社1996年版，第102页。
⑤ 一说"跳浜"的地方为张华浜或洋泾浜。

■ 图2-3，泥城桥之战图画

快开展起来，花园洋房、里弄、公寓等住宅大规模出现。时人感叹："自光绪十年至今，又不啻倍之，如虹口之北，泥城桥之西，四明会馆之南，鳞次栉比，皆蔓延于租界之外，而城南高昌庙一带所增之屋，尚在不计，其始，租界房产皆为各洋行所属。"[①]

从当时的街景看，泥城浜东岸是正在蓬勃兴旺的南京路、福州路、北京路等商业街市，西岸是正在快速形成的风景优美的住宅生活区和娱乐休闲区，而泥城桥则是两者之间的交通要道，已呈繁忙之状。如赛马时节，中外游客车马如织："泥城桥畔暮烟遮，赛马场西落日斜，归去马蹄忙不了，暗尘犹绕七香车。"[②] 每当夏日夜晚，则会有东岸拥挤的商业区的居民，从这里去西岸纳凉："沪上有一种风气，每届夏令，辄深夜乘坐马车到静安寺一带纳凉，路经泥城桥以西，该处均系洋商住宅。"[③] 更多的市民是通过泥城桥，太绿树成阴的静安寺路等地感受西部区域的自然风光："穿破绿阴驰马路，望中楼阁想神仙。泥城桥过便斜桥，花妒红颜柳妒腰。"[④]

（三）填浜筑路与交通枢纽

19世纪末，公共租界工部局以界内人口剧增，大量工厂需要创设为由，迫使清政府同意租界扩界，将西部边界从泥城桥扩展到了静安寺。泥城浜以西的区域划入租界之后，泥城浜作为界河的意义就不存在了。随着当时上海填浜筑路的兴起，从1912年开始，公共租界工部局也着手对泥城浜进行填浜准备。然而历时半个多世纪的泥城浜已与上海的方方面面关系紧密，当时公共租界纳税人会议对于其存留与否进行了激烈的讨论。

---

① 《与友人谈上海居大不易》，《申报》1898年4月22日，第1版。
② 《秋郊观赛词》，《申报》1891年11月4日，第3版。
③ 《示禁夜游》，《申报》1896年7月13日，第3版。
④ 《移砚静安寺东别墅公余眺览乐而赋诗》，《申报》1896年8月24日，第3版。

　　赞成填浜筑路的观点有三：一是清洁问题，随着城市的快速繁荣，泥城浜已成为城市垃圾堆积之地，"其污秽触目刺鼻，炎夏尤甚颇碍卫生"；二是交通问题，"南京路之交通日见其盛，电车、汽车、马车、人力车往来如织"，"其东段咸为商店，西段则为居户，中间并无其他大道贯之"；三是经济合算，当时工部局工程司估算，填浜筑路及埋置沟管、添置路灯等需银二十万两，但是填浜筑路之后，新路产业必然大涨，以增入的捐税抵付各项费用仍然会有结余，因此不会增加财政负担。

　　反对填浜筑路的理由亦有三：一是泥城浜的清洁问题，长期未开浚的缘故，如果按之前所定的制度执行，则可清洁如寻常街道；二是交通问题，如果填没泥城浜，陆上交通固然方便，但是从苏州河过来的运输的杂货船、粪船等就无法为医院、旅馆等提供便利，游船也无法开进来；三是费用问题，当时工部局也在建造新屋及新公园等处花费巨资，填浜筑路之事同时进行是否过于奢侈。①

　　尽管双方各执一词，但在纳税人会议上的表决，赞成者占压倒性的优势，显示出泥城浜的填浜筑路已是大势所趋。至1915年底，泥城浜全部填平，以原沿浜西藏路的名字冠之，不过"泥城桥"这个俗名却沿用至今。原来的河道成为宽阔道路之后，西藏路俨然成为上海重要的干道之一；而昔日的泥城桥地区，也成为西藏中路、北京东路、北京西路、新闸路、芝罘路所交汇的六岔路口，成为四通八达的交通枢纽。

　　■ 图2-4，六路交汇的西藏路北京路路口，摄于2015年10月13日

---

① 《秋郊观赛词》，《申报》1891年11月4日，第3版。

■ 图2-5. 近代上海第一辆有轨电车，摘自《20世纪香港、上海和中国其他通商口岸印象》

泥城桥区域作为上海重要的交通枢纽，早在填浜筑路之前就是上海公共交通的始源地之一。上海最早出现的公共交通工具是有轨电车，1907年4月，有轨电车的建造作为公共租界重要工程开工，由英商上海电车公司承办。1908年1月31日，英商电车在泥城桥附近的爱文义路（今北京西路）试车。同年3月5日，电车路线开通，由外洋泾桥至静安寺，共设三站：一站由黄浦滩总会或礼查至泥城浜；二站由泥城浜至卡德路爱文义路；三站由卡德路爱文义路至静安寺。泥城浜是其中重要的中转站。头班车每日早晨5点30分、末班车每日夜间11点30分，由外洋泾桥开行，每5分钟或10分钟开车一次。自租界西扩和填浜筑路之后，西藏路及泥城桥区域一直是从东西方向联系着外滩、南京路商业街与静安寺区域，南北方向联系着苏州河北岸的宝山、杨树浦与南市的交通中心。[1] 至1947年，上海市区主要的24条电车路线中，穿过西藏路附近区域的就有9条[2]；22条公共汽车路线中，穿过这一区域的也有9条之多[3]。

泥城桥地区也是上海交通管理的始源地。到1920年代，泥城桥地区成为交通要冲之地，汽车、人力车、三轮车、老虎车、电车等川流不息，是上海交通最为密集的地区之一。繁忙的通勤、经常出现交通事故，带来了交通管理上的问题。上海乃至中国最早的信号标志，即产生于泥城桥区域的垃圾桥。时人陈伯熙在1923年出版的《上海轶事大观》一书中曾经记载了这样一个故事：

> 癸丑秋，余友胡海峰自美界乘电车越垃圾桥而南，是桥两边近堍初基低垂，正中渐高，对面不见，桥仅单线，适同时由南而北之电车亦达单线彼此始觉，北车则退

① 交通铁首部交能史编纂委员会编：《交通史电政编》，民国交通部总务司刊本1936年版，第73—74页。
② 熊月之主编：《稀见上海史志资料丛书》(七)，上海书店出版社2012年版，第306—307页。
③ 熊月之主编：《稀见上海史志资料丛书》(七)，上海书店出版社2012年版，第309—310页。

■ 图2-6，人民广场地铁站，摄于2015年10月14日

倒原道（平路双轨），拖车不能自主，误入歧途，正拖被牵制，皆失自由，横亘轨道，乘客已跃下，而南车掩机停顿，桥势倾莫能过，互相碰撞，损坏尚不甚巨。甫经一月，电车公司在此桥中间立一木牌，可以旋转自如，一面垩粉，一面涂朱，派人专司其事，遇两车同至，转垩粉向先到之车放行，背面涂朱向后到之车令止，待先行车过单线，然后转垩粉示后车行，危险永免矣。①

这个用人力转动的"一面垩粉、一面涂朱"的红白灯牌，就是今天红绿灯的雏形。而用电力照明的红绿灯和人工控制的交通岗亭，也很快在西藏路附近的南京路路口出现。

1949年之后，上海成为全国领先的工业城市，西藏路及泥城桥地区是通往彭浦工业区、吴淞工业区和上海火车站的交通要道，除了承担城市公共交通的10多条公交线路外，更承担起繁忙的工业运输责任。同时，新的交通方式——地铁也开始在上海规划，而处在南北和东西两干道中心点的西藏路区域又成为上海地铁的枢纽中心。1995年贯通南北的地铁1号线全线开通，西藏路附近原跑马厅改建成的人民广场成为中心站点。1999年贯通东西的地铁2号线试运营，第二年正式运营，与1号线相汇于人民广场站。2007年，为缓解市中心的交通压力，地铁8号线也与前述两线汇于人民广场站，向北延伸至杨浦五角场。至今，这个区域仍是上海市内的交通中心之一。

① 陈伯熙著：《上海轶事大观》，上海书店出版社2000年版，第296—297页。

（四）特色商业街的形成

作为城市中心的商业街，西藏路附近街区虽然不如无所不包的南京路那么有名，但也极具自身特色。上海开埠初始，租界仅是一个以黄浦江沿岸为中心的港口区域，外滩附近是上海洋行、商铺的聚集地，但缺少居住的配套设施，别说中国人，即使是外国人也更愿意住在南市。随着1853年上海小刀会起义之后，租界发展迅猛，特别是大量人口的涌入，使华洋杂居的租界成为初具完整功能的城市，而今南京东路街道所在的区域，即是为外滩的金融、商贸和航运提供生活便利的产业向西扩展过来的城市空间，因此，在这个空间里集聚起来的主要是百货行业、服务行业和文化行业，如百货零售店、五金店、皮货店、酒店、旅馆、茶楼、医院等，商业业态非常丰富。

泥城浜及附近区域，在19世纪末期开始逐步繁荣起来，1915年填浜筑路完成后，进入飞速发展时期。至20世纪30年代，宽阔的西藏路开始发展为租界中南北走向的著名商业街。据统计，1930年代末西藏路已拥有跑马厅、大上海大戏院、维也纳舞厅、东方饭店（今上海市工人文化宫）、大世界等商业网点242个。而针对来沪人员的大量饭店、旅社等食宿业也在此拔地而起。1930年代初，东方饭店、吴宫饭店、扬子饭店、爵禄饭店、大中华饭店、远东饭店、大陆饭店、一品香大旅社等高级宾馆在西藏路先后建成。西藏路某些

■ 图2-7，西藏路上的远东饭店，摄于2015年10月14日

地段也形成了颇有名气的特色商业与服务业集聚地，如西藏路的南京路至福州路段已集聚了近20户皮件店①，从南京路到延安路的西藏路沿线，则又被称为"舞场路"，短短数百米距离，就有高峰、远东、爵禄、逍遥、大新、锅台、米高梅、维也纳等8家舞厅。

作为近代中国城市中最先经受欧风美雨洗礼的区域之一，西藏路区域所提供的商品与服务自然常常中西相融，同时又在各方面追求新潮。如1900年泥城桥电灯总厂对于新款式的追求："大厅有一盏光明如昼新造灯，用法比前简便，并省电。石奇巧莲花灯，可燃三盏大厅，有此灯宴客，三五棹可不燃别灯，锡凤、磁瓶两种棹灯并可挂，式样华美，买送礼者多。惟半年来卖灯不少，远者竟有十之八九邻近各省。"②又如对新品种照相机的追求："活动照相为泰西最近新发明之品，本埠照相馆林立，尚无此项新机。英租界泥城桥云南路口中华照相馆，现因迁移伊始，拟别开生面，知留美学生雷石泉置有活动摄影新机，特聘到馆以应主顾，闻此项新机一经摄影，映晒纸上，不须另附机械，而人之面目口鼻手足即能运动自如，诚照相界奇术也！"③

还如1912年中国精益眼镜公司对临场观摩等新销售方式的追求："本公司开幕以来，即承各界交口称为新国民之第一，新制盖非特验目配光运机，磨片量、面装架，种种专门

■ 图2-8，西藏路南京路路口，摄于2015年10月14日

① 袁念祺：《上海起步的地方》，上海百家出版社2010年版，第25页。
② 《水月电灯传》，《申报》1900年1月13日，第11版。
③ 《照相术之别开生面》，《申报》1917年4月3日，第11版。

■ 图2-9，虞洽卿与家人合照（右一为虞洽卿）

技术为专顾诸君所见目。即所制金银各式镜架，亦无弗精益求精，力求新异，固不敢以不对光之镜片，损人目光，亦安肯以不真实之伪货自损名誉？兹将本公司诸特色，再布于下，一电光验目室及磨片各机坊，可领客参观，以表新艺。"①

在政治局势波谲云诡的近代中国，西藏路一带的商人们并不只关心经济利益，在历次中外重大政治事件中也多次发出自己的声音。19世纪初，以"挽救国权"为口号的浙江保路运动爆发，寓居上海的江浙绅民在泥城桥的商学公会多次召开大规模的集会，向清政府呼吁抵制外人侵夺，向东南社会呼吁团结而力争路权。② 当时以商学公会为中心的上海商界，成为保路风潮中重要的舆论和财力基地。20世纪30年代，上海华人经济地位上升，政治上积极要求获得与洋人同等的地位，因此，华人商界向工部局提出建议，希望租界的一条道路以华商领袖虞洽卿先生的名字命名，以纪念他为上海公共事业作出的巨大贡献。公董局董事会经过讨论，认为应该接受这一建议：一是因为西藏路是连接了公共租界、法租界和华界三地的主要干道，与虞洽卿先生的贡献相匹配；二是西藏路上的地产业主们并不顾及将因路名改变而受到损失也向工部局提交请愿书。③ 1936年10月1日，西藏路被正式命名为"虞洽卿路"，这是公共租界第一条以华人名字命名的马路，上海的华人各界举行了大规模的巡游和庆祝活动，成为当时轰动上海的重大事件。

1949年后，西藏路区域更为繁忙和兴旺，其商业格局也继承了原有的特色，继续引领着上海乃至全国的潮流。例如1961年成立的新中国第一家音乐书店，当时《人民日报》还对其作了特别的报道：

---

① 《中国精益眼镜公司中国第一次自制咤力克镜片》，《申报》1912年7月20日，第10版。
② 《路款要闻》，《申报》1907年11月25日，第3版。
③ 《董事会议事录》，1936年7月8日、7月22日。

在上海市繁华的西藏中路上，设立了一家引人注目的音乐书店。说是书店，却不停地从里面传出一首首雄壮的革命歌声。歌声是那样嘹亮、动人，有时，过路的人不禁被吸引着走进去看个究竟。在这个书店里，等待顾客来购买的不全是书籍，满满地放置在书架上的是唱片——中国唱片社出版的几千种唱片，包括革命歌曲、民族民间音乐、各种地方戏曲、曲艺，等等。长长的柜台上，安置了四架电唱机。只要顾客提出

■ 图2-10，1964年3月29日《人民日报》刊登文章《一家新型的书店》

一张需要的片名，年青的售货员就会熟练地从书架上取出来，放送给他听，直到认为满意才停住。音乐书店不仅供应文化娱乐的唱片，还出售汉语拼音、汉语朗读、外语朗读以及工间操等教育唱片。但是，目前最受读者欢迎的是革命歌曲唱片。①

更有敢为天下先的是中国第一家24小时通宵服务的便利商店——星火日夜商店。这家食品店最初专卖糖果糕点，后来考虑到这片区域地处西藏中路、北京东路闹市的六岔路口，每天晚上关门以后马路上的行人还很多。在店门前，有6条公交车线路日夜通过；在

■ 图2-11，出版于1972年的《星火日夜食品商店》（连环画）封面

店的背后，是日夜穿梭着船只的苏州河；在店的周围，还有许多三班生产的工厂和日夜服务的医院，整个社区是24小时活动着的，因此24小时开门更利于便民。② 至此，中心城区"太阳山上高，排门还关牢；太阳没下山，东西买不到"的场面终于被打破。

改革开放之后，西藏路向着"美食、旅游、娱乐"的特色目标发展，附近区域大量出现旅行社、名贵服装店、美食酒家等营业场所，仍然是时代的弄潮儿。

---

① 《一家新型的书店》，《人民日报》1964年3月29日，第5版。
② 《全心全意为人民服务的好商店》，《人民日报》1970年8月17日，第1版。

第二节　街区形成与空间演进

南京东路街区作为城市建成区，主要形成于近代，在一个多世纪的岁月里，区域的建筑和道路形态并未经历太多的兵燹与天灾破坏，城市空间的演进呈现出明显的传承脉络。以此而言，公共租界政府的建设与管理对这一区域的空间演变具有特殊的意义。

（一）公共租界城市管理体制的特点

近代上海开埠后，作为"国中之国"的租界带来了西方先进的城市建设和规划管理上的理念及制度。相对而言，法租界行政机关信奉集权理念和整体性的规划与管理方式，而公共租界行政机关则更崇尚自治理念与自由主义的管理方式。公共租界的城市建设和管理的机构，在开埠早期是英租界道路码头委员会，负责界内基础性设施建设。1854年，公共租界成立了工部局，负责租界的市政、警务等建设。工部局的成立，是在开埠以来《土地章程》规定的租地人会议上通过的，1869年租地人会议又被扩大了的纳税人会议所取代，而租界工部局的城市建设和管理事务的提议则必须得到纳税人会议的通过，并必须接受纳税人会议的监督。

这一体制模式源于英国的市政自治传统，英国城市自《大宪章》签订以来，取得了市民人身自由、土地保有权自由、独立司法权、自由贸易权等权力，随着1835年《市政法人法》的实施而逐步完善了现代地方自治制度。公共租界的纳税人会议正是被英国侨民引入上海的议会制度，由有一定资格的有产阶级构成，而工部局则是受纳税人会议委托办理城市市政的机构。因此在城市的规划与管理方面，就有两个鲜明的特征：一是公共租界对城市街区发展常常没有太多的全局规划，不像法租界那样行政机关权力能够介入街区形态，即使工部局试图进行整体规划管理，也往往受到具有纳税人会议话语权的商人的限制而妥协，因为市场的力量占据更主导的地位；二是在高度保障私有财产和权利的原则下，工部局往往只能为由工商业自由发展而形成街区形态的城市建成区提供基础设施和规划管理方面的制度保障。

南京东路街区的城市空间，在公共租界时代其实是两个行政区划。西藏路以东是中区的一部分，以西是19世纪末扩界后的西区。1845年英租界初立之时，其城市空间主要位于黄浦江附近、苏州河与洋泾浜合围的狭小空间内，以航运和贸易为主要功能。不少外国洋行在外滩租地盖办公楼，而外侨将住宅、仓储等建筑建造于河南路以东的区域，河南

路以西尚未进行开发。为了贸易运输的便捷，租界非常重视道路的整治，在1845年与上海道台商定的《土地章程》中，就规定了9条主要道路，其中4条为东西走向并通往黄浦江的大路，即是后来的南京路、北京路、汉口路和九江路。而当时租界的外国商人成立的"道路码头委员会"，则承担了一些基本的道路维护、桥梁维修和码头建造的工作。

（二）娱乐业、房地产与早期的城市空间

随着寓沪外侨的增多，满足其各种生活需要的愿望成为城市空间扩展的动力，娱乐生活是其中重要的一项。1847年，英国侨民在界路河南路西、南京路以北的区域购地修筑第一个跑马场，南京路就成为跑马场的主要道路。1854年，第二个跑马场建成，成为当时租界外侨最为重要的公共活动场所。而南京路也被延伸到这个跑马场附近，即今浙江路的位置，成为租界最为重要的道路。界外最初的住宅房屋均沿着南京路建造，工部局也给予了当时上海最高级的铺路材料和煤气灯等最新的道路设施。同时，工部局制订了新的道路计划，南京路以南的纤道路（今九江路）、海关路（今汉口路）、教会路（今福州路）、北门街（今广东路）四条东西向干道也开始修筑。1866年，北面的北京路也延伸到了泥城浜，成为继南京路后租界又一条东西向的主要通道。

同时，公园、花园等休闲娱乐场所也在这一区域逐步兴建，在今湖北路、西藏路、芝罘路、北海路等地开辟了占地百余亩的新花园。在小刀会战事之前，今南京东路街区的东半部区域开始形成外侨的公共娱乐空间，与租界东部沿江的港口空间、中间河南路以东的外侨居住与商业、仓储综合空间相呼应。

19世纪中期，战争是塑造上海城市空间的重要促因。小刀会和太平天国的战事使大量华人涌入租界避难，至1862年，避难人数已高达20万人，这极大地刺激了租界房地产业的快速发展，使租界的经济结构由初期的单一贸易转变为贸易与房地产并重。外侨居住区域仍然保持在河南路以东地区，而1848年扩展的河南路至泥城浜之间的区域，则被房地产商所建造的华人住宅填满。因为中外联军在静安寺、徐家汇一线防御太平军，租界出于军事需要同时也是道路延伸的动因，修筑了新闸路等几条军路向西面延伸出去。

战争高潮过去之后，租界工部局在地产洋商的要求下开始对租界进行新的建设。首先是在泥城浜以西区域进行大规模的住房、道路和公共设施建设。1860年开始，工部局实施了新的道路计划，宁波路（1862年以前名为宽克路）等多条东西向马路从旧区域延伸到泥城浜附近，广西路（初期名为锡克路）等多条南北向的道路也开始修筑，而苏州河南岸福建路附近华人聚居的老闸地区更是开辟了多条新路。至1866年，河南路至泥城浜之间区域的道路网络基本建成。

租界道路的格局，是先由几条主干道延伸，再由近代城市中典型的方格网模式来覆盖整个空间。方格网既是在城市化进程中利用华人原有道路和填浜而筑成，也有利于房地产分块出售的商业目的。这也显示出公共租界城市空间的主导者是商业市场，而不是公共租界行政机关。

租界还在城市安全、公共卫生等方面对街区的建筑和道路进行规范。在华人大规模涌入的时候，房地产商为追逐利益，偏好用木板等简易材料为华人建造成本低、施工简单、建造速度快的简房，从1853年9月到1854年7月，广东路、福建路一带，就建造了800多幢木板简屋。这种简屋虽然利润高，但是存在易燃的安全隐患，因此1854年的《土地章程》中严格限制了木板房的蔓延，禁止用篷、簝、竹、木及一切易燃之物起造房屋。工部局成立后，竭力控制木板简房的建造，而推崇石库门里弄住宅。石库门里弄虽然造价高于木板房，但是因其用地经济、维修费低、租金高而广受房地产商的欢迎，至19世纪末扩界之前，泥城浜以东的区域已是里弄住宅密布，并开始向泥城浜以西的越界筑路地区扩展，里弄的条条总弄和支弄，又构成了公共道路之外的方格网。

在19世纪70年代之前，南京东路街区是以外侨的公共娱乐和华人的居住为主要功能的城市空间。之后，华人的不断涌入以及新兴房地产业的崛起，一方面使得租界以前华洋分居的格局开始被打破；但另一方面，由于以河南路为界的两个区域建筑样式、拥挤程度等不同，又缺乏彼此流动，城市空间呈现出港岸区域、外侨聚居区域和华人聚居区域并存的局面。同时，公共租界空间扩展模式也在这时候形成：即先因经济或其他原因，在原区域外出现一个据点，带动一条或数条道路的向西延伸，随后商业、娱乐业和房地产业等沿着这些延伸路段发展起来，道路和沿路地产互相促进发展，租界或房地产商又开辟纵向与横向的其他道路，逐渐形成方格网的格局，将分割形成的各个地块开发出来。

（三）商业中心的形成

1870年以后，随着南京路、福州路、北京路等各条商业大街迅速向西推进，以及土地价值提升过程中的市场化调整，河南路甚至福建路以西路段，皆成为各类商店、饭店、戏院、茶楼聚集之处。同时，大量建造的里弄房屋不仅容纳了数十万居民，也成为渗透进商业的海绵，将各类工商业吸纳进这片欣欣向荣的区域，开始成为新的商业与文化中心。

以百货业为例，这是上海开埠后广东商人来沪经营的主要模式，主要买卖广货、洋货、京货等，外商则开设主营洋货的洋行。在靠近港口的东部区域，百货业的经营形式首先是各类中小型的零售店和杂货铺，至20世纪初已经出现种类繁多、丰富多彩的特色，并逐渐向西部延伸。之后，大型百货业兴起，集吃、穿、住、用、玩等于一体，兼具销

■ 图 2-12，民国时期南京东路西望

售、展示等功能。这类大型百货出现于南京东路四川中路路口附近，即福利、惠罗、汇司、泰兴等前"四大公司"。自1917年开始，先施公司、永安公司、新新公司、大新公司等新"四大公司"在南京路陆续建成，成为上海百货零售业新的中心。

民国时期，除金融业仍以外滩为中心外，餐饮业、宾馆业、文化娱乐业的中心等都逐渐转移到公共租界中区的西部区域，让这里成为上海最为繁盛的闹市区。根据学者的研究，20世纪40年代末，这片区域的商业聚集已经具有明显的特点，区境内的南京路，以新"四大公司"为中心，是百货业聚集之地；南京东路以北地区，商业业态略为初级、低档，主要是重工业制品，比如柴炭、铁铺、木器、五金、装潢、漆业、车行等；南部地区的商业业态则较为高档、精致，主要是轻工业制品，包括服装、鞋帽、礼品、皮货、呢绒、古玩、药业、信局、糖业、文化等。[①] 至1949年之前，区域内已经形成了多条具有特色的商业街，如五金业聚集的北京东路，文化用品业聚集的福州路，估衣业聚集的石路（今福建中路、南京东路以南地段），礼品业聚集的汉口路，装潢五金业聚集的宁波路，服装业聚集的大新街（今湖北路），汽灯业聚集的广东路（今福建中路以西），女鞋业聚集的小花园（今浙江路上，福州路、广东路之间）等。

中华人民共和国成立初期，这一区域的商业布局仍然沿袭了之前的风格。1985年，黄浦区政府开始对南京路、北京路等商业街进行统一规划和综合开发，南京路在区境内分为两个部分：西藏中路至浙江中路，将成为大型综合商场和文化娱乐相结合的商业中心，部分地段进行改建，开辟街坊型绿化小广场；浙江中路以东两侧大面积改建，上海市第一医药商店等商业机构开始入驻。1992年，又将南京路分为4个功能区，其中南京东路街区内分为3个：浙江中路以东拟建成以商业、宾馆为主的街区；浙江中路至西藏中路是以市百一店、市食品一店、市时装公司、华联商厦四大商店为标志的旅游购物区；西藏中路以西，则拟建成文化、商业、居住为主的街区，保留由大光明电影院、上海美术馆等组成的文化娱乐中心。[②]

（四）工部局的城市管理

公共租界的管理者对于城市管理非常重视，在城市发展的每一个阶段，都凭借近代先进的科学技术和科学理念，以及完善的法律框架，在城市公共空间的治理上取得了全面而优异的成绩。

---

① 万勇：《近代上海都市之心——近代上海公共租界中区的功能与形态演进》，上海人民出版社2014年版，第54页。
② 周太彤、胡炜主编，上海市《黄浦区志》编纂委员会编：《黄浦区志》，上海社会科学院出版社1996年版，第377页。

　　1845年，租界成立之初的《土地章程》，虽然主旨是确定租界范围，但也渗透了现代城市管理的意识。其中第十二条规定："商人租地并在界内租房，白杨（洋）泾浜以北，应行公众修补桥梁、修除街道、添点路灯、添置水龙、种树护路、开沟放水、雇募更夫，其各项费用，由各租户呈请领事官劝令会集公同商捐。"① 这是对城市基础建设的规定。第十八条规定："界内不得搭盖易烧房屋，如草棚、竹屋、板房等；不得收藏危险可以伤人货物，如火药、硝磺及多存火酒等；不得占塞公路，如造房、搭架、檐头突出、长堆货物等；并不得令人不便，如堆积污秽、沟渠流出路上、无故吵闹喧嚷等；皆系为出保房屋货财，永图众商平安也。如火药、硝磺、火酒等物运到上海，必须会同在界内距住房、栈房较远之处公议一地，以备存贮而防疏失。"② 这是对城市公共卫生与安全的管理。

　　《土地章程》还根据当时租界内的房地产建筑狂潮和交通情况，作出规定："起造房屋，札立木架及砖瓦、木料货物，皆不得阻碍道路，并不准房檐过伸各项，妨碍行人。如犯以上各条，饬知后不改，每月罚银五元。禁止堆积秽物，任沟洫满流，放枪炮，放辔骑马赶车，并往来遛马，肆意喧嚷、滋闹，一切惹厌之事，违者每次罚银十元。"③ 凡此，均说明此时的城市管理已经更为精细，且有惩罚措施相配套。

　　与此同时，工部局还已经注意到城市各类营业对生活造成的危害，特制定了二十条禁例："禁马车过桥驰骤；禁东洋车、小车在马路随意停走；禁马车、东洋车夜不点灯；禁小车轮响；禁路上倾积垃圾；禁道旁小便；禁肩舆挑抬沿路叫喝；禁施放花爆；禁不报捕房，在门外砌路、开沟及拆造临街房屋；禁私卖酒与西人饮；禁春分后、霜降前卖野味；禁卖臭坏鱼肉；禁卖夜食者在洋行门首击梆高叫；禁肩挑倒挂鸡鸭；禁吃讲茶；禁沿途攀折树枝；禁九点钟后挑粪担；禁乞丐；禁夜间行人形迹可疑及携挟包裹物件手无照灯；禁聚赌酗酒斗殴。"④ 对于城市街道的垃圾，工部局要求承包人雇用苦力定期清扫街道和一些弄堂。对于租界内的粪便，也采用同样的办法，由租界与承包人签订合同，在工部局规定的时间内由承包人清理干净，承包人可以收取一定的费用。

　　在严格的管理之下，租界很快显示出清洁整齐的面貌，为华人所钦服和推崇：

　　　　上海各租界之内，街道整齐，廊檐洁净，一切秽物亵衣无许暴露，尘土拉杂无许堆积。偶有遗弃秽杂等物，责成长夫巡拾，所以过其旁者，不必为掩鼻之趋，已自得举足

① 史梅定主编：《上海租界志》，上海社会科学院出版社2001年版，第682页。
② 史梅定主编：《上海租界志》，上海社会科学院出版社2001年版，第684页。
③ 史梅定主编：《上海租界志》，上海社会科学院出版社2001年版，第685页。
④ 〔清〕葛元煦撰，郑祖安标点：《沪游杂记》，上海书店出版社2006年版，第9页。

之便。甚至街面偶有缺陷泥泞之处，即登时督石工为之修理。炎天常有燥土飞尘之患，则常时设水车为之浇洒。虑积水之淹浸也，则遍处有水沟以流其恶；虑积秽之薰蒸也，则清晨纵粪担以出其垢……其尤妙者，大街无许便溺，致秽气有冲天之失；浦滩不准澡浴，使乡人知裸浴之非，其意识尤为周到，其风俗犹可维持……或者人谓此种事极细致，何至受罚？不知租界地方十分洁净，其人既居租界必知租界规矩，岂容其任意糟踏、毫不经心乎！若使听其无节，必将大众效尤，恐清静国中变成污浊世界矣。[1]

自19世纪60年代上海人口激增、经济飞速发展之后，工部局的城市管理也日益追求精细化和全面化，在城市道路建设、城市公共设施建设与管理、城市公共卫生管理、城市交通管理、城市建筑管理等方面都开始完善起来。

城市道路建设是租界最先重视的方面。1845年的《土地章程》规定了租地人在租界内修筑道路的要求，在当时面积不大的界内开辟东西向主干道7条，南北向主干道3条。后来成立的道路码头委员会，则确定了筑路资金筹集原则和道路宽度。1850年前租界已修筑道路6360米，包括6条东西向主干道与2条南北向主干道，占英租界总面积的14.2%。到1866年左右，已扩展为南北干道11条，东西干道9条，总长达24500米左右，约占租界总面积的23%。[2] 工部局成立之后，设立了负责市政工程建设和维修、养护的工务处，该处下面分设了道路工程师部、工场部、沟渠部、建筑测量部、构造工程部、土地测量部等道路建设的相关机构。同时，道路铺筑技术方面也在不断进步，19世纪50年代之前，主要采用掺和砂石，平整夯实的方法。至1850年代末，改为碎砖铺筑，再用煤渣铺面的技术。1863年以后，开始对旧道路进行整理，"两旁砌以侧石……侧石下砌条石"以利排水。20世纪初，为适应有轨电车和汽车的行驶，又逐步以小方石、混凝土等新材料重新整建市区道路。[3] 到了20世纪30年代，公共租界的道路占上海市区面积的46%，且基本已换成新式的柏油马路。

城市公共设施建设与管理也是租界极为重视的。上海是近代中国最早使用煤气的城市，如前文所述，因大英自来火房的建立，1865年底南京路的路灯开始用煤气。煤气灯优越的光源很快受到中外居民的欢迎，工部局开始在其他街道推广开来，使用煤气灯的区域随着越界筑路向租界的西部和北部扩展。至1868年8月，老闸地区的华人聚居地已经敷设了煤气总管。工部局对于煤气的管理，采取了欧洲城市管理中常见的给予企业特许经营权，同时对煤气公司的经营和服务进行调控的方式。工部局在给予煤气公司经营权的同

① 《租界街道洁清说》，《申报》1872年7月20日，第1版。
② 张仲礼主编：《近代上海城市研究（1840—1949）》，上海文艺出版社2008年版，第184页。
③ 张仲礼主编：《近代上海城市研究（1840—1949）》，上海文艺出版社2008年版，第187页。

时，规定了自身有权对公司在租界煤气的供应质量、价格、公司最高收益、基本设施建设、服务方式等方面进行管理。这种管理机制平衡了市场规则和管理理念之间的矛盾，有利于煤气供应市场的有序竞争，也能保证煤气市场在工部局调控的范围内发展。20世纪20年代开始，煤气业务受到电力竞争，重点转向了居民热源供应、住宅的家庭烹饪和取暖上，这几方面的煤气用量大幅度增长。

在给水事业上，工部局同样采用了特许经营权的办法。1875年纳税人会议决定工部局本身不办水厂，欢迎私人公司从事给水事业。其时英国商人 M. Mcleod 组织的上海自来水公司筹备委员会取得了租界给予的特许经营权，组成上海自来水股份有限公司，选址杨树浦建厂，自1883年8月开始向公共租界和法租界中心区域供水。工部局针对自来水公司的项目发放具有一定期限的开掘路段许可证，如果到期不能供水，公司就要受罚。这对提高公司供水质量和效益起到很大作用，使公共租界供水质量长期保持了较高的标准，甚至"超过了伦敦达到的标准或美国大部分严格的市政当局的要求"。[①]

自1882年引入电灯之后，上海也成为最早采用电灯照明的城市之一。与自来水、煤气等不同，工部局对电力直接进行经营管理。1882年英侨立德尔等筹设上海电气公司，并创办了中国第一家电厂，比美国纽约珠街电厂要早2个月，比日本东京电灯公司早5年。[②]1888年上海电气公司因缺乏资金和技术而倒闭，一部分股东筹资设立上海新申电气公司。鉴于新生的电气企业缺乏资金，工部局于1893年购买了新申电气公司，并成立电气处，建造新厂。电气处有一定的自主经营权，兼负经营和管理职责，并靠发行电气公债来扩展电力设施。至1899年已将供电范围扩展到静安寺路，囊括了今天南京东路街道的大部分地区。20世纪开始，发电业务向居民家用电器与工业用电方面发展。

城市公共卫生管理是公共租界在城市管理中涉及面最广的一项。除早期的基础性环境卫生管理之外，面对日益繁荣的城市和流动性人口的增大，工部局主要关注于食品卫生、防疫卫生等方面。由于受英国卫生观念的影响，工部局对食品卫生管理比较重视，采用了稽查员检查制度和建立公共售卖空间的方法。19世纪60年代起，工部局开始检查租界内的肉店和屠宰场，对于劣质的肉食和牲畜进行没收。由于私人屠宰场卫生条件不佳，以及瘟疫的频繁，工部局于1892年建立了设备先进的公共屠宰场，并对送来的牲口进行严格检查和监督。对于菜场的管理也是如此，1884年工部局在南京路建立第一个室内菜场，集中出售鱼、肉类食品。其后陆续在各地建立一批菜场，以改善街市的混乱。在今天南京东

---

① 马长林，黎霞，石磊等著：《上海公共租界城市管理研究》，中西书局 2011 年版，第 393 页。
② 马长林，黎霞，石磊等著：《上海公共租界城市管理研究》，中西书局 2011 年版，第 340 页。

路街区境内及附近地区，较为著名的有1930年建造的福州路菜场、1932年建造的北京路菜场和改造的新闸路菜场等。

这些新式菜场大多采用先进的钢筋混凝土结构，内部分成蔬菜部、肉类部、禽类部等，设置有自来水龙头等卫生设施。同时，工部局也颁布了详细的《菜场章程》，对于售卖时间、售卖种类和卫生措施等都作了充分说明。在防疫卫生方面，大量的流动人口导致疫病爆发机会较多，不过由于公共租界主管卫生事务的人员是受过严格训练的医生，对于近代防疫有一定的应对措施。他们建立了港口检疫制度，并采取了防疫注射、隔离消毒、建立新式医疗机构等先进方式，所以在上海几次遭遇各类疫情时，工部局都采取了及时而有效的措施防止疫情蔓延。1874年为了防止新加坡等地发生的霍乱传入租界，工部局河泊司颁布检疫条例，自此港口检疫成为定则。1869年上海出现天花患者，疫病流行已现征兆，公共租界在南京路开设专门接种牛痘的诊所，工部局同时在报纸上布告宣传，抵制了天花的蔓延。1898年为了应付华人中的霍乱，工部局设立临时隔离医院。1900年，华人隔离医院建立，主要收治猩红热、白喉、天花、鼠疫、霍乱等恶性传染病患者，患腮腺炎、麻疹等其他传染病者，在极其严重的情况下也可以入院。[1] 在预防和医治的同时，工部局也建立了自己的科研机构，针对上海地区的疫情进行科学研究。1898年工部局组建了疫苗接种站和以预防狂犬病为目的的巴斯德研究院。1899年工部局建立了病理实验室，主要进行水、牛奶、冰、冰淇淋和其他食物的细菌检查。1906年工部局成立化学实验室，主要负责牛奶及奶酪、各种水质、食品及酒类等的化验。

表2-1　1901—1913年工部局病理实验室发表的研究成果一览

年　份	研究成果	刊发的医学杂志
1901	上海的狂犬病防治工作	《卫生学杂志》
1901	脚气病与心脏	《热带病医学杂志》
1902	没食子免疫法医治牛瘟疫的局限性	《卫生学杂志》
1902	白喉抗毒血清	《英国医学杂志》
1902	脚气病的性质	《卫生学杂志》
1903	论毒血症病人的突发性心脏衰竭	《英国医学杂志》

[1] 史梅定主编：《上海租界志》，上海社会科学院出版社2001年版，第512页。

（续表）

年　份	研究成果	刊发的医学杂志
1906	上海的马耳他热病	《热带病医学杂志》
1909	论中暑等	《中华医学杂志》
1913	脚气病和"大米理论"	《英国医学杂志》

资料来源：史梅定主编：《上海租界志》，上海社会科学院出版社2001年版，第515页。

作为近代中国最先步入城市化、工业化的通商口岸城市，上海也是最先遭遇到现代城市污染、最早进行城市环境污染治理的城市。而南京东路街区因既是工商业聚集之地，又是中外市民居住生活之所，自然成为上海最早进行污染治理的区域。

当时上海的城市污染，已经包括了今天常见的空气污染、噪音污染、水污染和化工污染等。就南京东路街区而言，空气污染主要是商业街道上工厂、作坊的燃煤所排放的煤烟；水污染主要是工商企业和住户向苏州河或黄浦江排放的污水和废水；噪音污染种类较多，有路人与苦力的喧闹声、华人燃放的爆竹声、黄浦江上船只的汽笛声、汽车喇叭声、工厂机器声等。工部局在治理污染的过程中，既注意限制污染对居民生活的妨害，同时也尽量保证工商的正常生产和经营，达成双方都满意的结果。

1887年6月，龙飞洋行致函工部局，控诉泥城浜附近的大同石印社排放的煤烟对龙飞马房的马匹健康不利，而且其汽笛产生的噪音又给周围居民带来了极大的烦恼。工部局经过调查研究之后，通知大同石印社，烟囱必须接高到与煤气公司烟囱一样的高度，以利于煤烟扩散，并要求必须降低汽笛声。8月，龙飞洋行再次控诉污染问题，但是工部局认为大同石印社正在接高烟囱，而且提出控诉的也只有龙飞洋行，已不能算为公害，因此并未干预。一个月之后，多位居民又向工部局投诉大同石印社的汽笛噪音污染问题，工部局遂再次要求大同石印社必须停止鸣放汽笛。半年以后，当越来越多的居民来投诉时，工部局认定已形成严重的公害，因大同石印社存在拒不执行停止鸣放汽笛的态度，工部局果断通知巡捕房将其经理拘捕送交会审公堂。[①]

公共租界对于城市的建设与管理，体现了英式自由主义城市模式与上海本地特性的结合，是上海城市治理的宝贵历史经验，许多新生的制度、机构和措施具有开创性，深刻影响了如今南京东路街道的街区空间布局与面貌，也是推动当时法租界、华界市政革新的动力。

① 上海市档案馆编：《工部局董事会会议录》(第九册)，上海古籍出版社2001年版，第583、591、592、594、595、601、607页。

图 2-13，南京东路街景，摄于 2015 年 10 月 14 日

第三节 "十里洋场占风流"

南京东路街区的肌理形成于19世纪末，城市风貌形成于20世纪初，自公共租界第二次扩界之后，这里一直是上海城市的中心街区，同时，又是中西文化交融的重点境域。其房地产业、商业、服务业、娱乐业都显示出这一特点。长期以来这一区域是上海宜商、宜居、宜业的精品城区，也是彰显上海"城市之心"的最佳展示区域。

（一）地理中心。具体来说，是上海的大地原点和公路零公里处所在地。1950年11月，为统一上海的平面坐标系统，上海市地政局对全市进行测量，以国际饭店楼顶中心旗杆为原点确立了上海城市平面坐标系。1997年10月，国际饭店内部改造时，在大堂设立了"上海城市坐标原点"标志，也称为"上海大地原点"标志，供游人参观。上海公路的零公里处在人民广场的中心，处于上海市政府大厦与上海博物馆的中轴线位置的地面上，安置着紫铜铸的、约1平方米的标志牌，上有"上海市公路零公里标志"的文字，标志牌的四角上标有东、南、西、北四个方位，象征着从这里连接着四面八方。以这里为起终点的国道有4条，市道路干线6条，组成了连接市郊和连接全国及周边省市的公路交通网络。

▪ 图2-14，民国时期的国际饭店

（二）政治中心。在1949年之前，南京东路街区一度是中共地下隐蔽战线的政治活动中心。国民大革命失败后，中共中央机关就从武汉迁移到上海公共租界的云南路447号（今云南中路171—173号），成为领导上海及全国革命运动的红色政治中心，直到1931年顾顺章被捕叛变才迁出此处。1949年后，人民政府先是选择在位

■ 图 2-15，上海大剧院，摄于 2016 年 10 月 10 日

于江西路的公共租界工部局大楼办公，但节日游行和检阅活动均在人民广场进行。1964 年为庆祝中华人民共和国成立 15 周年，政府建造了一幢 5 层的楼宇，以解决办公用房和节庆日主席台之需。1992 年大修扩建，建成了现在的上海市政府大厦。1995 年 7 月 1 日，上海市人民政府迁入此地办公，至今这里仍是上海的行政和政治中心。

（三）海派文化中心之一。上海百年海派文化众说纷纭，但是商业性、大众性、开放性和世界性等几个基本特点是得到公认的。南京东路街区，既是繁荣的商业区域，又是密集的居民区，还是具有综合功能的国际化城区，是展示海派文化最好的区域。1949 年之后，人民广场被规划为大型文化建筑的集中地，至今已聚集着上海博物馆、上海大剧院、上海历史博物馆、上海城市规划展示馆等文化建筑，成为上海中外文化交流的中心。以 1998 年落成的上海大剧院为例，在建成不到半年的时间里，中央芭蕾舞团、东方歌舞团、傅聪钢琴独奏、上海交响乐团、中国儿童艺术剧院、柏林广播交响乐团、日本 NHK 交响乐团、比利时佛兰德斯皇家芭蕾舞团等中外顶级的音乐剧团、音乐大师相继在这里为市民演出，全年票房创国内演出市场纪录。

南京东路街区的肌理可从这几方面来了解：

（一）不同风格的居住空间

英租界于1845年成立后，占据着上海最佳的贸易位置，因初期贸易的发达以及后来商业的繁荣，吸引了大量中外移民，促进了城市化的快速推进，成为具有综合功能的现代化新城区。随着租界内一条条马路的开辟和加宽，各种样式的住宅兴建起来：富裕阶层往往拥有豪华的花园洋房，中层市民基本居住于里弄住宅或公寓住宅内，下层市民则居于获取生计地区附近的简房或棚户中。其中里弄住宅数量最多，种类也最为繁杂，在演变过程中，主要出现了早期石库门里弄、后期石库门里弄、新式里弄、花园里弄和公寓里弄5种类型，此外，还有脱胎于石库门里弄的广式里弄。这些各式住宅所构成的空间，展现出100多年来上海居民的生活状态，具有多样性、包容性和创新性的特点。

19世纪五六十年代，上海小刀会与太平军起义时，租界在泥城浜以东的区境内为涌入的难民建造了大量简屋。1870年之后，工部局因为出于防火安全考虑而取缔了木板简屋，开始建造大量中西折衷风格的砖木立贴式早期石库门里弄。到了19世纪末20世纪初公共租界西扩前后，这种石库门里弄开始越过泥城浜，通过静安寺路等干道向西蔓延过去，在今天西藏路以西的区境内出现。同时，富裕阶层也开始在泥城浜以西建造高级独立的花园洋房住宅，以远离日益喧闹的东部商业区。至20世纪20年代，随着上海人口剧增，住宅的需求量大为增长，建筑技术也日趋成熟，出现了钢筋混凝土结构、更新式的后期石库门里弄。这种新式里弄因适合城市小家庭居住，也更符合商业时代的需要而广受欢迎。在西藏路以东的中区，早期石库门里弄开始向后期石库门更新。在西藏路以西的空旷地带，后期石库门住宅大量兴造。1920年代后期，适合上海中等收入家庭的新式里弄在西区大量出现。从1940年代开始，空地绿化面积增大、设施齐全的花园里弄以及高层公寓也在西区大量建造。这里，介绍几处不同时期各具代表性的里弄住宅。

1. 洪德里

洪德里，位于厦门路137弄，建于1907年，占地0.43公顷，总户数57户，其中弄内20户，沿街店铺楼上民居37户，是早期石库门住宅。里弄沿街设置店铺，楼上为住宅。里弄入口处设过街楼，弄内为行列式布局，以双开间的住宅为主，也有部分三开间住宅，基地西侧为一户三开间两进的住宅，面积约为790平方米。单体建筑均为砖木混合结构的2层楼房，风火墙、双坡顶的屋顶形式。三开间两进住宅的平面构成与传统的江南住宅完全一致，每进中心轴是由天井—厅堂—后天井空间序列构成，天井面向东侧的总弄开门，但仍然是被围合的。北侧是客堂，楼梯间设置在客堂的后面，之后是后天井、佣人房和厨

房。2层与底层基本相同，在厨房上层设置了晒台。后天井与第二进的天井相连，第二进的平面构成与第一进相同。

洪德里的建筑外墙为水泥沙浆粉刷饰面，里面装饰少，主入口大门没有做成传统石库门的形式，只是在门头饰有石雕门楣。外墙开口较小，天井内的空间也以中国传统风格为主，格子长窗下半部及2层窗下的木制腰墙雕刻有中式装饰图案。[①] 从布局和装饰的风格来看，该里弄是江南传统住宅的形式，受西方建筑影响较小，具有上海早期里弄的特色。从较高的施工水平和较大的开间来看，该里弄能够容纳足够多的居住者，适合大家族或佣人众多的富裕阶层居住。

2. 九福里

西藏路以西区域的九福里，位于江阴路88弄，由9户人家分别开发建造，1917年建成。东侧双开间的2户由房东彭姓家族居住，西侧的4户住宅是为出租而建造的。从外观

---

① 曹炜著：《开埠后的上海住宅》，中国建筑工业出版社2005年版，第35页。

图2-18，九福里，摄于2015年10月19日

上看，房东使用的住宅与出租住宅是区分开的。出租住宅的平面构成沿袭了后期石库门里弄的典型方式，两端是为带厢房的双开间，每户平均面积约220平方米，中间为单开间，每户平均面积约为95平方米。每户住宅还是以纵向轴线上的天井—厅堂—后天井—附房的空间序列构成，与前例相似，端头的两户也是在多出的一个开间内布置了厢房，而天井仍然是家庭生活的核心区域。此例中由于开间小而进深大导致后天井的布置有些独特，位于正房和附房中间，减小了尺寸，并且也能起到采光、通风的作用。端头双开间的住宅中，将通常的一个大后天井也做成了两个小的后天井，这种做法是一个特例。建筑外墙为清水砖墙，早期里弄常用的西洋古典式装饰已经改为当时最时兴的装饰艺术主义的几何形装饰图案，南面的大门也采用了比较简洁的石库门形式。门窗等开口部四周的边框用水泥作仿石处理，但开窗仍然较小，面向天井的开口部采用了长窗，以取得最大限度的采光与通风，并运用了中国传统的窗格子花形式。室内的天花板顶部四周施以中国式纹样。里弄在石库门的山花和山墙顶端部分采用了装饰主义运动的外观风格，但是住宅的空间构成上依旧沿袭了传统住宅天井与客堂的轴心空间构成。[①]九福里的建筑风格，已经具有很明显的中西折衷特色，其室内及天井的周围继续保留着中国传统风格的要素，但建筑外观更多地体现出当时西方新潮的元素。

3. 尊德里

洪德里对面的尊德里，位于厦门路136弄，是典型的后期石库门里弄住宅。一个石库门，三开间对称布局。与早期石库门里弄不同，尊德里设了前后厢房。天井较小，已被压缩，只是在楼梯间与亭子间（楼下为厨房）之间有一点空隙，设窗既有采光又挡雨，这样

---

① 曹炜著：《开埠后的上海住宅》，中国建筑工业出版社2005年版，第43页。

■ 图2-19，尊德里，摄于 2015 年 10 月 19 日

■ 图2-20，尊德里弄堂景象，摄于 2015 年 10 月 19 日

一来空间的利用率就更高了。房间内部的客堂间及楼上的主卧室朝南，东、西前厢房一朝东、一朝西，后厢房均朝北开窗。前后厢房之间没有直接采光，一般作为厕所、储藏室或仆人卧室等。厨房空间的高度要低于前楼，楼上亭子间的入口就靠转弯处开门。尊德里的建筑外形，为灰色清水砖墙，机平瓦坡屋顶（立贴式屋架），山墙为"硬山"，即墙高出屋顶，屋檐部分用"彩牌"收头。窗四周做出线脚，作为简单的装饰。大门（石库门）也只是用线脚做出倚柱形式。[①]

随着时代的变迁，这个区域内的里弄住宅的演变有着较为明显的特点。首先是单幢住宅面积与开间的缩小。洪德里仍然保持着大面积与大开间，到九福里与尊德里已经大为紧凑，这与上海成为近代工商业城市后，大家庭分解为小家庭生活的趋势有关，也是城市土地资源紧张的反映。

其次是住宅样式和装饰的西化，早期的石库门里弄保存着大量的中国传统风格的装

① 沈福煦，沈燮癸著：《透视上海近代建筑》，上海古籍出版社 2004 年版，第 4 页。

饰，洪德里就有着浓郁的江南民居特色，比如，现今上海罕见的石库门石雕雀替、封火山墙做成马头形式、单体平面布置仍然是由我国传统四合院或三合院民居脱胎而来的两间一厢等[①]，但是相比区境东面更早时代的石库门住宅，已经具有西化色彩。而后期石库门则增加了更多当时西方新潮的风格，例如九福里的装饰艺术主义风格。20世纪20年代建造的石库门，为迎合社会风尚简化装饰，采用几何体块造型，尊德里就是这一时期的代表。

4. 祥康里

1920年以后，新式里弄在西藏路以西大量出现，建于1924年的新昌路祥康里就是较为典型的新式里弄。因为是瞄准中产阶层小家庭的市场，祥康里的开间与面积上，比之前的石库门里弄更小，去掉了两翼的厢房，单开间3层坡顶，每两个开间组成一个单元。建筑材料上，在采用砖墙承重的同时，也已经运用了新式的钢筋混凝土，以此加建为4层平屋顶。[②] 在小区设计上，有了总弄和支弄的明显区别。在室内结构上，也配置了专门的厨房和厕所，一般拥有较完善的卫生设备和厨房设备，有的还附设汽车库和小花园。新式里弄一般层数更多，注意居住的舒适型，具有良好的朝向、间距、通风、隔音等特点。

5. 花园洋房——应公馆

经济实力强劲、社会地位更高的富裕阶层，则建有自己的独幢花园洋房。在南京东路街区，较有代表性的是凤阳路338号黄浦大楼大院内的应公馆。该洋房主人应子云是宁波籍贯的沪上买办，供职于通和洋行，于

■ 图2-21，应公馆，摄于2015年10月19日

---

① 王绍周：《上海近代里弄住宅建筑的产生与发展》，摘自中国建筑学会、建筑历史学术委员会编：《建筑历史与理论》(第三、四辑)，江苏人民出版社1982年版，第244页。
② 王绍周、陈志敏编：《里弄建筑》，上海科学技术文献出版社1987年版，第196页。

1921年花费10万两银子建成这幢豪宅。应公馆为通和洋行设计，五开间假4层，为仿欧洲文艺复兴时期巴洛克风格。在近代上海的洋房住宅中，应公馆的坚固与豪华程度堪称一流，而且其具有的巴洛克风格也不多见，1楼古罗马风的塔斯干柱、2楼古希腊风的爱奥尼双柱廊以及巴洛克风格的彩窗等特色，让它足以成为上海珍贵的文化遗产。

6. 公寓楼——长江公寓

公寓楼是1920年代后期至1930年代上海兴起的住宅类型，其兴起原因有三个方面：一是由于地皮涨价，房屋面积缩水，建设方开始追求更高层的大楼住宅；二是更多独立小家庭热衷于追求相对私密的居住空间，特别是喜欢自由清静的知识分子群体，正如张爱玲所说："殊不知在乡下多买半斤腊肉便要引起许多闲言闲语，而在公寓房子的最上层你就是站在窗前换衣服也不妨事！"[1]；三是经济上富裕起来的年轻中产阶层越来越注重住宅的内部设施，现代化设施齐备的公寓楼就广受欢迎："如窗户之四辟，楼房之舒适，自来水盥洗盆、抽水马桶、嗯浴盆等设备，均属应用便利，清洁而无污浊之存留，足使住房之人，易于养成卫生清洁之习惯，故欲使之重返其故居，已觉格格不相入，其曾受教育之知识分子，尤将感觉难堪。"[2]黄河路上的长江公寓是区境内较为典型的公寓楼住宅。

该楼于1934年由沙逊洋行投资兴建，由凯司洋行设计并监工，次年竣工。因为当时邻近卡尔登大戏院，故取名为卡尔登公寓。卡尔登公寓是英式风格的公寓楼，最高11层，部分7层，1974年后加高至13层，沿街加盖为8层。公寓底层出租为店面，楼上则为单间或

▪ 图2-22，长江公寓，摄于2015年10月19日

① 张爱玲：《公寓生活记趣》，《天地》1943年12月第3期。
② 竞舟：《国人乐住洋式楼房之新趋势》，《时事新报》1931年8月13日。

几套间的高级公寓，配有铰链电梯，套入式的中央花园。房间沿街建有阳台，地板全部用细柳安木，房间装饰讲究，设计合理，并配备高级卫生设备。著名作家张爱玲尤其喜爱公寓楼，认为"公寓是最合理想的逃世的地方"，她在上海生活的最后时光，就是1950年居住于卡尔登公寓的301室，她在这里完成了电影剧本《不了情》《太太万岁》，小说《十八春》《小艾》等作品。

住宅的不同档次，给了上海市民居住方式的多种选择。总体来说，南京东路街区内花园洋房不算太多，简屋、棚户也很少，最多的是密布于街区的各式里弄，最适应那些中产阶层的市民。中产阶层范围很广泛，包括公司或洋行的高级职员、医生、大学教授、成名的作家以及略有资本的企业业主等。他们的收入水平，一般能够租住石库门里弄的一幢房子，或者合租新式里弄的一幢房子。家庭人口较多、更为传统的中产阶层往往选择早期石库门里弄；家庭人口不多、经济条件不错、赶潮流的中产阶层往往选择后期石库门里弄；具有经济实力、又追赶潮流的中产阶层则喜欢选择新式里弄；有相当资本的工商业主、家底较厚的富裕家庭则多青睐更上档次的花园里弄。

除了购房者自居外，房主将房屋出租给多家租户也是较常见的现象，这种情况下的生活舒适度就大为下降了。1920年代，就有人描述祥康里的租房情况：

> 譬如楼下客堂间一分为二，前后已可住两家。把天井搭一个玻璃天棚，装一个楼梯，就可通楼上的前间，楼上自然也是一隔为二，可以住两家。一共是已是四家了。灶披天井里，也搭了玻璃天棚，把灶披那面的墙，又拆去了，灶披连天井又一隔为两小间，又可以住两家。则已六家了。楼上亭子间住一家，晒台上搭盖一轻质木料之洋铁棚，又可以住一家。一共不是八家了么。至于烧饭，大家都在前门天棚底下，每家平均算有三个人，已有二十四个人，以一上一下的房子，却占了二十四人，不是挤的很么。[①]

（二）居住与营业的融合

里弄曾是上海城市居民主要的生活空间，1949年以前，有3/4的上海居民的住宅是里弄房子。[②] 然而里弄远不止居住的功能，还是上海人谋取生计的地方，更是上海人思维与气质的养成之所。里弄生活所折射的，正是上海人在大都市生活中的智慧与精神。

① 萧萧：《上海人所占的空间》，《新上海》1925年第1期。
② 上海市统计局：《上海：改革、开放与发展》，生活·读书·新知三联书店1988年版，第437—438页。

1. 里弄营业

里弄住宅的布局设计，在居住的同时也是非常适合开设营业的。各式石库门里弄，前面往往有一排或几排临街的房子。前排的房子是没有院子的，居民必须从里弄街道进入他们的起居室。这排临街的房子通常被人们用作商用，来开设一些小商店。[①] 不临街的里弄住宅，如果厢房较多，亦可以在弄堂内开设营业，显示出较强的功能适应性。20世纪初，上海居民为了谋生，各种营业开始在弄堂内大量出现，而今天南京东路街区因为地处上海商业繁盛之地，这种现象更为明显。其形式或是直接将住宅用作商用的"舍宅为店（厂），"或是商用与居住混合的"前铺后居"和"上居下铺"等。里弄住宅区已开始成为居住、工业、商业混合的空间形态。

里弄中的营业，虽然由于空间限制，没有太大的规模，但是却具有自己独特的优势。（1）贴近居民生活。在里弄密集的区域，里弄沿街与内部开设的营业，其规模、档次与经营范围都与附近居民的生活息息相关，主要为米店、成衣店、烟杂店、饭馆、小吃店、私人诊所、律师事务所、木工厂、育婴堂等，为周边居民带来便利。（2）里弄营业规模虽小但灵活性高，随时根据市场变化来调节。例如20世纪二三十年代，里弄开设的小工厂瞄准那些大型企业未涉足的领域，热衷于制造新兴日用品，较多的有漂染印花、毛纺织、电力丝织、家用电器等。抗战之后日常生活用品较为缺乏，则生产玻璃、热水瓶、灯泡、陶瓷、炉子等日用品的里弄小工厂又纷纷兴起。[②]（3）勇于创新的精神。上海居民在局促的生活空间中兼顾营业与居住，创造出不少新的生活模式。

2. 私人诊所

私人诊所与医院是近代上海里弄中常见的营业内容之一。里弄诊所的兴起，首先与大批医生移居石库门相关。在人口激增的近代上海，医生成为城市紧缺的职业，因其收入颇高而居于中产阶层，亦具备了移居于石库门里弄的经济条件。以1907年建成的洪德里为例，当时媒体就追踪报道了许多名医的入住动态，如创立了"神州医药总会"的颜伯卿，儿科名医朱少坡等[③]，引导民众上门问诊。

这些医生不久就利用自己的居所开诊，服务病患，也得到民众的推崇和宣传："中医名家张赞臣在西祥康里悬壶济世，于大小方脉、内外妇儿诸科无不精通，屡起沉疴，深受病家拥戴"[④]；"余病瘵三年，家父误信庸医，乱服伤药，病转加剧。适值父病胃痛，日唾秽

① 卢汉超著，罗玲，任云兰译：《远离南京路：近代上海的小店铺和里弄生活》，《城市史研究》2005年8月。
② 左琰，安延清著：《上海弄堂小厂的死与生》，上海科学技术出版社2012年版，第90—91页。
③ 《介绍良医颜伯卿先生移寓洪德里》，《申报》1913年5月16日，第5版，《儿科朱少坡医寓迁移老垃圾桥南首一直洪德里南弄第四家》，《申报》1909年5月1日，第25版。
④ 吴鸿洲，方松春主编：《海派中医研究丛书》，上海交通大学出版社2008年版，第246页。

痰，余与妹传染疫气，雪上加霜，待死而已。幸余庆叔介绍凌仲昌先生，医治兄妹，转危为安痊愈，特登报鸣谢"[1]；"北京路瑞康里俞岐山君，素精于眼科医学，凡患眼病者，一经其诊察，无不得心应手云"[2]；"上海贫民最多，如苦力、佣工、小商店生徒等一旦患病，既无医药之费，又乏看护之人，辗转床席，其困苦有百倍于富人者。（丁）福保有鉴于此，照锡金公所夏季送诊之例，送诊两月。并不限于锡金同乡，凡上海之贫病无力医治者，均可来寓诊病。敝寓在英大马路泥城桥西首，龙飞西间壁三十九号门牌送诊"[3]。

很快，各类私人诊所和医社就在里弄中开设起来。洪德里作为早期石库门里弄，开间面积大，厢房多，居住在此的医生也多，成为诊所和医社的聚集之地。如洪德里488号的中西医社，即是当地士绅邀请师出名门、在江浙战争中医治伤兵而成名的西医孙卫灵和中医冯昌焜合组而成，该医社每日上午开诊施药，注重用中西疗治法治病，主治肺结核等病。[4]至隆冬时节，"因天时渐寒，诊务日忙。如肺结核咳嗽等症，求诊更伙。该社特定通融办法，每日上午作为送诊时间，只取号金两角，以故求诊者极形拥挤"，获得民众送匾表扬。[5]洪德里478号，则是著名中医杨志一与朱振声合组的诊所，同样远近闻名，"连日往诊者，颇不乏人"[6]。这些里弄医疗机构充分利用了里弄住宅区的客源优势和城市中心的交通优势，打出了品牌与口碑。

众多初出茅庐的医生也选择在里弄中创业，尤为引人注目的是一些留学归来的医生。20世纪初是中国医学学生留学西洋的热潮期，20世纪20年代后大批留学生归国。这些留洋的医生喜爱西式生活风格，家境也较为优裕，多选择生活于后期石库门里弄或者新式里弄，也首先在此创业。

周景文，上海同济德文医工专门学校医预科毕业。1921年留学德国，入佛莱堡大学医正科，1924年经德国国家考试毕业，在该大学眼科院实习一年，考得博士学位。次年入捷克城德大学眼科院任职二年，为眼科专家Aelschnig院长之助手。在其他德、奥、瑞各著名眼科院中，亦均考察实习。周景文回国后，设诊所于跑马厅对面的同福里133号，主治内外目疾与眼部创伤，诊所"内容设备，颇为完美，一切器械，皆最新式，举凡德国大学眼科院所备者，尽皆有之，允推独步"[7]。

① 《感谢浙江路洪德里湖州凌仲昌名医》，《申报》1922年9月29日，第2版。
② 《俞岐山专治眼科》，《申报》1928年12月18日，第23版。
③ 《丁福保来函》，《申报》1917年7月21日，第11版。
④ 《医讯》，《申报》1925年12月8日，第15版。
⑤ 《医讯》，《申报》1926年1月5日，第16版。
⑥ 《医药讯》，《申报》1926年1月25日，第17版。
⑦ 《留德眼科医生周景文博士开诊》，《申报》1927年1月9日，第19版。

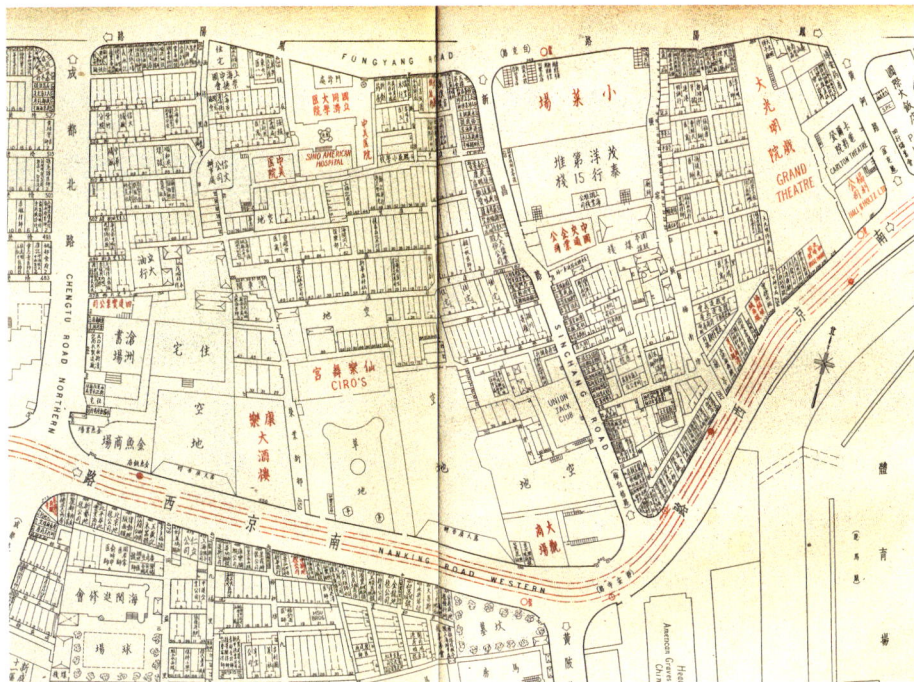

■ 图2-23，1947年《上海市行号路图录》中凤阳路上的医院、诊所

　　李善畯（仲康），浙江省南浔镇人，毕业于上海同济大学医科，1928年赴德留学，翌年即获德国陆斯篇克大学博士学位，至柏林任大学医院内科部医生。继转奥京维也纳肠胃病专科医院研究，1930年又任汉堡大学附属病院义务医生。回国时在德购置诸多内科治疗仪器，开设诊所于同福里东六弄24号。[1]

　　这些医学"海归"在里弄中创业的初期，往往将住宅的下层或者前排临街的房子改造为简朴的诊所，自己与家人居住于上层或后面的居室。例如盛佩玉回忆曾朴先生之子曾耀仲回国之初在祥康里的诊所：

　　　　老先生还有个儿子留学德国，是位内科医生，名曾耀仲。他的诊所设在他住家的下层，他住的老式墙门房子，地段很好，在跑马厅大自鸣钟对面的一条马路上，名"祥康里"。檐头挂只鸟笼，养了只八哥，会学几句人话。诊所里没有护士，只有个男助手。[2]

---

① 《李善医师开始应诊》，《申报》1931年7月5日，第20版。
② 盛佩玉著：《盛氏家族·邵洵美与我：盛佩玉》，人民文学出版社2004年版，第167页。

曾耀仲在祥康里的私家诊所小有名气之后，受聘于上海公立医院，任内科主任，抗战时被推举为院长，1949年后任上海第二人民医院院长，成为治疗伤寒病方面的专家。可以说，里弄中的小天地，正是这些"海归"们创业成名的"梦工厂"。据《上海卫生志》记载，至1948年底，上海私人诊所大多数设在市区，名医以南京路、北京路、四川路、白克路（今凤阳路）、梅白克路（今新昌路）和外滩一带最为集中①。在商业特色氛围和产业集聚的效应下，一些里弄也聚集起医疗诊所。例如祥康里因为诊所、医社的聚集，药房、药铺等营业也很快开始增多，随后制药厂等医药工业也加入进来。当时以引进西方先进的药品经营模式而著称的华美大药房，就曾在祥康里自建长生化学制药厂，主要生产家庭常用成药，著名的如"狮球"牌华美十滴水、海力福命丸、疗百肤药膏和速治而针剂等②。

（三）包罗万象的生活空间与精彩纷呈的都市文化

南京东路街区地处上海繁华的商业中心区，街区内包罗万象的工商业、文化机构、娱乐行业给居民带来了齐全而便利的生活设施，同时也衍生出精彩纷呈的都市文化。

以居民生活服务设施而言，分为两个空间层次：

1. 里弄中的小商店。通常这些小商店经营的是最贴近居民日常生活的粮食、煤、布料、调味品、零食、水果、酒、肉、蔬菜及其他货物；有些商店还提供洗衣、裁衣、理发、修理等家居服务；有的还有喝茶、公共浴室等休闲服务。简而言之，在上海的里弄社区中，和人们日常生活最紧密的商品和服务都能在自己家附近的一个街口内解决。③以裕德里为例，在这个被广西路、北海路、云南路和爱多亚路所环绕的小里弄里，沿街和弄内就有89家营业场所之多。餐饮业，有双福星点心店、万泰酱园、老大房果糖店、一得元菜馆等10余家；其他各类商铺，有孙荣兴成衣铺、成丰药房等50余家；服务业也有天一照相馆等20余家。

2. 里弄之外的第二个空间，则是住宅附近街道及整片区域内的各业服务。

（1）餐饮业是与城市居民关系最为密切的营业。租界早期主要是洋人聚居，餐饮业主要是一些聚集于东部临近外滩区域的西式酒店、面包店和酒吧等。中式餐饮主要是临近上海县城区域的茶楼，逐渐由洋泾浜北岸向广东路、福州路发展。在华人大量涌入河南路以西区域之后，租界中区的各式中餐馆激增，传统的茶楼被近代餐饮设施和其他新兴行业所取代。据学者研究，至1945年抗战胜利后，中区西部地区共有大的饮食网点约200家，

① 周太彤、胡炜主编，上海市黄浦区志编纂委员会编：《黄浦区志》，上海社会科学院出版社1996年版，第1254页。
② 左旭初著：《百年上海民族工业品牌》，上海文化出版社2013年版，第165页。
③ 卢汉超著，罗玲、任云兰译：《远离南京路：近代上海的小店铺和里弄生活》，《城市史研究》2005年8月。

以浙江中路（39家）、福州路（36家）为最多，然后分别是云南中路（24家）、广西北路（21家）、湖北路（19家）、广东路（18家）、西藏中路（16家）、汉口路（14家）、北海路（10家）、福建中路（10家）。[①]可以看出，以浙江中路和福州路形成的"十"字型区域是当时南京东路街区餐饮业的集聚中心。

抗战之后，云南路因饮食小吃的兴盛而迅速崛起，成为沪上闻名的风味小吃街。1949年后，政府对于这片区域内的餐饮业进行了整顿，改革开放后确立了云南路作为美食街的地位。1991年在第一届黄浦旅游节筹办之际，云南路被命名为"大世界美食街"，1992年更名为"上海美食街"，1998年9月更名为"云南南路美食街"。1999年9月，上海市首次市级商业特色街评选中云南南路美食街被评为首批上海商业专业特色街之一。

西藏路以西区域的餐饮业，在近代上海虽然没有东部商业区那样兴盛，但是因为这里的新式里弄和公寓中喜爱洋派生活方式的外侨和中产阶层较多，所以，西式餐饮非常发达。最为著名的就是建于1934年的国际饭店，以正宗的法式西餐而闻名，是当时富裕阶层时常光顾之处。而普通街道内，也有不少给人以深刻印象的美食，例如张爱玲回忆起当年在卡尔登公寓的日子，就是由食物的味道引起的："在上海我们家隔壁就是战时天津新搬来的起士林咖啡馆，每天黎明制面包，拉起嗅觉的警报，一股喷香的浩然之气破空而来……只有他家有一种方角德国面包，外皮相当厚而脆，中心微湿，是普通面包中的极品，与美国加了防腐剂的软绵绵的枕

■ 图2-24，黄河路美食街夜景，摄于2017年6月3日

① 万勇著：《近代上海都市之心——近代上海公共租界中区的功能与形态演进》上海人民出版社2014年版，第93页。

头面包不可同日而语。"① 改革开放之后，位于南京西路和新闸路之间的黄河路开发为黄河路美食街。至1999年末，新开设九福苔圣园、真华、乾隆、惠群黄河餐厅、洁尔静咖啡屋、秋源、八方美食、星辰、小南园、粤味馆、大荣府、黄河第一楼、大上海、白鹿、大香港、巨龙休闲茶楼、笠笠、极松等18户餐饮店。黄河路美食街主营家常菜，其中传统小吃糖藕广为流传，被称为"黄河路糖藕"。②

（2）旅馆业。租界初期的服务业同样聚集在租界东部地区。以旅店业为例，据《沪游杂记》记载，1876年的中区客栈，主要集中于汉口路、河南中路路口西南街区。随着城市工商业的向西扩展，20世纪初南京东路街区的服务业在质量和数量上开始后来居上，浙江路、湖北路等地段成为中小型旅馆业的集中之地。例如1912年华商徐孟园在湖北路开设的孟渊旅馆，就是上海早期中西结合的豪华型旅馆，共3层，有客房100余间，内均置全套红木家具，并设有中西餐厅。如上文所述，至1930年代，西藏路成为高级旅馆酒店业集聚中心，以东方饭店为代表的一大批大中型高级宾馆饭店拔地而起。

这些高级旅馆因为具有地理、交通、设施、服务上的一流条件，而能达到上海服务业的顶级水平。例如当时媒体对于泥城桥新世界饭店的描述：

> 海上旅邸之多犹似过江之鲫，但欲交通便利而须空气新鲜者，殊属少数。兹有倪显庭、王孝莲、陈松涛三君，于泥城桥畔新世界原址，设为旅舍。房间高朗轩畅，布置力求美化，一切器具，皆属精选。且墙壁所糊花纸，均随器具颜色而配。百余房间，间间不同。手巾浴布，逐日更换，巾上印明礼拜日期，颇合卫生清洁之道。侍役久经训练，招待极周至。③

> 新世界饭店，为沪上著名之优美大旅社，位于大马路泥城桥畔。巍巍大厦，建筑雄壮，交通之便，空气之佳，为海上旅业中第一。当此春寒之际，各界人士莫不趋之若鹜，因该店水汀温暖有度，确于人身有益。故新春以来，每晚宣告客满而寄寓之客，皆为上等社会人士，绝非他家混杂不堪者。④

（3）沐浴业。以沐浴业为例，19世纪集中在宝善街（今广东路中段）、山东路一带，如著名的"新锦园盆汤澡堂"。20世纪后，中区西部的新式浴室发展迅猛，这些浴室多集

① 刘琅.桂苓编：《女性的张爱玲》,中国友谊出版公司2005年版,第390页。
② 张来庆主编,《黄浦区续志》编纂委员会编：《黄浦区续志》,上海社会科学院出版社2003年版,第160页。
③ 《今日开幕之新世界饭店》,《申报》1929年8月23日,第21版。
④ 《新世界饭店生涯鼎盛》,《申报》1930年2月10日,第15版。

中于浙江路、湖北路一带，与同区域内的旅馆业相近，较容易获得客源。而西藏路附近则多单独建设的浴室，例如在西藏路附近、北京西路上的大观园浴室，是名扬上海的高档浴室。它建成于20世纪20年代，以新式洋房来营造浴室，布置装修非常精致。[①]内部设有男女服务部，分为盆浴、淋浴、蒸气浴等，均设有高档房间，另有助浴、理发、治脚病等项服务。1949年后，大观园浴室仍然保持着良好的服务标准，并改造为多功能浴室，包括多项自助服务，还从中走出了被称为"扦脚女状元"的著名劳模郏芬芬。

（4）娱乐业。娱乐业是城市社会生活繁荣的标志。租界发展之初，除外侨建设的跑马厅、总会、俱乐部外，华人娱乐设施主要为茶园、戏园等传统戏曲会演场所，基本以茶园或戏园的形式出现，主要集中于福建路、福州路、广东路一带，例如著名的三雅园、一桂轩、满庭芳、丹桂茶园等。20世纪初，新式舞台上的话剧、歌舞剧等逐步取代了传统戏曲，传统茶园纷纷改建为新式舞台，主要集中在中区西部的福州路附近地区，著名的有新新舞台、丹桂第一台、亦舞台等。到20世纪二三十年，新新舞台等也相继拆除，被称为"四大京剧舞台"的天蟾舞台、三星舞台、共舞台、荣记大舞台相继建成。这些舞台建筑面积大，区位条件较好，浙江路、湖北路以西区域成为舞台集中区。

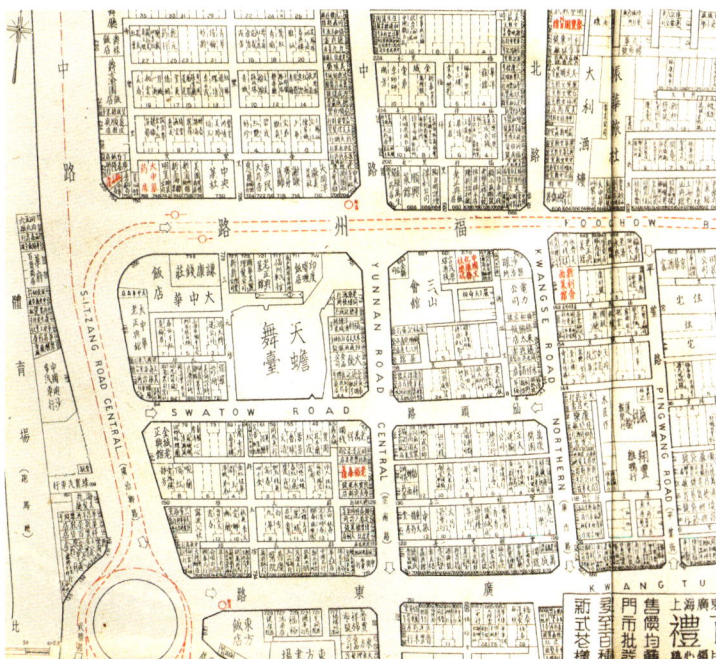

■ 图2-25，1947年《上海市行号路图录》中的天蟾舞台及周边街区

---

① 《大观园浴室明日开业》，《申报》1924年9月24日，第15版。

西式娱乐业同样发展迅速。舞厅是外侨所喜爱的娱乐场所，但是外侨舞厅往往不对华人开放。19世纪80年代，中区出现了中国近代第一家舞厅"一品香"。到20世纪，西藏路成为舞厅聚集地。如1928年诞生的黑猫舞厅，是上海第一家独立经营的舞厅，位于西藏路宁波同乡会隔壁的巴黎饭店内，屋顶张以锦幔，四壁饰以花纸，地板光亮鉴人，极富丽堂皇，并有职业舞女伴舞。

电影是近代上海民众极为喜爱的娱乐活动之一。1885年11月外籍华人颜永京在今北海路的格致书院放映幻灯片，这是依据电影原理的早期放映活动，引起上海市民的轰动。1897年7月，美国电影放映商雍松到上海后，先后在南京路、九江路、福州路一带的天华茶园、奇园、同庆茶园等处放映电影，这种夺人眼球的新式娱乐很快吸引了大批市民，也刺激着娱乐场所不断引进这种新奇的光影戏。如泥城桥的新开幻仙戏园就善于以此道吸引顾客："本园由巴黎运来各种新片，沪上从未演过，五光十色，夺目惊人，奇异巧妙，无出其右。兼唱改良滩簧，并演各种戏法，有美必臻，无奇不备。座位宽畅，男女分隔，暑用风扇，寒装火炉，冬暖夏凉，四时咸宜。"[1]20世纪二三十年代，由于电影业有利可图，中外资本的加入促使电影业蓬勃发展。

南京东路街区内最早出现的专业电影院是1923年2月9日开设在派克路（今黄河路）上的卡尔登影戏院，其建筑装饰称雄上海滩，有"上海第一影戏院"美称。至20世纪30年代中后期，南京东路街区已成为上海电影院的集中区域。在西藏路以东、北京路上有金城大戏院、丽都大戏院，西藏路上有大上海大戏院，宁波路上有新光大戏院，北海路上有中央大戏院。西藏路以西，则有卡尔登大戏院、南京大戏院、大光明电影院。

▪ 图2-26，浙江电影院，摄于2015年10月15日

---

[1] 《新开幻仙戏园新发明有音电光影戏广告》，《申报》1908年12月13日，第20版。

　　初期各影院放映的都是无声电影。1929年9月，大光明、大陆、卡尔登等影戏院先后设置同步配音机组，开始放映国外有声电影。首部国产有声影片《歌女红牡丹》于1931年3月15日上映于新光大戏院，在全国引起反响。后来中央大戏院成为明星影片公司的放映基地，国产名片汇映于此，这里被誉为"国片之宫"。抗战胜利后，美国影片大量涌入。1950年抗美援朝开始后，各大影院纷纷拒演美国片，而国产片一时供应不足，部分影院遂改为剧场。1959年由南京大戏院更名的北京电影院改建为上海音乐厅。

　　此外，马戏等活动也在这里不定期地搭台上演，而追逐世界知名戏团，总是上海市民的首选："哈姆斯登大马戏，在欧美各国颇负时誉，其艺员之伙，及兽属之多，诚为近世无一。昨夜承三门司君之招，特往泥城桥一观其技，至则西乐乍张正欲开幕，甫坐定即见场中四马并出，参伍错综，各显所长，继以西女数辈之跳舞歌曲，顿觉耳目一新。少顷一马出驰，盘旋场际未及三匝，一少女奔出跃登马背，纵驰甚疾，而坐立跪卧如履平地。一人不足，益以二人，使人目眩心惊，叹为得未，曾有五人叠搭，升降不由阶梯，概从空中飞渡。小丑二人，一行翻筋斗，一行奏琴，琴不以筋斗而误其节奏，筋斗亦不以琴而误其跌扑，如此妙技，实所罕见。又有咫尺地中，试行自由车作种种骇人之举。又美女走线，其疾如驰，东瀛人视之未免逊色。其余戏法杂技均能引人发噱，最奇者虎豹亦能串戏，惟临时围以铁栅，俾免座客之受惊。"[①]

　　综合性游乐场是20世纪新兴起的娱乐业模式，这类营业场所在商业中心最多。宁波商人黄楚九是上海滩开先河之人，1912年他在永安公司屋顶开设了第一家游乐场楼外楼，随之这种屋顶花园成为上海的新风尚，先施公司、新新公司等纷纷创办屋顶游乐场，开创了一种购物和休闲娱乐相结合的新形式。黄楚九不满足于楼外楼的规模，1914年与人合伙在西藏路南京路路口建造了新世界游乐场，于次年开业。新世界是当时上海最大的综合性游乐场所，外观气势宏大，里面的游乐项目纷繁众多，除了传统的评书、大鼓、相声、杂耍等娱乐外，还辟有商场、电影院、弹子房、跑冰场、茶室等，游客购买二角钱门票，即可玩上一天，一时游人如织：

　　　洋场十里闹盈盈，色色新鲜件件精。新建筑名新世界，地接泥城跑马厅。四面临空清气足，登楼白相最陶情。五百余亩跑马场，凭高远眺开胸襟。中有市廛售国货，花样件件都翻新。各种游戏分门类，既可悦目又赏心。滩簧戏法皆齐备，南腔北调动人听。外洋运到影戏片，情节离奇趣味深。说书评话多佳妙，点心大菜样样精。楼

----

① 《记二十一夜哈姆斯登之马戏》，《申报》1913年8月23日，第11版。

上有楼真轩敞，还有花园在屋顶。别有洞天情兴趣，登楼眼界焕然新。欧美运到新奇物，时时更换争优胜。商场陈列精奇足，五光十色无穷尽。自有上海到今朝，建筑未有如此精。吸收空气身体强，卫生之法最要紧。破费小洋仅两角，便可样样看分明。若费英洋一大圆，大菜也可吃一顿。叫局无须售门票，十个八个勿要紧。如此价廉真难得，诸君不信请登临。①

（5）医疗卫生体系。医院、诊所、医学院校、卫生行业的社会团体等，构成了上海的医疗卫生体系。如上文所述，这片地区里弄住宅区内密集分布着大量的私人诊所，这是居民遇到日常疾病时的最为便利的选择。同时，不少医学社团也在这里设立，例如1903年成立的中国红十字会医学会，会所就设在浙江路西小花园7号。1912年创立的上海神州国医学会，会所也设于浙江路小花园西首宝安里。1935年中华医学研究会迁入北京路瑞康里。

在寸土寸金的商业区域，这里并没有如东部地区的仁济医院那样出名的医院，但也有很多颇具特色的医院。例如泥城桥旁的葆元戒烟医院，在民国初年厉行禁烟之后成立，适于瘾君子住院治疗，"专用西法戒除积年老瘾，不留遗患，成效昭著……空气鲜洁适于调养，饮食招待必期周到"②。

较为著名的还有宝隆医院，由德国人宝隆博士创立。宝隆是具有博士学位的德国海军军医，在19世纪末跟随德国皇家海军长期在东亚地区活动，来到上海后，产生了在上海建立一所给贫穷的中国人治病的医院的想法。宝隆和德国医生福沙伯组成了上海德医公会，向社会呼吁帮助筹建。他们得到了德国总领事的支持，用募集到的资金在白克路（今凤阳路）购置了一块土地。1902年又利用德国军队撤离时，在野战医院得到的物资建立起医院房屋，取名为"同济医院"（Tung Chef-Hospital），"同济"两字即为"德国的"谐音，与上海方言"同济"相近，又包含了"同舟共济"的含义。医院开业后很快在社会上赢得了声誉，宝隆等人又用华人捐款盖起了一幢2层砖木结构的楼房，1楼为门诊部，2楼作为病房。1909年宝隆去世，医院更名为宝隆医院。宝隆医院以捐助资金建立基金，加上工部局的资助和病人缴费，满足日常开支，并在此基础上进行了一系列的扩建。③1930年宝隆医院更名为"国立同济大学附属医院"；1948年更名为"中美医院"；1955年由时任国防部长彭德怀元帅签署命令，成立了"上海急症外科医院"；1958年9月，列编为"第二

---

① 《大马路泥城桥新世界好白相好白相》，《申报》1915年8月3日，第9版。
② 《葆元戒烟医院》，《申报》1915年6月20日，第10版。
③ 详见李乐曾著：《德国对华政策中的同济大学（1907—1941）》，同济大学出版社2007年版，第29—31页。

军医大学第二附属医院"；1966 年 9
月，经上海市批准对外称"上海长
征医院"。如今，长征医院已发展
为一所集医疗、教学、科研为一体
的综合性三级甲等医院。

（6）文化教育设施。开埠后，
租界开始出现了近代化、多样化的
文化与教育设施。西学东渐是当时
上海文化领域的风潮，在中区东部
区域的麦家圈等地，开埠之初以墨
海书馆为代表的西学东渐文化机构
开始出现，而南京东路街区在 19 世
纪 70 年代也出现了西学教育名校
格致书院。这一地区的文化教育机
构，具有商业街区中明显的实用性
风格。例如因中外商业交易需要懂
得英语，在 19 世纪的报纸上经常能
看到英语教学机构的广告："金陵章
少铭先生，于大马路泥城桥意鑫里
教习英文，每晚七点钟起，九点钟
止，每月修金一元五角。"[1]

华人正规学制学校的分布，则
与聚居地相关。在西藏路以东地

■ 图 2-27，长征医院，摄于 2015 年 10 月 15 日

区，主要分两块地域，一是西南部以格致中学为中心，附近有养心小学、时中小学等。二
是在区境东北部老闸桥附近的里弄群中，有私立大光中学、钱江小学、私立正中小学等。
在西藏路以西，也散布有一些著名学校，比如抗战时期，由宁波来沪避难的效实中学部分
师生而建的储能中学，其校名就出自严复翻译的《天演论》中的"物竞天择，效实储能"。

（7）宗教活动场所。江南本是宗教兴盛之地，而上海又经历欧风美雨的洗礼，五方杂
处，信仰多元，宗教活动丰富多彩。

---

[1]《华英书塾》,《申报》1884 年 10 月 23 日, 第 5 版。

■ 图2-28，储能中学，摄于2015年10月19日

佛教寺庙中，位于贵州路283号的寿圣庵建于1861年，1873年建成前殿与大殿，始用寿圣庵名。1928年湖州旅沪同乡会筹建时将该庵拆毁，后于1930年在会馆后重建。位于江阴路101号的护国禅寺，是1901年由李鸿章家属出资兴建的，原名武圣禅院，1935年由民众出资重建，1952年停止活动。永庆禅寺建于1920年，初在凤阳路祥康里，1928年迁至厦门路248号，1959年停止活动。此外，还有1922年在今黄河路41弄3号功德林成立的功德林佛学会，于1956年并入上海佛教信众会。

基督教方面，最具代表性的是位于西藏中路316号的沐恩堂。这是1887年由美国监理会传教士李德在今云南中路汉口路转角处建造的监理会堂，1900年因美国有位名叫慕尔的信徒捐款而改称"慕尔堂"。1929年中外信徒捐资新建，迁至此处，1931年落成。教堂由邬达克设计，主体是可容1 000人的大堂，面朝西，正面临西藏中路，大堂中厅跨度较大，西北、西南、东南三面均为3层楼房。西南角有钟楼一座，1948年曾拆去上部，1987年修复。大堂三面围有回廊，回廊上部有楼座，供唱诗班用。大堂内顶部作肋骨穹顶形状，外

■ 图 2-29，沐恩堂，摄于 2015 年 10 月 15 日

侧有扶壁，门窗洞作尖券形。大堂的柱子和楼座栏杆均是用錾假石饰面。大堂配有嵌有铅条的彩绘玻璃，内容为《圣经》中的人物故事。外墙面用深红色密实坚硬的过烧砖砌筑，使之与规则的平墙面形成对比，丰富了墙面的质感和光影效果。整幢建筑具有美国学院派哥特式风格，局部处理有罗马风格手法。[①] 1936年，教堂塔楼顶部安装了5米高的霓虹灯十字架，在夜间闪闪发光，十分引人注目。抗战时，教堂曾收容难民。太平洋战争爆发后被日军占领作为马厩，损毁严重，于1946年重修。1949年后，教堂改名为"沐恩堂"，全国或全市性的基督教盛大活动常假座于此。

伊斯兰教方面，有位于浙江路70号的浙江路清真寺。该寺原为外国穆斯林墓地，建有礼拜殿。时由印度人吴俩目·阿里任一任"依玛目"，1880年他到河南、湖北等地募集资金翻造该寺。该寺后因失火，于1900年重建，并增建房10余幢，设租养寺。该寺坐东朝西，砖瓦结构，内设礼拜大殿，可容100余人，有水房、教长室、讲经堂等。

---

① 郭世民主编：《上海优秀建筑鉴赏》上海远东出版社2009年版，第314—315页。

第3章
近代中国商业重镇的确立

20世纪30年代，来自世界各国的旅客和商人来到繁华的上海，都会购买旅行指南之类的书籍。1934年首次出版的由英国人 Peter Hibbard 撰写的 *All About Shanghai and Environs*（《上海大全》）是上海最早的旅游指南，书中开篇写道：

> 上海，世界第六大城市！
> 上海，东方的巴黎！
> 上海，西方的纽约！
> 上海，最具世界性的大都市，曾经泥滩上的小渔村，几乎一夜之间成为一个国际大都市。
> 它是世界旅行者不可避免的聚集地，是48个不同国家人民的栖息地，它中西兼备。它有绚丽多彩的夜生活。上海展现了远东在各方面的吸引力。上海绝不是寺庙、筷子、玉石和睡衣裤混杂的荒芜之地。实际上，上海是一个巨大的现代化城市，那里有整齐的大街、摩天大楼、豪华的酒店和俱乐部、电车、汽车和摩托车，还有源源不断的电力供应。[1]

当时关于"摩登上海"的介绍，事实上主要描述的是包括南京东路街区在内的公共租界中区。这里是西方资本主义商业文明在近代上海的集中体现：一方面，它因汇聚数量庞

---

[1] Peter Hibbard，*All about Shanghai and Environs：The 1934—1935 Standard Guide Book*，China Economic Review Publishing for Earnshaw Books，2008，P.1.

大的中外银行和钱庄而成为中国金融体系的心脏；另一方面，它又以繁华、洋气、物欲横流、购物天堂的商业重镇而著称，以先施、永安、新新、大新四大百货公司为标志，该街区确立了近代中国商业重镇的地位。

第一节 上海"北市"的形成与金融、商业的延伸

近代上海城市空间的拓展，体现了典型的由滨江向内地发展的特征。1843年上海开埠后，最早来沪的洋行与外侨在今外滩一带租地建屋。然而，当时来沪的外侨很少居住于租界，"惟是时荒芜未辟，西人多愿意就居于南市，至1849年始才逐渐移入租界"。[1]

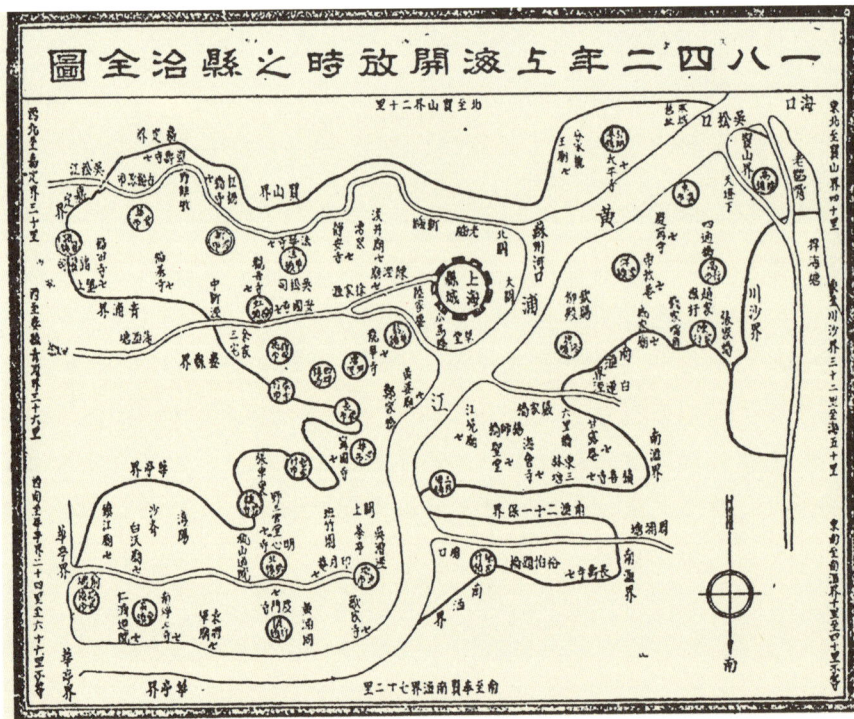

■ 图3-1，1842年上海开放时之县治全图

---

① 蒯世勋：《上海公共租界史稿》,上海人民出版社1984年版,第21页。

（一）近代商业的兴起

因上海优越的地理位置，在开埠以前便是南北货物贸易的重要中转地。开埠以后，商务更日盛一日，"上海商务日繁，金融流通之需要日增，于是钱庄业务逐渐开展，并设于南北两市者亦愈众。北市以丝茶交易为主，南市以花米交易为主，故当时银拆南北市各开"。[①] 至19世纪后半期，上海已经取代广州而成为中国最大的进出口商埠，其时贸易繁荣，各种进出口商品集聚上海，形成了各行聚市。1877年，旅沪文人葛元煦在《沪游杂记》中记载当时上海的各类聚市：

> 上海货物皆有聚市之所，如绸缎在抛球场路南及东门内外；纱缎蟒袍在盆汤弄；丝茶栈居二摆渡者多；洋布呢羽在大马路抛球场及东门内；衣庄在大东门内彩衣街东街；洋广杂货在棋盘街及四马路；古玩玉器在新北门内；眼镜在新北门内；照相楼在二、三马路；钱业南市在大东门外，北市在二摆渡一带；人参药材在东门外咸瓜街；糖行在洋行街；帽铺在二马路中及彩衣街；笺扇在外国坟左近及庙园；笔店在小东门内及庙园东兴圣街；书坊在城中四牌楼旧教场，城外二、三马路；棉花在东门外一带；米业在大东门外大码头大街；木器在紫来街；旧木器在新北门外沿河城脚；竹器在大东门外篾竹街；酒馆、戏馆、茶馆宝善街一带居多；冰鲜在小东门码头；信局在南市咸瓜街，北市二马路；税马车南在小东门外，北在大新街即石路西首；雇内河船北在老闸大桥河下，南在大东门外码头。[②]

各行业聚市分布在上海的租界、老城厢，琳琅满目的商品，街市中摩肩接踵的人群，是上海商业繁荣的见证。自1854年工部局成立后，公共租界的城市建设置于工部局的管理规划之下，并由于小刀会起义等原因，形成了租界"华洋杂居"的格局。租界中区因毗邻外滩金融区，逐步吸引、聚集了商业和人群，传统的城市商业功能与现代城市商业功能并肩发展，既有钱庄、戏院、妓院、茶楼等传统城市公共空间，也形成了银行、舞厅、博物馆、电影院、出版社、大型饭店等现代城市公共空间，一种杂糅又相互融合的文明在上海得以催生。

① 汪中：《上海金融中心之钱庄（二续）》，《钱业月报》1934年第3期。
② 葛元煦：《沪游杂记》，上海书店出版社2009年版，第106页。

73

■ 图3-2，1890年代的上海外滩

　　进入20世纪后，上海公共租界的发展进入黄金时期。一方面得益于城市经济的发展，工部局财政收入大增，当局得以完善市政建设，加强市政管理；另一方面，公共租界相对开放、安全的环境对全中国的人口和资本都有吸引力，大量先进的现代产业强势发展，金融、贸易、新闻出版、文化娱乐等行业不仅在中国，在远东地区乃至世界范围内皆有举足轻重的地位。据1936年统计数据，1936年时全国银行、钱庄、信托公司资本、公积金、存款和兑换券四项可运用的资金合计为68.4亿元，而上海一埠就达32.7亿元，占总数的47.8%。[1]《密勒氏评论报》有文章评论道："日本银价是由上海决定。"[2]上海对外贸易在全国国际贸易总额中的占比，20世纪20年代为40%左右，30年代后上升至50%，1936年达

① 张仲礼主编：《近代上海城市研究》上海人民出版社1990年版，第313页。
② 《上海如何影响世界金银价格》，载马学强、王海良主编：《〈密勒氏评论报〉总目与研究》，上海书店出版社2015年版，第1143页。

到55.5%。[1]出版图书更是占全国90%以上，仅商务、中华、世界三家出版机构图书就占全国60%以上。[2]福州路也聚集了众多报社。代表着上海市民娱乐生活的戏院、舞厅、书场大都聚集在本区域，在南京路、福州路、汉口路上各式中西餐馆云集，药铺、杂货行、浴场集聚，马路上车水马龙，人群熙熙攘攘，今南京东路街区成为近代中国的商业重镇。

■ 图3-3，1930年代的上海地图

（二）外滩金融区的延伸与北市银钱业

南京东路街区在历史上作为外滩金融区的延伸，坐落着许多现代银行，承担了部分现代金融业的功能；而作为北市银钱业集聚区，中国传统金融业的功能也在这里得到体现。传统与现代金融功能的融合发展，正是本区域的重要特征。

① 张仲礼主编：《近代上海城市研究》，上海人民出版社1990年版，第312页。
② 上海市黄浦区档案局编：《福州路文化街》，文汇出版社2001年版，第103页。

近代上海公共租界区域因开埠而建，因贸易而兴，因商业而繁荣，汇聚了大量的社会资本，成为近代中国的商业中心、金融中心，这种金融地位的确定以上海一埠所存及能支配的大量现金储备为基础。正如布雷顿森林体系建立在以美国掌握世界绝大多数黄金的基础上，上海因汇聚诸多中外银行和钱庄，储存了中国绝大多数的大宗白银现货，从而掌握了金融话语权，成为中国金融体系的心脏。

据费唐统计报告称："上海为中国之主要银行业中心，计有外国汇兑银行分行二十家。新式之华人银行（总行或分行）三十九家。旧式之华人银行（钱庄）七十七家。各该银行几全在公共租界之内，即公共租界内有汇兑银行十九家，新式华人银行三十九家，旧式华人钱庄七家。设在公共租界内之华人银行，包括一完全政府银行之中央银行，及'半政府'银行之中国银行及交通银行在内。截至1930年6月30日止，上海各银行所发行钞票之总额，约计墨洋242 078 455元。等于英金一千三百万镑有余。截至同时止，上海各银行所储存之现银，计有银107 351 000两，洋156 160 000元，等于英金一千六百万镑有余。"①

下表是1910—1931年上海各银行储存现银数量统计表：

表3-1　1910—1931年上海各银行储存现银

日　期	银条及纹银两数	银　洋		总　计
		元　数	每元七钱三分折银两数	
1910年6月30日	9 790 000	8 030 000	5 861 900	15 651 900
1911年6月30日	23 510 000	7 950 000	5 803 500	29 313 500
1912年6月30日	26 490 000	9 530 000	6 956 900	33 446 900
1913年6月30日	36 370 000	15 730 000	11 482 900	47 852 900
1914年6月30日	48 680 000	18 640 000	13 607 200	62 287 200
1915年6月30日	67 190 000	18 350 000	13 395 500	80 585 500
1916年6月30日	27 680 000	15 850 000	11 570 500	39 250 500
1917年6月30日	19 036 000	14 000 000	10 220 000	29 256 000
1918年6月30日	24 829 000	13 100 000	9 563 000	34 392 000
1919年6月30日	21 279 000	11 700 000	8 541 000	29 820 000
1920年6月30日	37 000 000	19 020 000	13 884 600	50 884 600

① 费唐：《费唐法官研究上海公共租界情形报告书》第1卷，第618页。

（续表）

日　　　期	银条及纹银两数	银　洋		总　　　计
		元　　数	每元七钱三分折银两数	
1921年6月30日	32 570 000	27 330 000	19 950 900	52 520 900
1922年6月30日	32 011 000	33 770 000	24 652 100	56 663 100
1923年6月30日	22 970 000	35 260 000	25 739 800	48 709 800
1924年6月30日	41 306 000	48 050 000	35 076 500	76 382 500
1925年6月30日	50 800 000	40 090 000	29 265 700	80 065 700
1926年6月30日	81 210 000	57 510 000	41 982 300	123 192 300
1927年6月30日	71 620 000	71 680 000	52 326 400	123 946 400
1928年6月30日	41 316 000	79 100 000	57 743 000	99 059 000
1929年6月30日	86 035 000	131 310 000	95 856 300	181 891 300
1930年6月30日	107 351 000	156 160 000	113 996 800	221 247 800
1931年12月31日	95 760 000	134 740 000	104 930 200	200 690 200

资料来源：《费唐法官上海公共租界情形报告书》第1卷，第620—621页。

上海现银储备不断增长，到1920年代已达上亿两，体现了对工业、商业和贸易的输血能力。这种金融地位的获得，是上海的新式与旧式金融组织共同缔造的。

所谓新式的金融组织，系指华商银行、洋商银行与各种储蓄机关、信托公司、票据交换所、造币厂、征信所、联合准备库等。

位于本区域的银行，有位于当时云南路、中正东路口的上海工业银行、利民银行；位于汉口路近浙江中路的

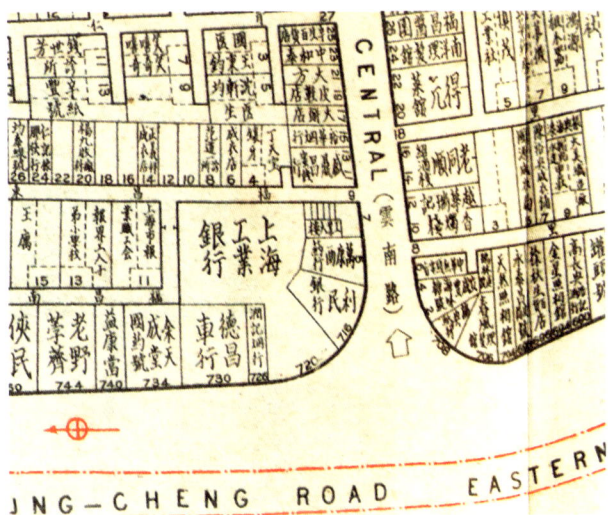

▪ 图3-4，1947年《上海市行号路图录》中的上海工业银行、利民银行

77

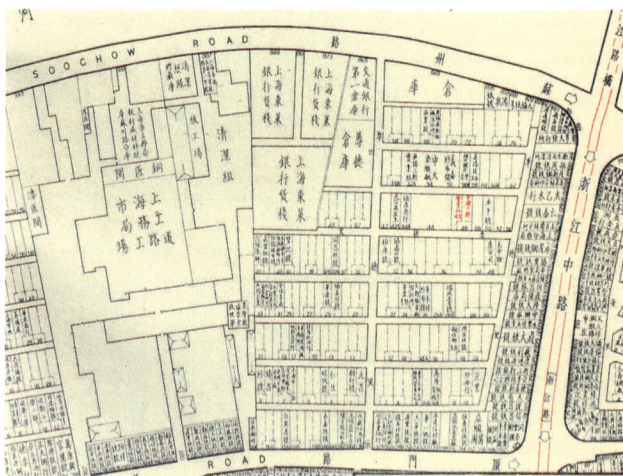

■ 图3-5，1947年《上海市行号路图录》中苏州河边上的银行货栈、仓库

谦泰豫兴业银行；位于汉口路近浙江中路的松江兴业银行；位于原跑马厅、中正东路的嘉定银行；位于南京东路、贵州路口的巴川银行；位于浙江路、天津路口的云南实业银行；位于天津路372弄3号的万祥厂发行所；位于福建中路417弄介礼里的立兴发行所；位于天津路、福建中路附近，还有许多发行所。

作为外滩金融区的延伸，南京东路街区有诸多外滩现代银行的货栈仓库。在苏州河南岸，有交通银行第一仓库，位于苏州河路尊德里。1949年前，尊德里沿街都是商店，其中以铁号居多。当时房屋较新，主弄宽阔，可并行两部汽车，又距离南京路较近，交通方便，工商业者迁入较多，其他居民大多是收入较高的医生、律师、职员等。

上海东莱银行货栈，也位于苏州河路。东莱银行开办于1918年2月，为刘子山所创办。最初资本20万元。1923年改组为有限公司，资本增至300万元。行址最初设在青岛，后在天津、上海、大连、济南设分行，经营存贷款及兑换外币、有价证券买卖等业务，1953年结业。中国垦业银行的仓库也位于本区域，即现在的南苏州路979号"中百一店仓库"。上海银行第二仓库位于苏州路浙江中路处。此外，许多中式金融组织的堆栈也设于苏州河南岸一带。顺亨堆栈位于厦门路苏州河路口。

所谓旧式的金融组织，即有势力之钱庄，上自南北市之汇划庄，下至元亨、利贞之类的业内小同行，一概在内。

开埠后，租界商业贸易的繁荣，使得上海的钱庄业不再局限在南市，

■ 图3-6，民国时期苏州河边上的银行堆栈景象

形成南北两市。至1876年，上海共有钱庄105家，其中北市63家，南市42家，北市已超过南市。[①]北市钱庄大都从南市迁来，南北两市各自筹设会馆、公所。北市成立沪北钱业会馆，南市组设沪南钱业公所。下文是《上海北市钱业会馆碑记》：

　　上海当华裔南北要会，廛市骈阗，货别隧分。侨商客估，四至而集，废箸鬻财者，率趋重于是。就时赴机，归于富厚，羡靡所贮，欲靡所称。均之失也，备豫不虞，而钱肆之效乃著。钱肆者，与诸商为钱通合会，钱币称贷，而征其息，其制比于唐之飞钱，其例盖始于汉人所谓子钱家者，导源清初，至光绪间，而流益大。委输抱注，实秉壶切货殖之枢。扬雄氏有言，一哄之市，比立之平。钱业之所以立市平者，要非苟而已也。先是乾隆间，钱商就上海城隍庙内园立钱市总公所。互市以还，业稍稍北渐。初与南对峙，继轶南而上之。栉比鳞次，无虑数十百家。发征期会，不能无所取准，于是复造北市会馆统焉。楹桷焕赫，首妥神灵，昭其敬也。两为厅事，群萃州处，整齐利导之议出焉，致其慎也。其后先董祠，祀耆旧巨子之有成劳于斯业者，以报功也。后养疴院，徒旅疾疢，猝无所归。医于斯，药于斯，以惠众也。他若职司所居，庖湢所在。薄籍器物之所度阁。房宦寮庑，毕合毕完。馆之外营构列，屋用给赁户，岁赋其赁所入。凡同业之偾休者，与其孤嫠之穷无告者，得沾被焉。缭垣为巷，署曰怀安。资出有经，而缓亟藉以不匮，何其蓄念之绵邈欣至欤。自商政失修，市师买师之职，旷绝无闻。阛阓之地，散无友纪。而钱业诸君子，独恳恳务尚同，群谋众力，以集斯举，大而征贵征贱展成冀买之则，小而相通相助讲信修睦之为，胥赖是以要其成。既均既安，百涣咸附，迄于今日。修葺有常，启闭有时，张皇周决，亘三十余年而轮奂之美犹昔，高明悠久有基弗拔。然则斯业之日新而广大，其气象可赌也。秦君祖泽属余为记，遂揭其曁于石，馆占地十六亩强，经始光绪十五年己丑，迄功十七年辛卯。自券地至落成，都费金十二万版有奇。创事者，余姚陈竿。董役者，上虞屠成杰，余姚王尧阶、谢纶辉，慈溪罗秉冲、袁鎏，鄞县李汉绥例得附书。越三十有四年乙丑，慈溪冯拜记。[②]

　　碑记详细讲述了钱业会馆创立的原因及经过等，是反映当时北市银钱业的重要资料。由于国内货币制度紊乱，钱庄多为社会上必要的通货兑换机关，历史悠久。

① 顾柏荣：《沪北钱业会馆》，《上海会馆史研究论丛（第二辑）》，上海社会科学院出版社2011年版。
② 《上海北市钱业会馆碑记》，《清文海》(105)，国家图书馆出版社2010年版，第567—568页。

■ 图3-7，1884年《上海县城厢租界全图》中的钱业会馆

据1884年《上海县城厢租界全图》显示，钱业会馆位于今天的北京东路和牛庄路间的福建路上，茶叶会馆与其毗邻而居。沪北钱业会馆成员"大同行"与"小同行"通过"怀安会"加深之间的沟通和联系。1893年，北市钱业会馆迁入新馆。

上海的钱庄种类，可分为汇划、挑打、零兑三种。依据是否加入公所，又分为大同行和小同行。未入公所的钱庄，分为元、亨、利、贞四等。

大同行俗称汇划庄，分为福、禄、寿三等。福字号资本最充实，寿字号则全恃"阿大先生"（即经理）之手面及信誉，谋活动矣。故资本均称雄厚，信用皆称昭著。营业范围，除兑换外，有存款、放款、流通庄票等。小同行中的元字号，俗称"大挑打"；亨字称"小挑打"；利字为现兑帮，即小钱庄，多在北京路四川路带钧桥等处，以售卖内外公债、兑换各国现金钞票为主要业务。贞字号即小烟纸店，为数最多。[①]

钱庄是中国传统的金融业，王昌年在1947年《大上海指南》中说："目下本市银行业，虽已发达，而钱庄势力，仍十分伟大。"[②]上海钱业的营业种类主要分为以下6种：

1. 买卖生金银
2. 各地汇兑
3. 贴现：担保贴现、普通贴现
4. 票据：汇票、庄票
5. 放款：往来放款、抵押放款、信用放款
6. 存款：同业存款、定期存款、活期存款[③]

---

① 王昌年：《大上海指南》，光明书局1947年版，第45—46页。
② 王昌年：《大上海指南》，光明书局1947年版，第45页。
③ 汪中：《上海金融中心之钱庄（二续）》，《钱业月报》1934年第3期。

1912年以后，北市的钱庄势力超越南市各庄，钱庄业银拆统一归到北市。1932年，"一·二八"事变，上海的钱庄为维护自身利益、稳定市面起见，设立联合准备库，规定各庄所缴准备财产种类计分下列各种：（1）立时可以变价之货物栈单；（2）房地产之估价单；（3）现金币或现金条；（4）现元宝或现洋。并规定准备总额3 000万元。[①]

外商银行和华人的新式银行以最新的管理制度和资本规模，占领了部分市场。但在上海金融市场的大浪淘沙中，上海钱庄业别树一帜，实占相当之势力。从上海钱庄资力上推测其资本总额，时人估计"有八千万两左右。但钱庄股东责任均为无限的，故其资力之多寡，全视东家及经理人之手腕与信用。有数十万两之资本金，能吸收数十万两之存项，并能做数十万或数百万之账面。其营业资力有十倍于资本附本者,实非罕事"[②]。钱庄业不为大规模之中外银行所屈服，可以归为下列优点：

1. 股东有按股垫款之责任，对客家保障无穷。

2. 有同业之拆款，银行之拆票，钞票之领用，可抵现金之通融。

3. 钱庄营业稳健，放款手续迎合我国一般商人习惯，不重抵押或保证，侧重信用。[③]

行业聚集可以发挥规模优势，既吸引顾客，亦可形成集群效应。上海黄浦外滩为银行业集中地，自南向北，九江路、南京路、天津路、宁波路、北京路，尤其以天津路和宁波路为钱庄的重要集中区域。据1923年钱庄业调查统计表，可以一窥上海钱庄庞大的数量：

表3–2　上海钱庄统计

钱庄名	地　　址	资本（单位：两）	经　　理
大　成	北市天津路泰记弄	六万附本四万	沈晋铺
大德益记	北市天津路祥康里	八万	曹根仙、叶澄清
元牲恒记	北市天津路永安里	四万	沈景芳
元　盛	北市天津路泰记弄	四万	蒋福昌
致　祥	南市豆市街吉祥里	一万附本三万	王伯
泰康福记	北市天津路源远里	十二万	冯燮之
振泰润记	北市天津路阜成里	五万附本四万	金少筠

① 汪中：《上海金融中心之钱庄（二续）》,《钱业月报》1934年第3期。
② 汪中：《上海金融中心之钱庄》,《钱业月报》1934年第2期。
③ 汪中：《上海金融中心之钱庄（三续）》,《钱业月报》1934年第4期。

（续表）

钱庄名	地　　址	资本（单位：两）	经　　理
祥　裕	北市宁波路兴仁里	十二万	朱鸿昌
五　丰	北市河南路吉祥里	十万	谢钟龄
仁　亭	北市宁波路兴仁里	十万	胡海泉
永余成记	北市天津路长鑫里	六万	何长庚
永　丰	北市宁波路同和里	二万附本八万	田祈原
永　聚	北市宁波路同合里	十万	吴廷范
安　裕	北市宁波路兴仁里	十万	王鞠如
安康昌记	北市宁波路兴仁里	十三万附本六万	赵文焕
存德和记	北市宁波路同和里	六万	张文波
兆丰德记	北市宁波路兴仁里	十万	王志衍
同余永记	北市天津路泰记弄	六万附本六万	绍燕山
同　泰	北市北京路福兴里	八万	傅裕齐
志诚裕记	北市河南路济阳里	十万	盛眉仙
志　裕	北市河南路如意里	十六万	刘午桥
均　昌	南市豆市街吉祥弄	六万	周楚琴
均　泰	北市宁波路兴仁里	二十万	叶丹庭
长盛德记	北市天津路泰记弄	六万附本四万五	张青卿
乾元德记	南市花衣街施家弄	四万	朱允升、沈履康
顺　康	北市天津路祥康里	二十万附本六十万	李寿山、应芝庭
异　康	北市河南路济阳里	十万	田玉树
裕　丰	北市天津路同吉里	十万	林联琛
义　生	北市河南路济阳里	五万附本五万	田子馨
义昌和记	南市豆市街业盛里	四万附本二万	沈景周
瑞昶盛记	北市宁波路吉祥里	四万	罗似莲
瑞　泰	北市天津路致远街	十万	邱积卿、沈闻书

（续表）

钱庄名	地　　址	资本（单位：两）	经　　理
源　升	南市花衣街	二万四	周子文
源　裕	南市豆市街吉祥里	四万	周雪船
福　康	北市宁波路兴仁里	二十万	钟飞滨
福　源	北市宁波路兴仁里	二十万	秦润卿
慎益德记	北市宁波路兴仁里	六万	严普南、吴衡孙
汇　昶	北市宁波路兴仁里	四万附本六万	诸增煊
赓裕明记	北市宁波路兴仁里	十二万附本六万	盛筱珊
润　裕	北市河南路济阳里	十二万	郑厚甫
承裕甡记	北市宁波路兴仁里	十二万附本六万	谢韬甫
怡大永记	北市宁波路同和里	十万	胡熙生
信元宝记	北市宁波路兴仁里	六万	邵勉臣
信　成	北市宁波路同和里	六万附本四万	陈梅伯
信　孚	北市河南路吉祥里	八万	胡涤生
信　裕	北市天津路泰记弄	十一万	傅松年
恒祥永记	北市宁波路兴仁里	十二万	邵兼之
恒　隆	北市河南路济阳里	十一万	陈子埙
恒　兴	北市宁波路同和里	十万	沈翌生
茂丰庆记	北市宁波路兴仁里	六万	刘然青
益　大	北市宁波路兴仁里	六万附本六万	何梁甫
益　昌	北市天津路永安里	十万	徐伯熊
益　康	南市豆市街敦仁堂	四万附本二万	陶善梓
益慎昌记	南市豆市街吉祥弄	八万	沈荻庄
益　丰	北市宁波路同和里	十万	朱勤甫
晋　安	北市天津路福绥里	七万二附本二万四	赵敬轩
聚　康	北市天津路源远里	六万附本四万	王蔼生

（续表）

钱庄名	地　　址	资本（单位：两）	经　　理
德　昶	南市花衣街施家弄	十万	刘兆科
滋　康	北市天津路泰记路	十二万	傅洪水
滋　丰	北市北京路福兴里	十万	经济美
庆　成	北市宁波路兴仁里	十万	严均安
庆　祥	北市宁波路同和里	八万	叶继高
鸿　胜	北市天津路源远里	七万二附本四万八	郑秉权
鸿　赉	北市河南路吉祥里	十二万	冯寿康
鸿　丰	北市宁波路兴仁里	十二万	祝善宝
宝　昶	北市天津路泰记弄	六万附本六万	朱鉴堂
宝　兴	北市天津路长鑫里	八万	陈载牟、葛丽齐
宝　丰	北市河南路泰记弄	四万附本六万	赵漱芗

资料来源：《上海钱庄之沿革及其近况》，《中外经济周刊》1923年第12期。

　　此外，还有谦康钱庄，位于福州路西藏中路口；大生钱庄，位于汉口路湖北路；汇丰余银号、任天宝银楼位于北京东路、西藏中路口；成亨元，位于湖北路迎春坊等。

　　本区域的银钱业虽不如天津路东段集中，但充分发挥服务市场的特点，零散分布于煤业、铁业、布业、五金业、炭业集聚区内。譬如北京东路、贵州路区域，为典型的五金业、铁业集聚区，便有汇丰余银号、任天宝银楼等。永裕银号位于宁波路440号，与钱江会馆毗邻，周边皆是棉布业、丝绸业的商号。

　　上海公共租界的房地产分布体现了由东向西递减的市场经济规律。土地估值一般参照该地块与市中心的远近、交通状况、与相邻地块的平衡等因素。例如在1854年8月21日的董事会上便通过决议：西人租用的土地按照距离黄浦江的远近，确定土地估价的一定比率。[①] 上海的行业空间分布，体现了典型的商业规律，既要依托繁华的街市，实现商业的聚集，又要考虑地产价格，达到商业利润最大化的"平衡点"。因为外滩地价高昂，只有利润最大的银行和其他金融机构、国际化的大饭店、大洋行等有能力设址于此。上海北市银钱业则充分利用苏州河的航运优势及靠近外滩的地利，充分发展起来，成为上海滩不可小觑的金融力量。

① 上海市档案馆编：《工部局董事会会议录》第1册，上海古籍出版社2001年版，第571页。

（三）新兴的华资银行

近代上海的华商银行种类颇多，以性质分类，有储蓄银行、农业银行、煤业银行、盐业银行、绸业银行，实业银行等。以组织分类，有国家银行、市立银行、省立银行、县立银行、商办银行、会员银行（即银行同业公会会员）及非会员银行等。但营业种类，不外乎汇兑、放款、存款、代办保险及堆栈、地产，并发行钞票等项。

四行储蓄会是本区域内的新式银行的代表。20世纪二三十年代，是上海银行业高速发展的时期。1922年7月11日，大陆银行、盐业银行、金城银行和中南银行共同组成四行联营，并先后成立了四行准备库、四行储蓄会、四行信托部和四行调查部等机构。其中四行储蓄会具有开创性的意义。新开张的四行储蓄会以"保本保息，期短利厚，又分红利，会计公开"为号召，给人以耳目一新之感。当时，几乎所有的银行都将存款业务放在主要营业中，而将储蓄业务放在附属营业之中。改变这一格局的只有四行储蓄会。四行储蓄会，可谓成员众多而又贴近广大群众的金融组织。

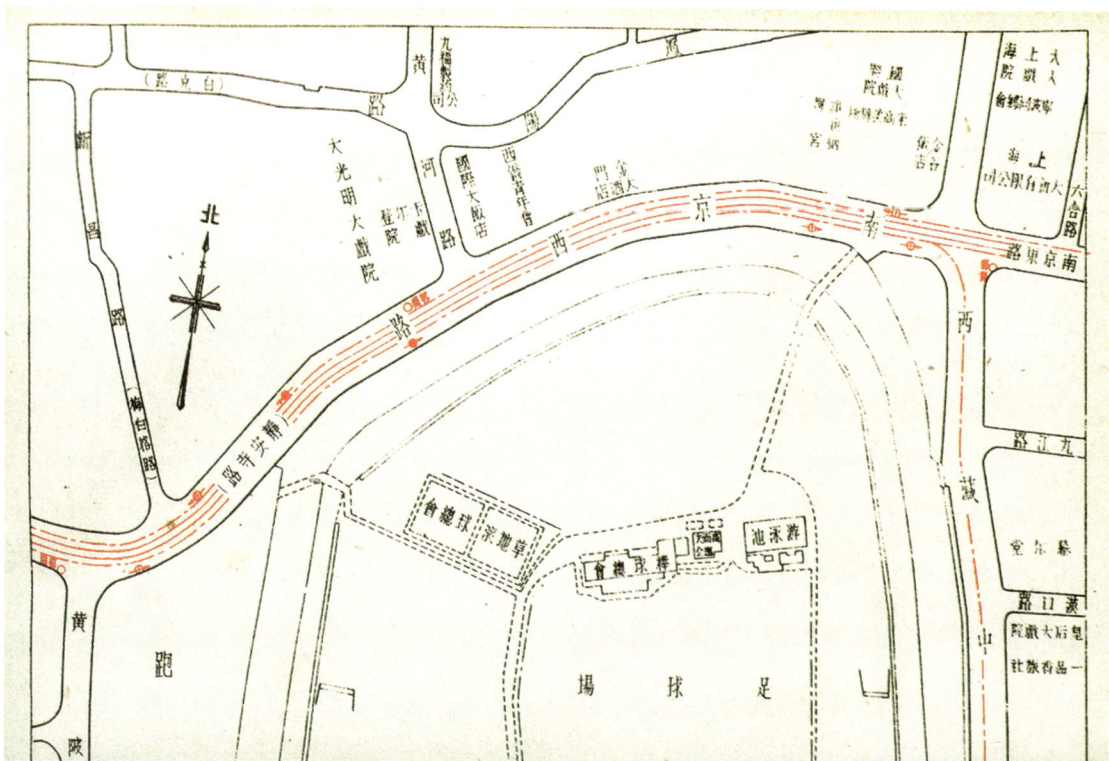

■ 图3-8，1947年《上海市行号路图录》中国际饭店及其周边街区

■ 图3-9，1930年代的国际饭店、华安大厦、跑马场

四行储蓄会首创以储蓄为主营业务，注重严格制度、科学管理，并推出保管公益款项、特别储金、停交分期储金、满期储金等新储种，同时还在方便储户方面动脑筋，如将储金证分档印刷，根据颜色就能辨明储蓄的品种及本金的金额，使人一目了然，方便省时。此外，四行储蓄会还注意为储户做好服务工作，其中储户最关心的便是还本付息。每逢还本付息之日临近，四行储蓄会必在各大报纸刊登广告，广告内容简单、明了、醒目。

四行储蓄会有力地倡导了储蓄之风，抑制了当时盛行的变相赌博，将一部分热衷于有奖储蓄的群众吸引过来，分割了部分外资银行的利润。由于储蓄存款不断增加，其存放问题日益明显。1930年5月，四行储蓄会以45万两白银的代价，购进位于上海市中心跑马厅对面的派克路（今黄河路）上二亩七分多的一块地皮，准备建造楼房，并将设在外滩的四行储蓄会总管理处搬过来。这是历年来四行储蓄会数额最大的一笔地产投资。

（四）华资保险业的成长

保险是金融的重要分支，是各种商业活动顺利进行的重要保证。中国的保险业是随着近代中国通商开埠和中西贸易的展开而新兴的金融产业。本区域亦是新兴保险业的重要集聚地。

20世纪初，华资寿险曾一度兴起，但由于经营不善，停业者居多。1912年6月，吕岳泉总结以前华资寿险公司的经验教训，征得当时政界要人、工商巨绅的支持，在上海创办华安合群保寿公司，资本金定额规银100万两。[1] 公司以维护民族权益为宗旨，而且与外商寿险公司相抗衡。华安合群的创立成为民族寿险兴起的标志。

经过吕岳泉一番辛勤耕耘，华安已名噪一时。1919年冬末，公司在上海一地的保户已达到3.4万户，吸纳资金100余万元。营业场所也已感局促，吕岳泉把它从外滩一处迁到居民稠集的江西路、新康路、北四川路3处，上海业务更加繁盛。吕岳泉审时度势，又把华安的业务推向国内其他大中城市：华北重镇北平、天津、石家庄、青岛、郑州、洛阳；江南富庶之地南京、杭州、苏州、宁波；沿海沿江通商口岸广州、汉口、福建、厦门……这些地方都聚居着一些绅商和中等人家，华安都在当地开设了分支公司，这些城市的车站、码头，华安广告触目可及。一时投保户迅速增加到上万户以上，吸纳资金高达200万—300万元。公司承保寿险有多种：（1）额定红利保法；（2）资富保法；（3）终身保法；（4）教育年金保法；（5）婚嫁立业保法。以资富保法为最多，额定红利保法次之。[2]

静安寺路（今南京西路）随着市中心的西移，日益繁华。吕岳泉决定在这里兴建一幢国内一流的欧美风格大厦。他投资白银10万两，请美国著名建筑师哈沙德设计，招标委托上海江裕记营造厂承建。1926年7月，公司在静安寺路104号建成8层总公司新址，取名华安大厦，它以精美的构思、豪华的设施，轰动了大

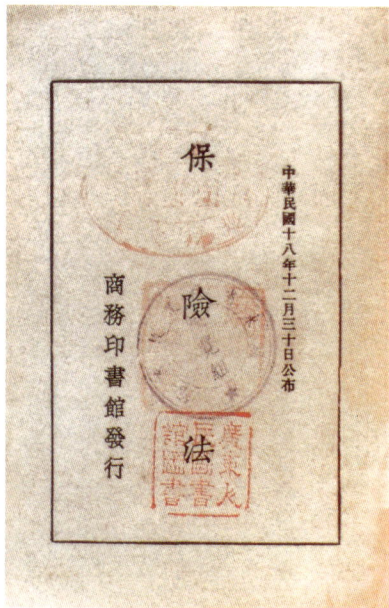

■ 图3-10，民国时期的《保险法》

■ 图3-11，华商寿险公司集体刊登广告，其中有华安合群保寿公司

---

[1] 《上海之保险业》，《社会月刊》1930年第4期。
[2] 《华安合群保寿有限公司调查记》，《商业杂志》1928年第9期。

■ 图3-12，1936年在上海召开的中国保险学会第一届年会

上海。华安大厦第2层作办公用，底层出租，第3层至第8层经营附属华安饭店。该大厦为当时该区域最高的建筑物，有广告作用，也带动公司业务的发展。时称"耗帑百万，诚沪上之巨厦也。"①

华安大厦造好，公司业务更加红火。几年中，投保户增加到几万户，吸纳资金达500万—600万元。这样巨大的资金，实行单一投资，全部投进房地产，自然风险过大。因此，吕岳泉决定购买数百万元公债和优异企业股票，投资收益良好。1930年，吕岳泉把华安大厦东侧余下的一块空地，以白银61万两卖出，售价超出整块地皮总买价16%以上，公司又赚了一笔大钱。第二年，华安把原资本规银20万两折成银元，增资到50万元，公司营业达到了鼎盛时期。1937年7月，日军大举侵华，华北、华东相继沦陷，公司在当地分支机构全部停业，几乎陷于灭顶之灾。上海总公司虽栖身在租界"孤岛"之内，但四周日军大兵压境，营业也完全停顿。1939年，吕岳泉把华安大厦租借给香港商人开设金门饭店。1940年12月30日，金门大酒店开幕。

---

① 《华安合群保寿有限公司调查记》，《商业杂志》1928年第9期。

第二节　四大百货公司的兴起

　　民国成立后，上海百货商业兴隆更日盛一日，先施（Sincere）、永安（wing On）、新新（Sun Sun）、大新（The Sun）等百货公司先后创办，时人称其为"四大公司"。四大公司都坐落在当时最繁华的南京路上，皆建造了宏伟壮观的百货大楼，以经销环球商品和附带推销国内的土特产品为主要业务，在以百货销售为主业的同时，还涉足餐饮、娱乐、旅馆、金融保险等多个行业。

　　百货商业，是城市商品经济更高级的需求，是社会进步演变的产物，大规模的零售业之发生，实因近世大都会形成之后，大多数消费者集于一地，加之交通进步，易将商品运往各地。四大公司的成功与上海人口，特别是具有消费能力的都市人群的大幅增长分不开的。自开埠以后，上海的华人数量激增，从19世纪末期的60多万人，到20世纪20年代升到110多万人，再到1930年代超过300万人。而外侨人口增速之快，亦令人咋舌，从最初的26人到1910年的15 012人，短短的几十年，外国移民数增加了500多倍。人口的迅速膨胀，使得城市的消费规模和消费水平得到空前的增长和提高，下表是上海公共租界的人口统计：

　　在如此庞大且迅速增长的中外城市人群中，有一支为数众多的中产阶级和富裕阶层，他们的高消费能力、多样的消费习惯也直接刺激了百货公司的创立和发展。

表3-3　上海公共租界人口统计　　　　　　（单位：人）

年　代	外侨人数	华人人数	总　计
1870	1 666	75 047	76 713
1876	1 673	95 662	97 335
1880	2 197	107 812	110 009
1885	3 673	125 665	129 338
1890	3 821	168 129	171 950
1895	4 684	240 995	245 679

（续表）

年　代	外侨人数	华人人数	总　　计
1900	6 774	345 276	352 050
1905	11 497	452 716	464 213
1910	13 536	488 005	501 541
1915	18 519	620 401	638 920
1920	23 307	759 839	783 146
1925	29 947	810 279	840 226
1930	36 471	971 397	1 007 868

资料来源：据《费唐法官上海公共租界情形报告书》中有关人口数据统计制表。
说明：外侨人数包括公共租界内和工部局管辖界外马路区域外侨人口。

（一）四大公司的创立

1854年工部局成立后，城市建设与管理逐步完善，促进了贸易的持续发展，上海地区经营洋货的商店不断增加，逐渐发展出很多京广杂货店和洋广杂货店。后来随着洋广杂货店的发展，小百货零售商业以及东西洋庄、华洋杂货批发业的相继发展，近代上海百货业初露端倪。20世纪初，环球百货迎来重大发展机遇，身在澳洲的香山华侨，敏锐地感知到这一点并且很好地抓住了这一机遇，纷纷"转身向内，大举发展"[1]，先后创办了名噪一时的先施、永安、新新、大新四大百货公司，开辟了近代上海百货业的新天地，是上海成为近代中国商业重镇的重要标志。

先施公司最初在港、粤两地开设，因为经营得法，开办非常顺利，声誉与日俱增。公司董事会认为上海是全国的商业中心、远东的交通枢纽、亚洲的一大商埠，为创办事业的理想之地。正如创办人马应彪所讲的，"唯有上海的地点适中和汇集着国内和国际的富商、外国外交官和中国官绅，能够给予先施迅速发展和获利的机会"[2]。因此在1914年，公司即派人员先后来沪进行调查考证，并开始筹办上海先施公司。1917年10月20日，坐落在南京路浙江路口西北角的上海先施公司正式开张，以"始创不二价，统办环球货"为口

---

[1] 熊月之：《上海香山人与香山文化》，《社会科学》2006年第9期。
[2] 李娜：《四大公司与上海商业文化研究》，东华大学硕士学位论文，2012年。

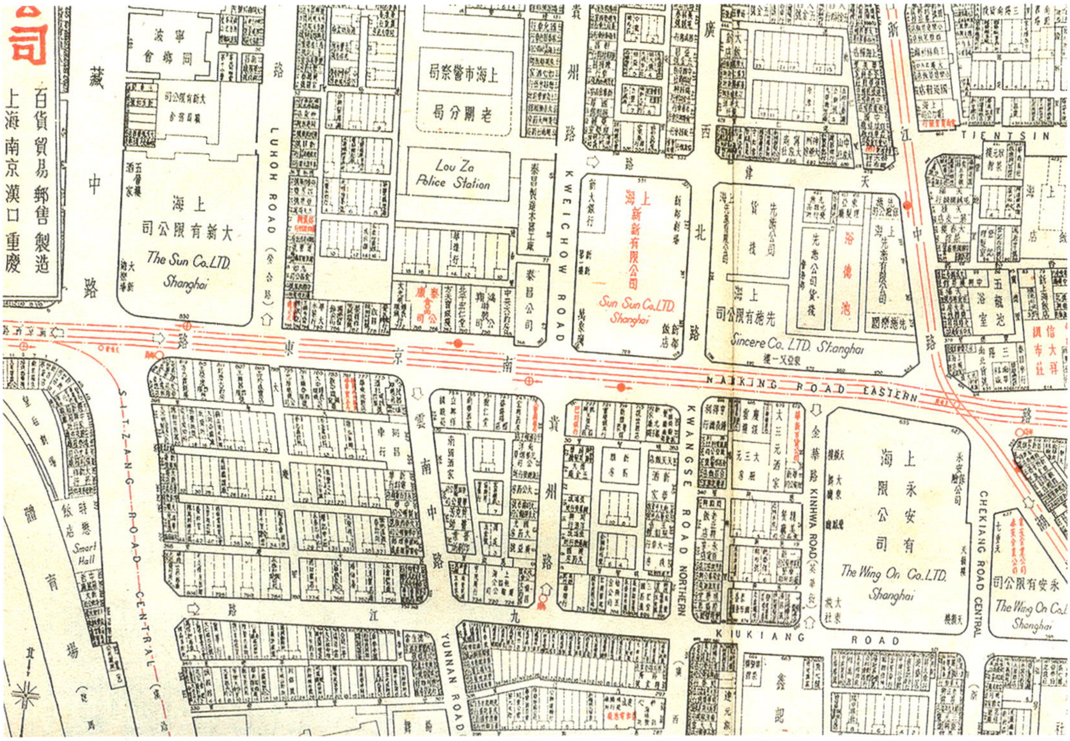

▪ 图3-13，1947年《上海市行号路图录》中南京东路上的四大公司

号，招徕顾客。开业当天，喜欢新奇的上海市民纷纷扶老携幼前来“白相”，在这里他们第一次体会到了传统老店所无法提供的消费快感。先施公司不单纯是一个购物场所，其附设的先施乐园、东亚旅馆、先施浴池、先施理发厅等也同时开业，整个南京路一时间人山人海。时人报道参观先施公司开幕记：

> 月之二十日为先施公司开幕之期。余于课后，亦偕同志数辈，往参观焉。洋楼五重，悚然矗立，髹漆初竣，华彩焕然。未即其门，遥望其建筑之雄伟宏丽，已钦为沪滨诸商肆中，望尘莫及者矣。国徽交映，军乐洋洋，车马如龙，游人似织，是可见公司之先声夺人，足以号召沪滨人士，而四顾其他诸商肆，皆门前冷落，车马迹稀，先施公司其将于沪滨商业场中放一异彩矣。余与同辈既购入场券，乃相偕入肆参观，见其百货陈列，分别部居。十色五光，目不暇接。凡人生日用之所需，盖无一不具，囊括万有，罗列华瀛。时余与诸同辈，几如入多宝山，目光为之眩晃矣。[①]

① 洪乃溥：《参观先施公司开幕记》，《复旦杂志》1918年第5期。

　　与先施公司几乎同时起步，创办于香港的永安公司亦鉴于"上海为全国四大商埠之一，位居全国的中心点，而且常常握着金融的枢纽，无论中国的或外国的商人，都集中于该处"[①] 其积极开拓上海市场，选定在南京路的南侧经营，与北侧的先施公司隔街相望。1918年上海永安公司正式对外营业，资本额为250万元。永安公司的得名，沿自永安创始人郭乐、郭泉原先在澳洲经营的"永安公司果栏"，乃"永保安宁"之意，寓义于善颂善祷。为了扩大公司在上海的影响力，公司在开业之前即大造声势，在《申报》上连续刊登了14天大幅"开业预告"，从各个方面介绍了公司的环境、设备、规模、商品、花色等。开业前两天，还散发了大批请帖，并备下盛宴，诚邀上海各界闻人名媛、朝野官绅莅临参观。开幕当天，顾客把整个商场挤得水泄不通，400多个职员忙于接待，更超过先施开幕时的盛况。[②]

▪ 图3-14，1920年代的先施公司与永安公司

① 郭官昌：《上海永安公司之起源及营业现状》，《新商业周刊》1935年第2号。
② 上海百货公司、上海社会科学院经济研究所、上海市工商行政管理局：《上海近代百货商业史》上海社会科学院出版社1988年版，第105页。

1926年1月23日，热闹的南京路中段又起了一个新的百货业新秀——"上海新新百货公司"，和先施公司、永安公司"三足鼎立"于南京路中心区。"新新"源自我国书《尚书·汤诰》："苟日新，日同新，又同新。"寓意"日日新又月月新"之意，就是每天都要奋发上进的意思。新新公司也是一个大型综合百货商厦，自称是"本城惟一提供高等质量，上好服务，合理价格的理想商店"[1]。整座大楼高7层，下面4层销售商品，其余各楼设新新第一楼（酒馆）、新都美发厅、新都游乐场、新都溜冰场。看起来与先施、永安模式一样，经营范围也相同，但它要突出强调的是一个"新"字：它是四大百货公司中唯一一个向中国政府注册的商业企业，力求带给消费者新的感觉；其开幕活动可谓新颖别致，惊喜不断。时人描述开业时的场景"门首高悬旗帜，遍扎鲜彩。楼下大扶梯旁，以丝绸扎成双龙，左右相对，中间悬一龙珠，形颇壮丽。双龙体内满储香水，展动机关，香水即由口内喷射"[2]，引得参观者纷纷拿出手帕、毛巾等吸取香水，并盛赞布置之奇巧特别。开幕式上燃放爆竹长达半小时，并由华商烟草公司赠送龙门牌香烟一包给前来参观者。此招徕顾客的行为是南京路其他大公司所未曾有过的，因此前来参观者人山人海，轰动一时。关于新新公司开业时的购物体验，有人写道：

> 新新公司开幕后，参观者骈肩杂沓，纷纷云至，然以偌大公司，然有人满之患。二十五日为该公司开始交易之首日，自朝之幕，车水马龙，下午愈形拥挤。该公司办事员，恐人多滋事，不得已乃创入门者凡属男士，概须纳费二毫，购券入门。（购物时抵洋二毫）女士则免。藉为限止。[3]

新新下属公司也通过各种优惠活动进行市场竞争。为了在同业竞争中占据优势地位，新新公司银业储蓄部发行礼券，赠送日历。其公告称：兹以该部为酬答开幕时之纪念号存户起见，每号均赠送新新美术日历一份。凡有该部之纪念号存折者，皆可凭折向该部领取。[4]

同时公司还首创夏季冷气开放的先例，成为第一家装有空调的百货商店。炎热的夏天，顾客到新新，不仅可以怡然购物，而且可以避免酷暑之累。吃喝玩乐一条龙的服务设施，也让顾客流连忘返，直到日落西山，暑气大消才满载而归。新新也正是通过推出这些

① 李欧梵：《上海的百货大楼》，《世界知识》2001年第1期。
② 上海市档案馆、中山市社科联编：《近代中国百货业先驱——上海四大公司档案汇编〈上海新新公司开幕报道〉》，上海书店出版社2010年版，第238页。
③ 吉诚：《新新一瞥》，《中国摄影协会画报》1926年第24期。
④ 《新新公司赠送日历》，《商业杂志（上海）》1926年第3卷第1号。

极具吸引力的措施，生意逐渐兴隆起来，在南京路这片激烈的战场站稳脚跟，并被美誉为当代最新型的、最前进的、最完备的商店。

1936年的10月，在新新公司的西面，诞生了南京路上的第四家百货公司，这就是位于南京路西藏路角、楼高10层的"大新"公司。大新公司交通四达，深得地理之便，适应了上海市中心西移的趋势，起名"大新"，含规模大、设备新、更大更新之意，有后来居上，赶超前三家公司，并一统上海百货业的决心。四大公司的出现，使得百货业竞争的态势更加激烈，时人打趣"大新公司百货商店使得上海四大百货商店凑成一桌，上海的市面有了四平八稳的现象"[1]。公司的创办人蔡兴、蔡昌同上海其他大百货公司的创办人一样，都是旅澳华侨，并且早有交往。

■ 图3-15，大新公司大楼

■ 图3-16，蔡昌在大新公司内的合照（扶梯前排第一者为蔡昌）

"大百货公司"与传统的小杂货铺相比，在资金规模、商场空间、经售商品种类、营销方式上都有根本区别：

在资金规模方面，小杂货铺多为一开间门面，店堂狭小，资本很少，无法大批量进货，销售成本和售价较高。大百货公司的资金远比小杂货铺雄厚，动辄千万元。雄厚的资

---

[1]《上海大新公司新屋介绍》，《建筑月刊》1935年第3卷第6期。

本使大百货公司的商场均为高楼大厦，与低矮的小杂货铺形成鲜明的对比。而且大百货公司宏伟的外观、精美的装潢本身就是宣传，吸引顾客前去。

在经售商品种类上，小杂货铺品种单一，款式有限。大百货公司则不同，经营全球百货，全球范围内搜集商品售卖。1914年《中华实业界》发表文章，将百货商店特征描述为："其店内百货无所不包备，集货极多，以供一地方之零买。"[①]

（二）市场竞争带来的百货业态革新

20世纪30年代南京路商店的经营也突破了传统商业模式，出现了革新式的变化，类似当代超级购物中心（Shopping Mall）的商业模式出现。以四大公司为例，其不仅集吃、穿、用的商品于一店，而且还引进了戏剧、音乐等文化艺术和娱乐游艺，如先施公司附设的先施乐园、弹子房、游艺场，永安公司附设的七重天舞厅、天韵楼娱乐场和屋顶花园，新新公司附设的新新第一楼等都是沪上名噪一时的去处。它们以上海市民所喜闻乐见的京剧、沪剧、越剧等地方戏剧和评弹、相声、独角戏等传统曲艺，以及电影、魔术、杂技等西洋艺术吸引顾客，为商场聚集人气。

四大公司皆以"经营环球百货"为招牌，其中，永安公司在四大公司中经营环球百货最为名副其实，它以经销高档舶来品、迎合中外上层社会的消费需求为追求，同时在英、美各设一处办事处，同名牌厂商建立良好的购销关系，从而以最快的速度、最低的价格将商品运进上海，使市民能够在第一时间买到国外最新的商品。"永安购物"一度成为上海滩有品位、有影响的代名词，追求时尚、追求前卫的潮流人士纷纷前往购物，以求显示自己走的是流行路线。

四大公司在经营环球百货的同时，也适应国内"抵制日货"的政治形势，大力推销国货。先施的经营者在用语言宣传"舶来品牌商

A corner of the Cosmetic Department

■ 图3-17，大新公司化妆品部一角

---

① 欧化：《欧洲百货商店之组织状况》，《中华实业界》1914年2月号。

The Flower Shop

■ 图3-18，大新公司陈列的盆栽花木

Fashion on show window

■ 图3-19，大新公司现代化的国货陈列橱窗

■ 图3-20，先施公司时装大会的表演台

品"的同时，也将品质好但价格相对便宜的国产品和自家工厂制造的商品一起陈列，这样给顾客提供了多样化的选择空间。受时局的影响，永安公司从1930年代起，明显加重了国货销售的比重，为此专门开辟了国货商场，销售一些名特产和质量优异的民族工业产品。如其所经销的瓷器，是由采购人员专门到景德镇定制。他们先到名窑选定新颖别致的样式，委托定烧，等烧成白坯后，再专门聘请老画工精心绘花写字，并且留下"永安公司监制"的字样。

新新公司紧随永安，在公司4楼也设立了国货大商场。大新公司则以推销国产改良货品为最大目的，对于国产货品，不仅尽量采用、尽力推销，而且随时与国货厂商协力合作，共同研究，以期改良尽善。公司各部分陈列之种种货品均为国产货品，如丝绸、瓷器、木器等，琳琅满目，美不胜收。同时，大新公司还推出了向厂商定制的专属本公司专销、规格品质要求较严的本牌（即大新牌）商品，如大新香皂、大新雪茄、大新衬衫、大新牌信笺、日记簿等，以期扩大公司在市场上的影响力和号召力。先施和永安也都有自己的本牌商品。例如，先施公司定制了"先施舞袜"，永安公司定制了"飞机牌"优质汗衫和"永安牌"肥皂等。

现代百货公司在百货经营已成体系的情况下，更多的是要考虑如何不断地扩大自己的事业范围，以牟取更高的利润。先施、永安、新新、大新四大公司除了发展百货业务外，还涉足其他领域，拓展盈利。如他们在经销环球商品和附带推销国内土特产品为主要业务的同时，纷纷兼营旅馆、舞厅、酒楼、游艺场等附属企业。各公司在经营方式、方法上基本相同，共同点皆在于大力开拓市场。这种集办公、公寓、商业、会议、展览及娱乐于一体的复合型建筑，规模巨大，且功能协同，在当时成为一种时尚元素的名片。消费者在进入百货公司后，除选购商品之外，也能满足自身享受不同休闲娱乐的需求，从而使百货公司呈现出不同于其他旧式商场的新面貌。这一商场业态的模式，仍能在当今上海诸多的百货商场中找到影子。

（三）作为形象与广告的百货大楼建筑

四大公司突破商店建筑模式，采用商业百货大楼建筑形态，皆力求自身建筑成为南京路和上海的象征与地标，既以新颖的形象向社会推销自己，亦向消费者展示公司实力。

先施公司的先施大楼由德和洋行设计，顾兰记营造厂历时2年建成。大楼为7层骑楼式钢筋混凝土建筑，外观采用当时世界上最流行的古典式巴洛克风格，以外挑阳台、窗花雕饰、圆柱式支撑为特色。大楼的最高层还设计建有塔楼，取名为"摩星塔"，此塔不仅是先施的标志性装饰，同时也给整座大楼增添了不少气势。

永安大楼由公和洋行设计，辛和记营造厂承建，楼高6层，与先施隔路相望。铺面商场为马赛克地坪，楼上均为打蜡地板。其顶层也建有塔楼，取名为"倚云阁"，并与先施的"摩星塔"一起呈现出庄严与和谐的美。大楼沿南京路的方向有3座用古典圆柱装饰的拱形大门和大批玻璃橱窗，是上海各大商场沿街面进行橱窗陈列、商品展示的先例。1932年，永安购进了毗连老楼的原天蟾舞台旧址，建造了一幢流线型的19层高的新厦。新大楼是一座钢框架结构的高层建筑，外观简洁精致，下部以

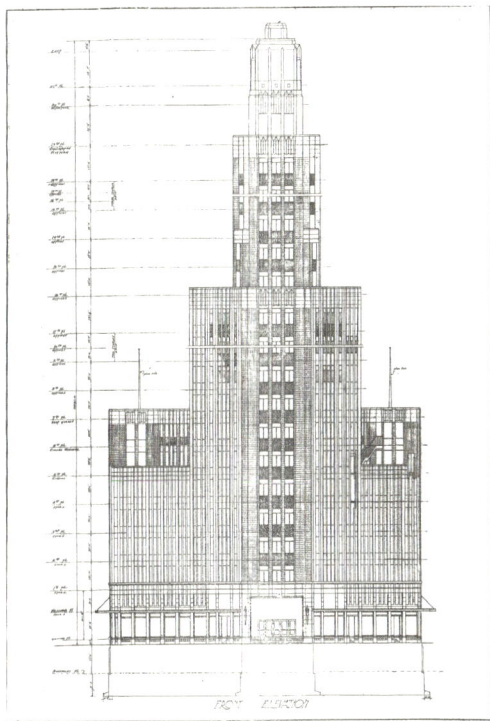

▪ 图3-21，永安公司新厦正面图

绿色花岗石铺砌，上部以浅黄色面砖饰面。为与相望的老楼联成一体，在新厦的第4层凌空架起两座平行的封闭式天桥，使前来购物的人们可以风雨无阻地穿行于两楼之中。

新新公司则力求大厦的外观新颖，体现时代气息，大楼简化了欧洲古典主义建筑繁复的线条和装饰，趋于简洁明朗，但依然保留三段式处理手法，在面临南京路中部顶层设有一座高高的方形空心塔，在高度、霓虹灯的设置上与"先施""永安"争奇斗艳，并在西南角、东南角各设一座角亭。大楼高7层，"整体采用回字形态，即分前座和后座，当中留空，左右两翼则相连通"，这样使得整个商场连成一个整体，大大方便顾客购物、休闲和娱乐。

大新公司建筑是依据新的建筑原理，应用新的方法与技术以及新的材料，悉心构造而成，其外观极尽建筑艺术化。公司建筑整体简洁明朗，外观优美壮丽：大厦高10层，采用钢骨水泥建筑法，乃本埠基泰工程司设计，整幢建筑平面呈正方形，沿转角处作弧形处理。外墙砌以国货乳黄色釉面瓷砖，门面砌青岛黑色花岗岩，内部店面地板铺意大利石，二、三层则分铺胶质及柚木地板，内部外表均极光洁美观。整座大楼的亮点在于它的铺面沿马路外围设有大型玻璃陈列橱窗18个，构思新颖，将最新花式商品陈列其中，以供顾客参观，对商品推销也起了很大的作用。

（四）商战中的特色营销

经营特色，即商业企业在经营活动中采取的独特的经营方式和方法，从而形成一种富有明显个性的经营风格。在繁华的南京路上，四大公司各出奇招，先后运用多种销售手段展开竞争，以求快速屹立于上海滩，并引领时代潮流。

▪ 图3-22，先施公司的广告

对近代上海的百货公司历史发展而言，广告所起的作用非常巨大。先施公司自1918年8月开始，共发行了长达10年的《乐园日报》，刊登该公司经营的游乐场所"先施乐园"的各类活动、节目信息。永安公司当时的经营理念即不断地吸引顾客。在开业前，永安公司便在《申报》上刊登了14天的"开业预告"。开业当天，在《申报》上用较大篇幅不厌其详地介绍公司富丽堂皇的装修和琳琅满目的商品陈设。开业以后，在《申报》上又连续登载了15天"鸣谢来宾"的启事。在此后，每隔几天便更新广告内容，继续刊登。到1918年底，仅4个月时间内便用去广告费8 000元之多。[①]1939年5月，永安公司创办《永安月刊》，使其成为公司市场宣传、推销商品的最佳平台。新新公司为了商业竞争，发明了一种新的广告噱头：即"玻璃电台"。这个电台每天日夜不间断地为新新公司及其出售的商品和各项活动大做广告，很像今天的"消费指南"。电台还不定期地播送新闻、音乐、广告、戏曲等内容，演唱节目的多是著名演员。前来公司的顾客可以一边购物，一边收听播音、观看演出。大新公司则在各大报纸上打出开业周年纪念，赠送本牌香皂以酬答老顾客的广告，并借此广告来吸引新顾客光临。

　　减价促销也是百货市场上最频繁使用的一种促销手段。永安公司通过对顾客心理的研究，设计不同的促销手段。比如针对顾客大多贪图便宜的心理，公司每年举办6次大减价活动，即春、夏、秋、冬四季每季各一次，再加上圣诞、春节两大节日各一次，参与减价促销的商品主要是陈货以及较为便宜的滞销商品。减价活动时，永安公司会登报宣传，比如在《申报》上挂出大减价广告，为其减价出售的鞋子大做宣传："外国制男式长统靴，原价每双二十元左右，现一律售洋九元；男式外国制皮鞋，原价十八元半，现售七元半；中国制各式男皮鞋，一律减售洋五元八角半；男式皮靴每双六元八角半；时式女皮鞋每双售洋四元半至六元半；房间内穿着最便宜之毡鞋，每双二元；橡皮套鞋每双自二元二角至二元七角。"[②]先施公司每年至少举行5次大减价。后来因为同业间竞争惨烈，大减价举行得更加频繁，并进行大赠品。大减价前，先施公司会在本市及沪宁、沪杭铁路沿线各地大做广告。一进减价期，除少数利薄的商品如香烟、罐头等维持原价外，其余都打折扣。譬如热销的商品打八九折，一般商品打八折七折，滞销或过令商品折扣更大，有的甚至在五折以上。[③]先施公司还在商场内设立了"一元商品"专柜，将各种日用小商品捆绑销售，一律1元，任由顾客选购。大新公司则在地下室辟设了短期性的集中特价"拍卖场"，每件商品柜上堆放着大量的"牺牲品"，并配合报纸、广告、电台广播等宣传形式，很好地将各部滞销货物销售出去。不过，对于大减价这一竞销手段用的最多的当属新新公司了。从《新闻报》及刊登的广告统计来看：该公司1933年大减价10次，累计253天。1943年以后，几乎每天都在大减价。由此可见，各大公司之间的竞争可用惨烈来形容。[④]

① 王有枚,缪林生：《上海永安公司史料》,《安徽大学学报》(社会科学版) 1978年第1期。
② 《永安减价期中之鞋部》,《申报》1926年1月24日,增刊第1版。
③ 上海百货公司,上海社会科学院经济研究所,上海市工商行政管理局：《上海近代百货商业史》,上海社会科学院出版社1988年版,第139页。
④ 上海社会科学院经济研究所编：《上海永安公司的产生,发展和改造》,上海人民出版社1986年版,第145页。

　　顾客至上的服务理念在当时的商业经营中也有体现。先施百货公司的负责人马应彪在学习西方百货业规则的基础上首创"不二价"制度，即不论何人购货，都明码实价、不减不折。先施公司也是第一家提供收据、发票给购买者的公司，不论货物数额的大小，先施公司皆出具发票给顾客。若商品有什么损坏或者购买者不喜欢，随时可以凭发票换货。永安公司则在商场内用霓虹灯制成一行英文字，醒目地写着"顾客永远是对的"（Customers Are Always Right）。这也是永安公司创始人郭乐要求全体员工共同遵守的服务准则。

　　1930年代，上海《商业杂志》刊载了题为《上海百货商店之概观》的文章，有一段关于顾客进小杂货铺砍价的情形：

　　　　顾客问售货员："此价若干？"
　　　　营业员："两元五角半矣。"
　　　　"尔何狠辣哉，以若斯之物，乃欲索我二元五角耶。"
　　　　"君出几何？"
　　　　"一元五角。"
　　　　"如此亏蚀过巨。"
　　　　"甚佳，尔善藏之，余去矣。"
　　　　"来，作价二元便了。"
　　　　"否，余仅愿增至一元七角半。"
　　　　"售君，纵余因作蚀本生意而致停职，亦不顾惜矣。"
　　　　"尔当自度得一佳主顾如余。"[1]

　　砍价作为一种经营手段，被四大公司逐渐抛弃。先施公司在中国首创"不二价"的全新经营售卖原则，后来被华商百货公司普遍接受。永安公司开张后，在经营理念上，十分注重从消费者角度去思考问题，改进服务方式，与顾客建立新型的供求关系。"不二价"即永安公司坚定的营业方针。

　　大新公司竭尽全力以为顾客服务而赢得市场，打造一站式贴心服务。公司在员工管理守则中制定了服务顾客的31条规章制度，从顾客进门、向顾客介绍商品、完成销售到送顾客出门，可谓购物的每一环节都制定好相关规章，现摘录其中的28条，以窥当时企业对顾客的服务细节：

① 欧伟国：《上海百货商店之概观》，《商业杂志》第2卷第2号。

1. 每部分都设备小型木凳，以便招待顾客坐下拣货。

2. 有些部分如匹头、西服、时装、细缎、首饰等部，置备香烟及茶水等招待用去较长时间选购货品的顾客。

3. 主动向顾客介绍商品，分下列几种情形：

（1）向顾客介绍有连带性的商品（如顾客购买钢笔则介绍墨水等）。

（2）当顾客对购买何种货品犹豫不决时，主动向顾客建议选择。

（3）当顾客要买的商品缺货时，向顾客介绍别种代用品。

（4）忠实地向顾客介绍商品质量。

（5）顾客要买的商品有数种花式时，主动将各种花式取出或指出让顾客挑选。

4. 耐心为顾客挑选货品（如买钢笔要选细笔尖等情形）。

5. 顾客遇现钞买卖不够时，代客往银行提前现款或兑换外币。

6. 顾客所购货品，因送礼需特别装饰包扎时，代为办妥（如衣料之用丝带扎成各种花样等）。

7. 注意售出商品的包扎方法——如领带有领带盒，帽子有帽盒。所有包装盒子和纸张上面均印有本公司商标牌号，因很多顾客对本公司信用很高，虽属同一货品，宁愿特别走很远路到本公司买去送人，以示名贵，而不愿到其他较近的地方去买。

8. 在圣诞节前后隔一个月左右的期间，特别备有白色加印五彩花纹的包货纸和五彩丝带，用以包扎售出的商品，不另收费。

9. 代顾客送货至门口，并代雇车辆。

10. 遇顾客要买数种不同部分的商品时，由营业员或招待员陪同顾客到各部选购，集中付款或集中送货。

11. 顾客购买衣料时，代为计算用料数量及代配夹里和滚边等。

12. 出售雨衣和服装等类商品的部分，特设"诚试衣室"以备顾客试衣之用（此室四面均装玻璃镜子，可以看到全身各部）。

13. 买鞋买衣服，代客试穿。

14. 售出皮鞋时，代客加擦鞋油一次。

15. 售出帽子，如顾客将所买帽子即时戴上时，则把顾客戴来的旧帽擦干净，装入盒子里，并可代为送回（其他如鞋子、衣服亦有类似此种情形）。

16. 代客搭送非本公司货品。

17. 顾客所购货品，如遇缺货，则介绍别种代替品，即使顾客不合意而未购买，亦以客气态度款待。

18. 一部分食品可以让顾客先尝后买（一般顾客尝试后都购买）。

19. 化妆品部设有化妆室，以备顾客化妆之用，并设有女美容员，专门指导顾客化妆术。

20. 为顾客服务时，必须敏捷迅速，不可拖延懒慢，致使顾客感觉不耐烦。

21. 每当顾客选妥商品时，营业员必须向顾客询问，是否还要购买其他的商品，待顾客表示没有什么要买时，然后才根据顾客所购买的东西，开列发票。

22. 商品包扎妥当后，应以和蔼的态度把商品和发票点交顾客，如有余款找回时，尤须注意点清，以防争执。

23. 营业员利用顾客等候包扎商品的时间，向顾客进行联系和介绍商品等工作。

24. 每有新的花式品种上市供应时，用电话或函件通知老顾客，以便顾客及时到来购买。

25. 当顾客前来购买落令货品时（如夏天要买冬令货或冬天要买夏令货等情形），不可因手续麻烦而拒售，尽可能从仓库内取出，以供应顾客。

26. 不以次货充好货，如货品有残缺等情形，应向顾客说明。

27. 顾客预定商品或指定时间代送货品，均一律依时不误。

28. 开业初期，印有购货指南，赠送给顾客，以方便顾客选购商品。[①]

代客服务是指百货公司为促进商品的销售，不断向消费者提供更多适应消费者需要的一种劳务手段，类似现代购物广场提供的各种附加服务。邮售业务是大型百货公司针对外地购物不方便的顾客而特设的服务项目，至1919年和1920年，永安公司和先施公司都相继正式设立邮售服务部，并在全国各大城市刊登广告，进行业务宣传，以招徕更多顾客。由于四大公司的声誉好，因此可提供邮售的地区一度发展很广，东北至沈阳、安东，西北至潼关、西安，西至成都，南至福州等地，都有业务往来。[②]

大新公司则大大拓展了代客服务的范围，可谓全面周到、细致入微。据档案记载，大新公司代客服务的方法有：

1. 电话购货。

2. 函购。

① 公私合营大新有限公司总管理处：《上海大新有限公司私营时期经营管理历史经验总结》，上海市档案馆藏档案，档案号：Q228-1-17。
② 上海百货公司，上海社会科学院经济研究所，上海市工商行政管理局：《上海近代百货商业史》，上海社会科学院出版社1988年版，第138页。

3. 代客送货——分先收款后送货和货到收款两种，本公司自备大型中型送货汽车各一部及三轮货车、脚踏车等专供代客送货之用，不另收费。

4. 凭折记帐取货。

5. 发售兑货礼券。

6. 代客设计——如家具、电器等。

7. 代客安装——如代装窗帘、电器、裱花纸等。

8. 代客加工——如代刻图章、定制西服时装、代印名片、钉装图书等。

9. 代客修理——如代修钢笔、钟表、打火机、电器、收音机等。

10. 代客在货品上题名——如在皮箱上漆名字，钢笔、烟盒子上刻名字，活页簿、玻璃台板上烫金字等。

11. 代客送礼——每逢过节，顾客只要开出清单，说明送几份礼，每份多少钱，送给什么人，公司就按要求把货物选配好，挨家挨户送出，送妥后将回单交回顾客。

12. 送货上门，任顾客选购。

13. 退换特快送货——顾客因赶搭飞机火车等原因，限定时刻要将货送到，此时则不通过送货部，由各部分自己派人准时送到。

14. 退还别货——顾客购货后，如对货品有不合意的，可退回掉换其他货品。

15. 接受预订货品——顾客可指定特定的规格定制货品。

16. 支票购货——必要时可待收到款项再付货。

17. 付押金取货——先按货价付给押金，将货品取去，约定限期，逾期不来，即作成交论。

18. 代本埠顾客装箱打包寄运。

19. 货品回尾——某些货品如香烟洋酒，顾客先照货价付足押金，将货取去，待使用完毕（如喜事宴会）得将未用去之完整货品退回，再按实数开发票。[1]

　　四大公司正是依靠细致入微的服务、严格的企业内控管理、先进的营销理念和敢于竞争的市场意识，才有了在上海滩的崛起。四大公司的出现，标志着上海正式成为近代中国百货业中心。四大公司的服务范围遍及全国，营销理念与营销模式至今仍影响着当代上海的百货业态，影响着当代上海人的购物心理。

---

[1] 上海市档案馆，中山市社科联编：《近代中国百货业先驱——上海四大公司档案汇编〈上海大新有限公司私营时期经营管理历史经验总结之四：有关经营管理方面〉》上海书店出版社2010年版，第314—315页。

第三节　黄金时期的商业发展

20世纪二三十年代是上海经济发展的"黄金时期"，也是上海城市变化最引人注目的时代，人们把上海比作"魔都"，用以指其现代、繁华，市民的观念呈现昂扬向上的进取和开放。

飞楼百丈凌霄汉，车水马如龙，南京路繁华谁冠，先施与永安，百货如山阜且丰，晚来光景好，电灯灿烂照面红，肩摩毂击来怱怱，城开不夜，窟宜销金，商业甲寰中……金迷纸醉销魂地，楼阁望巍巍。天街十丈平如纸，岂有软红飞。五陵年少争豪侠，裘马赌轻肥。美人如花不可数，衣香鬓影春风微。文化中心通商重地，世称小巴黎。繁华盛况孰能比，欧美也应稀。南京大路真可爱，精华此所萃。大家高歌进行曲，且歌且行乐怡怡。[①]

■ 图3-23，时代歌曲——《南京路进行曲》

这首歌是20世纪30年代风靡上海的《南京路进行曲》，歌词生动地显现了发达的经济，繁荣的商业及奢靡的社会风气是"摩登"上海的重要特征。

"摩登"一词，是英语modern的音译，意为现代的、新式的。在此之前，有关追求新潮生活方式行为的用语是"时髦""唯新是尚"，"摩登"一词因准确反映了都市日益浮华的世风而迅速流行，以致后来都市生活时

---

① 《时代歌曲：南京路进行曲》，《咪咪集》1934年，第一卷第5期。

尚的每一新花样都冠上了"摩登"。[1]

近代上海的外国侨民来自英国、法国、美国、日本、德国、俄国等40多个国家。据1936年统计数据，外侨总数将近6万名，其中最重要的组成部分有日侨2万名，俄侨1.5万名（主要是白俄），英侨10.9万名（他们过去一直是上海最大的非华人侨民团体，直到1912年左右才被日侨所超过），德奥两国侨民0.5万名（他们多半是新近到来的难民），美侨0.4万名，法侨0.25万名。[2]国内移民来自全国各个省份，不同国家、民族、地区的人群，将各地不同的生活习惯、消费习惯和商业习惯带到上海，使得上海的商业文化具有多样性和兼容性的特点，这在南京路商业街体现得尤其明显。

（一）黄金时期的商业功能区分布

商业是社会进步的一个重要推动力，是社会经济的高级需求。俗话说"商业进展，社会进步；商业萧条，社会便退步"。商业之所以能影响国家社会，主要是因为商业可以调剂有无，平衡物价，促进社会生产，改善人民生活，促进世界商品、经济乃至文明的交流。

自鸦片战争后，五口通商，外国人开始前来定居，特别是上海租界成立后，贸易经济迅速发展，中外人口不断集聚，商业经济也逐渐形成规模。上海的商业，如果以业务的性质分类，不下四五百种，最为主要的有：纺织、丝业、面粉、造船、造纸、水泥、金融、保险、信托、仓库、航运、进出口、报关，以及各种产物的运销贩卖等。[3]有人认为："近百年来中国一切事业之革新，上海实为先导，无论政治、教育、商业、工业等，其改革之发源地皆为上海，即属证明。"[4]

今南京东路街区，正是近代上海商业的发祥地，发展至20世纪二三十年代到达所谓的"黄金时期"，此时本区域以南京路为分界线，整个商业区的经营被分为四大块：南京路是各种中外洋行、百货商场的销售中心，以四大百货公司为代表；南京路北面以宁波路、北京路为中心是金融商贸区、杂货区；南京路南面以福州路中段为核心的是旅馆集中地；福州路西段是娱乐区。在这四大商业地块里，各种类型的商业形态和商业建筑类别，历百年而不衰，百货业、金融业、旅馆业、娱乐业构成了该区域商业经济的四大支柱。

① 宋钻友：《永安公司与上海都市消费（1918—1956）》，上海辞书出版社2011年版，第59页。
② 《上海公共租界工部局年报》（1936年），第9页。
③ 《上海的商业》，《商业月报》第23卷第6号。
④ 志学：《百年来的上海工商业》，《自修》1939年第44期。

（二）以南京路为中心的百货商业

据记载，到20世纪20年代，南京路上共有外国洋行16家、华洋杂货店27家、洋布店93家、绸缎店20家、呢绒西服店12家、鞋帽店14家、钟表店13家、眼镜店7家、银楼14家、珠宝玉器店6家以及其他如药店、客栈、浴池、酒楼、饭店共有数百家之多。[①]在这些众多的商行、店铺中，许多老店持续营业至今。这些老店不仅仅是一家家商铺，而是一个时代商业文化的代表，更是中国社会进步的重要标志，其影响既深远，又遍及全国。

1. 亨达利钟表公司。1864年，法国人霍普在洋泾浜三茅阁桥（今延安东路江西中路口）设一店，英文名称为霍普兄弟公司（Hope Brother's & Co.），中文招牌为"亨达利"，含义是亨通、发达、盈利。19世纪末，"亨达利"易主，由德商礼和洋行经营，迁到英租界繁华的南京路抛球场（今南京东路河南路口）营业。《沪游杂记》中描述"当时西人所开洋货行，以亨达利最为著名，专售时辰寒暑风雨各式钟表、萧鼓丝弦、八音琴、鸟音匣、显微镜、救命肚带及一切杂货，名目甚繁"[②]。

1914年，商店又转让给礼和洋行买办虞乡山等经营，改名为"亨达利钟表总公司"。1917年，虞乡山再将"亨达利"转让给"美华利"的孙梅堂。孙梅堂买进后将业务并入"美华利"，对外仍沿用"亨达利"的店名，取消洋酒杂货，专营高级钟表。1926年，亨达利钟表行新屋竣工，《申报》报道其"窗饰装潢，尤为新颖，凡最名贵之钻石、极精美之钟表，以及望远镜寒暑表等，皆分类罗列，光彩夺目。全店柜橱，用大理石装设，均系上海洋行特别定制，店之北部，安置招待宾客之金镶丝绒大沙发……门役悉穿哔叽制服，颇见严肃壮丽，实为中国商业界中别具新气象之新商店也。"[③]亨达利与洋商关系密切，货源充足，生意十分兴隆。第一次世界大战结束时，德国马克和法国法郎贬值，亨达利趁机低价购进手表数十万只，在上海销售，获利数倍，资本实力更加雄厚。以后又在全国各地开设分店23家，成为首屈一指的"钟表大王"。

2. 茂昌眼镜公司。这也是一家世纪老店。它1923年创设于上海南市老北门旧仓街，1935年迁店于今南京东路373号。自迁入南京路闹市中心后，即以经营方式和灵活多样的服务方法吸引了众多的顾客，生意日益兴旺。其每年冬季实行大减价，购物送赠品。1935年12月，茂昌眼镜公司在《申报》登报：凡在减价期内购买茂昌廉美眼镜，并可享受下列各项利益：

---

① 根据1920年商务印书馆出版《上海商业名录》中数据整理。
② 《沪游杂记》第114页。
③ 《商场消息》《申报》1926年12月26日，第18版。

（1）凭发票人人得赠精美新日历一组。

（2）发票末一字与十八期航空券头奖末一字相同者，可得上海银行现金礼券元。

（3）发票末二字与航空券头奖末二字相同者，退还该发票全部货款，无论多至数十百元均可退还。^①

历经近代大上海严酷、激烈的市场竞争中生存下来，"茂昌"与"吴良材""精益"成为上海三大专业眼镜店之一。

前文已详细讲述四大百货公司的崛起及带来的影响。大百货公司的出现使消费和生产之间形成了新的互动关系，极大地促进了商品生产，也推进了生活时尚的快速嬗变。大百货公司突破了街区的局限，建在都市的最核心区，它的消费对象是整个都市的人群，而非居住在附近的居民。来自城市不同角落甚至其他城市的消费者，使大百货公司所售出的新款服饰、皮包、化妆品、鞋帽等生活用品，在更大的范围迅速传播，创造出新的时尚，反过来促进商品的生产，大百货公司在整个经济活动中扮演了不可或缺的角色。

黄金时期，以南京路为中心的百货业呈现出以下特点：

1. 以南京路为充分展示商业文化个性魅力的长廊，以引导市民日常生活基本消费为宗旨，集吃、穿、用、玩于一体，中西合璧，兼有销售、展示功能，是上海繁华的城市商业经济的象征。

2. 南京路两侧马路的商店在经营范围上不以某项商品为限，而是包罗古今中西，既有老字号，也有新公司，有以经销环球百货为特色的四大公司，也有保持传统特色的绸缎局、银楼、扇庄、古玩行、鞋帽店等。商业建筑风格不一，其店堂陈设、招牌匾额、橱窗布置、广告宣传都独具匠心，与众不同，富有商业文化的个性魅力。

3. 南京路代表近代上海人的消费观：中西兼容、推陈出新。它使消费行为成为追求都市生活时尚的重要象征，并将这一消费观形象地向国人展示。不仅上海人要到南京路来领略潮流风向，实现自我包装，追求时髦的外省人也要到南京路来采购"上海货"，南京路也就成为展销近代上海名、特、优商品的橱窗、长廊和提供新潮都市生活方式样板的系列广告。

---

① 《茂昌眼镜公司冬季大减价》，《申报》1935年12月7日，第12版。

（三）北区金融、商贸和南区的旅馆业

这一时期的上海钱庄集中分布在宁波路、天津路、河南路一带的里弄中。与集中在外滩的中外银行一样，这里是掌控上海工商业命脉的另一中心。这一带东近外滩，北临苏州河、兼河、海航运之便，又有租界安全的保护，成为开埠后上海钱庄业走出老城区，北上开创新局面的落脚点（俗称北市）。这里自清末至20世纪40年代后期，一直是上海的钱庄世界。从商业空间看，相对拥挤的石库门里弄被作为高密度、大进出的金融商贸中心，建筑使用已近饱和。而仍作民居使用的里弄只占少数单元，置于商号包围之中。设在该区的其他金融机构有信托公司、金号、银楼、证券号，商号主要是航运公司、货栈、绸庄、药行、棉花号、棉布号等。这些商业机构从事于商品批发、转运，占地小，资金进出量大，钱庄、银行与这类商号毗邻而设，互为依托，形成提高商业经济运转效率的最佳组合。在这片里弄密布的地块，弄道纵横贯通，但服务性商业设施却极有限，除浴室、煤号、米店、木器店、旧货店、典当铺、火油号、油栈、盐号、酒栈之类普通生活类商号外，只有正记老正兴菜馆、森泰茶食南货店、同懋参号等数家提供较高档次消费的商店，没有妓院、戏园。[①] 由此可见，这一地区已经高度专业化分工，实现了行业的集中和规模化，也旁证了上海的金融业市场需求量巨大，区域非金融业空间已近饱和。

发达的旅馆业是一个国际性大都市的特征。至20世纪30年代，上海大大小小的旅社达1 000余家，仅上海同业公会的会员便有600余家。每日下榻各类旅馆的客人不啻10余万人。

■ 图3-24，1947年《上海市行号路图录》中南京东路一个街区中的旅馆、饭店分布

---

① 罗苏文：《路.里.楼——近代上海商业空间的拓展》《史林》1997年第2期。

上海的旅社约有4种类型：1. 小栈房，多设在小菜场、工厂区，租一间栈房即可开设。2. 客栈旅社，系中等旅馆，大都按帮口开设。3. 普通旅馆，建筑设备优于第2类，但也分为上中下三等。4. 大饭店。自上海成为国际性大城市后，来来往往的外国旅客逐年增加，上海的外国商人相继开设了礼查饭店、汇中饭店、华懋饭店、别克登饭店、沧州饭店、大华饭店、汉密尔顿饭店。外资饭店虽然标准高、服务优，但以招待外国旅客为主。为满足上层华人的需要，20世纪20年代起，华商开始涉足高级宾馆，最著名的有国际饭店、新亚饭店、扬子饭店。至1930年代中期，上海华商开设的高等宾馆达10家，即国际、新亚、扬子、东亚、大东、洞房、大上海、大江南、爵禄、大沪、中国。饭店的管理也参照模仿外资大饭店。①

在上海的国际化大饭店里，对服务生也有要求：

第一，客人在住房里谈话的时候，无论谈得声音多么响，侍应生不许听见；

第二，客人们在饮酒吃饭说笑话的时候，无论说得怎么发喉，侍应生在桌后不许发笑；

第三，侍应生不许轻率关门寻异性伴侣，但如果一个男客领着他的"太太"来住宿，侍应生不许记得这位客人的"太太"，在不同的日子会有不同的面貌。②

■ 图3-25，金门大酒店客房

上海的旅馆业非常发达，这是有它的经济理由的。有人曾分析上海旅馆业发达的原因：

---

① 凌云：《上海之旅馆生活》，《旅行杂志》1930年第4卷第1期。
② 洪深：《大饭店：上海地方生活素描之三》，《良友》1935年第111期。

　　上海的地价高，一般人所住的房子都很小，并且有几个人家合住一宅的。所以在上海，只有那有钱人才能在家里宴客；普通人的宴乐饮博，总是到菜馆和旅馆里去"开房间"的。这里，现代的享乐工具，应有尽有；一个每月只赚五十块钱的人，在"开房间"的一天，他可以生活得像赚五百块钱的人一样。摩登家居，电话，电扇，收音机，中菜部，西菜部，伺候不敢不周到的茶房，这一天小市民在旅馆里，和百万富翁在他的私家花园里，气焰没有什么两样。当然的，这些在中国的旅馆里开房间的人，从来不到西式的大饭店里开房间。一个原因是钱不够许多事不能做。还有一个原因，是误会在大饭店里有妓女，但是，在大饭店里什么事不能做呢！①

（四）遍布的娱乐场所与发达的娱乐业

　　上海发达的金融、商贸和工业，支撑了戏馆、餐馆、旅馆和娱乐业等服务业的发展，而且娱乐业本身也是商业经济的重要组成部分。

　　早在19世纪后半叶，上海的娱乐业便已十分发达，当时人描述道：

　　　　沪上销金之窝，亦多矣。若赌馆，若妓馆，若烟馆，若酒馆，若戏馆，合四马路一带，几于环列如林，无论青年子弟，血气未定，即阅历既久、世故已深者，一入其门亦无罄其腰缠，以供挥霍甚，且废时失事沉溺不迟噫！十里洋场，不知消耗几人心血矣。②

　　著名的英国商人立德之妻阿绮波德·立德（习称立德夫人）1887年到达中国，在《亲密接触中国——我眼中的中国人》一书中，也记载道：

　　　　上海，曾经是模范租界地，却一向被中国内地的老百姓看作是腐败的温床。他们严肃地说，不管那里的商机多么优越，也只有当他们的儿子真正长大成人并已经相当坚定地确立了人生观时，他们才敢把儿子送到上海。③

① 洪深：《大饭店：上海地方生活素描之三》,《良友》1935年第111期.
② 《查禁书场记》,《申报》1886年12月9日.
③ [英]阿绮波德·立德著,杨柏、冯冬等译：《亲密接触中国——我眼中的中国人》,南京出版社2008年版,第90页.

进入黄金时期的上海，娱乐行业更加繁盛，今南京东路街道所辖区域更是上海戏院、剧场、舞厅、书场的最集中地。本区域的娱乐业之发达，通过众多的戏院、电影院、舞场可见一斑，据1946年冷省吾著《最新上海指南》和1947年《上海市行号路图录》显示，本区域的娱乐场所分布详见下表。

表3-4　20世纪40年代南京东路街区的戏院、书场一览

名　称	地　址	名　称	地　址
大舞台	九江路663号	天蟾舞台	福州路701号
中国大戏院	牛庄路704号	共舞台	中正东路433号
皇后大戏院	云南北路287号	卡尔登	黄河路21号
丽　华	南京西路	天宫	西藏中路355号
老　闸	福建中路574号	明星	黄河路301号
皇　后	西藏中路405号	红宝	西藏中路
龙　门	中正东路665号	浙东	北京东路宋家弄
皇宫大戏院	西藏中路465号	东方书场	广东路西藏中路口
南园书场	宁波路407弄		

资料来源：据《最新上海指南》，上海文化研究社1946年版和《上海市行号路图录》1947年版中的数据整理而来。

表3-5　20世纪40年代南京东路街区的影院一览

名　称	地　址	名　称	地　址
九　星	中正中路359号	大上海	西藏中路500号
大光明	南京西路216号	浙　江	浙江中路123号
国　联	西藏中路447号	新　光	宁波路586号
沪　光	中正东路725号	光　华	中正东路1440号
金　都	中正中路572号	金　门	中正中路745号
金　城	北京东路780号	南　京	中正东路523号

资料来源：据《最新上海指南》，上海文化研究社1946年版和《上海市行号路图录》1947年版中的数据整理而来。

表3-6　20世纪40年代南京东路街区舞场一览

名　　称	地　　址	名　　称	地　　址
米高美舞厅	南京中路4号	国泰舞厅	西藏中路451号
维也纳舞厅	南京中路18弄	高士满舞厅	南京中路577号
立德尔舞厅	南京中路278号	圣爱娜舞厅	西藏中路377号
仙乐舞厅	南京中路444号	小都会舞厅	南京中路70弄2号
大沪舞厅	南京中路254号	大东跳舞场	南京中路635号
鑫记大舞台	九江路663号		

资料来源：据《最新上海指南》，上海文化研究社1946年版和《上海市行号路图录》1947年版中的数据整理而来。

　　各娱乐场所营业状况大都相当不错，电影院每家每天全演四场，可说是场场满客。除了电影院放映电影外，看戏听书也是市民生活的重要组成部分，1940年代越剧、京剧、沪剧、滑稽戏、评弹皆十分流行。还有游艺场、彩头本戏，也是天天拥挤不动。当时对各剧种的演出情况统计如下：

　　越剧：明星、国泰、河北、老闸、浙东、同孚、美国、同乐、芷江、九星、中华、虹口、光明、新新、红星等十五家，均演夜戏。

　　沪剧院：中央、恩派亚、新都、庐山、皇后（非皇后电影院）等五家，均演夜戏。

　　滑稽戏：国际、全国、西门、龙门、东方等五家，均每日演日夜两场。

　　话剧院：辣斐一家，每日演二场。

　　彩头班本戏：鑫记大舞台、荣记共舞台、中国大戏院等三家，除星期日有日场外，每日只演夜场。

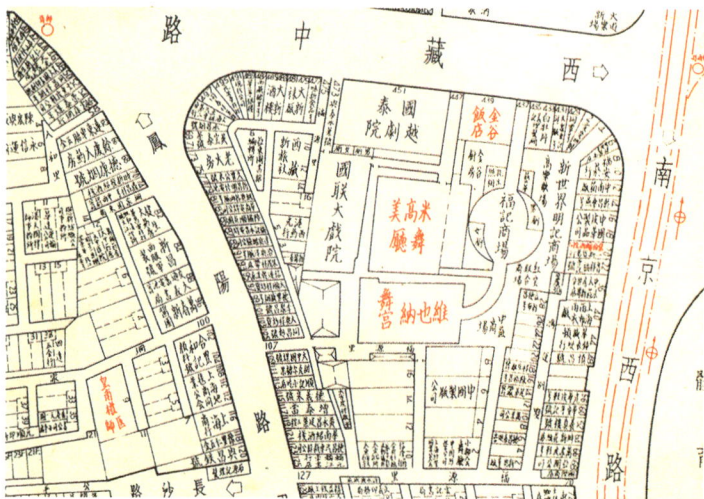

▪ 图3-26，1947年《上海市行号路图录》中西藏中路南京西路口的娱乐场所

京戏班：天蟾舞台、黄金大戏院二家，除星期日有日场外，每日只演夜场，演老戏。

游艺场：大世界、新新乐园、大新乐园、先施乐园、永安剧院等五家，日夜开放，内中玩意很多，就如同当年北平的新世界城南游艺园。[①]

■ 图3-27，周信芳弟子王富英在天蟾舞台演出剧照

游戏场是伴随现代百货商场而出现的新型娱乐方式，有一篇文章介绍了南京路上这些游戏场的演出盛况：

■ 图3-28，永安天韵楼夜景

抗战以前，天韵楼、大世界、小世界、新新屋顶花园、先施乐园、大新游戏场等所谓"游戏场"是曾蓬勃一时、极为热闹的，每当华灯初上，这些游戏场里便拥挤着工友、店员、小贩以及小公务员等所谓小市民阶级的游客，他们在一天疲劳的工作之后，换上了整洁的衣衫，到这里来寻娱乐，舒散一下精神。想想那时的盛况吧，（各种演出）是怎样吸引了观众，喝彩声雷动呢？广大的场子里坐的站的挤满了人，千奇百怪的喝彩声兴奋地此起彼落地从各个角落响应着，轰然宛如沸了大水锅。[②]

① 《上海的娱乐场共计八十余家》，《一四七画报》1947年第4期。
② 游客：《荒凉败落的永安天韵楼》，《评论报》1947年第15期。

抗战胜利之后，天韵楼曾短暂恢复繁荣过，但好景不长，不久便成了小偷、皮条客和流氓的混杂之地，永安公司虽力加整顿，但因沉疴已重，无奈于1947年关闭。

此外，20世纪二三十年代，弹词在上海日趋流行，听书逐渐盖过其他休闲娱乐业的风头。关于评弹在上海的繁荣，苏州颇具盛名的《大光明》报作了如下报道：

> 上海社会繁华淫靡，环境恶劣，在诱人堕入魔渊，有为之青年身处其间，实有虎履春冰之虑。自歌舞之潮歇，即继之跑狗，今乃跳舞与跑狗又告落伍矣。跳舞场除北四川路外，余者泰半均掩舞扉，笙歌消歇，真有六朝金粉、东山丝竹之感。然继之以起者，则为吾苏之弹词，是亦出任所意料者。盖弹词以静集生趣，似不宜于日夜骚动之上海社会也，今乃竟攫跳舞场之席，取而替之矣。初远东辟书场，日夜共八档，日场售洋一角，而夜场殿以滑稽歌剧，售洋二角，开幕后生涯鼎盛，日夕以数百计。而女客独挤，如海上闻人黄楚九之女公子、范回春夫人辈，亦时莅与席也。新开东方旅社，本拟设跳舞厅，嗣见跳舞事业之一蹶不振，乃亦为书场……可谓弹词业中全盛时代矣。而北里中人，尤为独多。据云上海人之心理已渐转移，以游戏场非高尚消遣之所，故喜附庸风雅，以听书为最优雅时髦之事也。[①]

由于娱乐场所众多、娱乐人群庞大，管理问题也随之而来。1935年，上海公共租界工部局加强了对娱乐场所的管控，对建筑、消防、演出等方面作了具体要求：

> 公共租界工部局对于一切娱乐场所如电影、弹子房、地球房、歌唱、书榭、戏院、马戏场、庙会、市集、舞场、妓院等之管理，向照其捐领照会条文办理。兹已重订，自翌年一月一日起实行，其中特别注意者为公众安全问题，如公众娱乐场所，其设计、建筑、设备、维持，以及其营业性质等等，均须满意，市政总捐不得拖欠。对于公众及雇用人等，应有安全设备，卫生条件之中，有禁止痰涕，报告传染疾病等。其他如马戏、市集、舞场、妓院，以及歌场艺员等领照条件，复规定一切雇用人等及其家属，在必须之时应种牛痘。顾客遗失物件，应送至就近捕房，再则在新订章程内，中国戏院以及外国戏院音乐厅等已采用一种联合执照，而原有中国戏院照会中禁止男女合演之条文，在新规定中已予废止。夜间停演时间，亦一律定为上午二时。程序节目及广告品等均须于事前送至警务处总序核阅，此最后之一条，在马戏、市集、

① 墨燕：《弹词在上海暴热》，《大光明》1930年2月12日。

舞场、歌场、书榭等，亦一律施行。而对于电影院管理方法，亦略有变动，电影检查委员会委员有随时至各戏院检查之权。在新规定实施之后，上海娱乐场所当有一番新面目也。[①]

（五）餐饮业与百年老店

商业的繁荣往往带动餐饮业的兴盛，经济的宽裕使得人们热衷对"吃"的追求。近代上海餐饮业以菜肴派系而言，流行的有粤菜、淮扬菜、鲁菜、川菜、徽菜、宁波菜、杭州菜等，还有法国菜、印度菜、俄国菜等外国菜。

1. 沈大成点心店。今南京东路街区内，许多百年老店营业至今。例如沈大成（现位于南京东路636号）创建于清光绪年间，创始人沈阿金为集点心与风味小吃之大成，故取店名为沈大成。沈大成点心制作精细，其中，八宝饭、松糕、馄饨、烧卖被认定为"点心大王"；太白拉糕、双色糖年糕、细沙条头糕、蟹粉小笼、虾肉馄饨等都是特色美食。沈大成作为"中华老字号"名店，享誉海内外。

2. 燕云楼（现位于广西北路288号8楼）创立于1928年，是上海首家经营北京烤鸭的京菜馆，燕云楼的烤鸭技艺，在上海首屈一指。

3. 上海清真洪长兴餐饮食品有限公司（现位于广西北路288号10楼），由著名京剧表演艺术家马连良的二伯父马春桥创始于清光绪十七年（1891年），原为"马家班伙房"，是上海最早的清真羊肉火锅店。1918年，新店主洪三巴将饭店命名为"洪长兴"，并从北京请来一批清真名厨，开始重点经营涮羊肉火锅。历经百年沧桑，洪长兴已经是享誉海内外的"中华老字号"品牌，上海清真行业的龙头企业。

4. 老半斋酒楼创建于清光绪三十一年（1905年），原设于汉口路湖北路口，民国初年迁至汉口路浙江路口，后又迁至福州路600号。该酒楼由开设银行的几位扬州人创办，原名"半斋总会"，后改为"半斋菜馆"，因对门开了一家"新半斋菜馆"，于是又改名为"老半斋酒楼"，以经营淮扬风味菜为特色，主要名菜有"水晶肴肉""煮干丝""白汁回鱼""清蒸刀鱼""清炖蟹粉狮子头"等。

5. 老正兴菜馆创建于清同治元年（1862年），食肆经营者祝正平、蔡任兴合伙开菜馆，以姓名中各一字命名为"正兴馆"。后因冒名者甚多，遂改名为"老正兴"，并冠以"同治"二字。老正兴菜馆以太湖地区盛产之活河鲜为原料，菜肴颇具江南风味，以烹制浓淡

---

① 《公共租界工部局重订娱乐场所管理办法》，《电声过刊》1935年第4卷第46期。

相宜的上海菜为特色，其油爆虾曾获国家金牌奖，以"天下第一虾"美名驰誉中外。从山东路乔迁至福州路556号后，老正兴的建筑融合了古朴与现代的风格，古色古香的门楼诉说着历史的沧桑，现代化的设施、大气的宴会厅展示着都市的日新月异。

6. 上海扬州饭店始创于1950年1月，位于福建中路345号，以经营淮扬风味菜而著称，由长期在银行和私人公馆执厨的莫氏三兄弟（莫有庚、莫有才、莫有源）创建，并逐步形成了闻名中外的"莫家菜"。扬州饭店先后获得"上海名特商店""中华餐饮名店"等荣誉。其中，"蟹粉狮子头""鸡火干丝""水晶肴肉""拆烩鱼头""三套鸭""松仁玉米""炝虎尾""秘汁火方"等分获"中国名菜""上海名菜""部优产品"称号。

夏宜蔬食，窃指大闸之茫然——「功德林」

■ 图3-29，民国时期的功德林

7. 功德林创始于1922年4月初八佛诞节，位于南京西路445号，是名扬海内外的老字号素食餐饮企业，其素食制作技艺被国务院列为国家级非物质文化遗产项目名录，是上海餐饮行业唯一获此荣誉的企业。功德林菜肴选料精细，刀工制作考究，以仿真荤菜极像和口味极佳而誉满海内外，其名品"黄油蟹粉""樟茶卤鸡""罗汉素面""糖醋黄鱼""松鼠桂鱼""素鸭"等均是上海、全国驰名的菜点。

粤菜在上海占据相当重要的地位，自上海开埠后，伴随着贸易中心的北移，许多广州的商人转战上海，粤菜随之在上海流行。杏花楼是上海最出名的粤菜酒楼。

8. 杏花楼创始于清咸丰元年（1851年），最早是一家仅一开间门面的夜宵店，经营广东甜食品和广式粥品，位于福州路343号。1998年杏花楼改制成立杏花楼企业股份有限公司，2002年更名为杏花楼食品餐饮股份有限公司。杏花楼以经营粤菜为主，广东风味浓郁，在发展中又形成了"一菜一格，清鲜香醇"的海派风格佳肴。杏花楼早在20世纪30年代就创始了"特色烟鲳鱼""葱油鸡""西施虾仁""蚝油牛肉"等一批脍炙人口的菜肴，流传至今。如今又对传统招牌特色菜进行了改良，使之更符合现代人的口味，创造出"红焖海豹蛇""肉蟹粉丝煲""椒盐富贵虾""香葱生焗大连鲍""浓汤鸡煲翅""梅酱烧鹅"等名菜。除了供应特色佳肴之外，杏花楼还经营点心、糕饼、腊味等，其中最值得一提的要数杏花楼的月饼。月饼选料考究、皮薄馅丰、酥香可口，豆沙、莲蓉、椰蓉、五仁已成为月饼中的"四大金刚"。

9. 新雅粤菜馆创建于1926年，原名叫"新雅茶室"，系广东南海人蔡建卿所创办。该馆原址在上海虹口区四川北路534号，1932年搬迁至南京路719号。新雅粤菜馆坚持广帮特色，推出了10款招牌菜及20余款特色菜点系列，其特色名菜有："干煎大明虾""蚝皇大鲍鱼""迷你炖八珍""新雅片皮鸭""葱油鸡""菠萝咕咾肉""蚝油牛肉""沙律烟鲳鱼""新雅滑虾仁"等。此外，广式月饼和半制成品菜肴是新雅粤菜馆的两大拳头产品，选料天然，制作精良。新雅粤菜馆及新雅月饼先后荣膺"国家特级酒家""全国十佳酒家""全国放心月饼金牌企业""中国饭店业十佳品牌月饼""上海市文明企业""上海市名牌产品"十连冠等殊荣，新雅广式月饼和新雅餐饮服务商标，均被国家工商行政管理总局认定为"中国著名商标"，新雅粤菜馆从而成为上海餐饮业首家荣获产品、服务"双冠王"的企业。

10. "七重天"的品牌，可追溯到1932年。那年，华侨郭乐、郭泉兄弟在永安公司的基础上又建造了19层的摩天楼——新永安大楼，并在浙江路上空以封闭式天桥与老楼相连，成了南京路上最负盛名的景观。1937年，永安公司成功注册了"七重天"品牌，因其位于新永安大楼的第7层，故得名。旧上海的七重天让人津津乐道的是几个"最"：当时上海最高的建筑；最奢华的娱乐场所；最具标志性的建筑；上海最早的歌舞厅。1984年，七重天宾馆重新开业，楼高16层，客房71间。宾馆设施设备齐全，集客房、餐厅、歌舞厅等休闲娱乐于一体，满足宾客们的不同需求。其中，老上海特色餐厅是上海滩最早的一批景观餐厅。餐厅以纯正的本帮菜肴见长，秉承了本帮菜浓油赤酱的特色，融合了江、浙、粤、川等风味特色，菜品精致，色、香、味俱佳。其经典招牌菜有："雪花牛肋骨""水晶河虾仁""荷香糯米蹄""七重天烤鸭"等深受广大食客们的欢迎。

11. 王宝和酒家原名王宝和绍酒栈，位于九江路555号，创建于1744年，是上海最老的一家酒店，享有"蟹大王，酒祖宗"之称。该酒家以专营绍兴陈年黄酒而著称，供应的花雕、太雕、陈加饭、金波等优质黄酒，香气浓郁，酒味醇厚；其菜肴集各帮之长，尤以经营清水大河蟹闻名。王宝和经营的蟹筵，以特、新、优取胜，烹制的蟹菜风味独特，其中"芙蓉蟹粉""翡翠虾蟹""流黄蟹斗""阳澄蟹卷"尤为著名。

12. 吴宫大酒店创建于1931年，坐落于闹市中心特色文化街福州路431号，是一家三星级涉外酒店。酒店楼高9层，客房160间，是一家集客房、餐饮、商务、娱乐休闲于一体的豪华型酒店。酒店荟萃各地美食，以经典的粤菜、海派菜、川菜为特色，融入创新元素，切合现代时尚餐饮主题。吴宫粤菜特聘港台名厨，形成以燕鲍翅为首的多款精致佳肴。其特色菜还有"蟹粉狮子头""笼仔荷香棉花鸡""水晶虾仁"等。

■ 图3-30，红棉酒家广告

13. 金门大酒店（原名华侨饭店）诞生于20世纪20年代，是当时名流淑媛、精英荟萃的地方。酒店坐落于今日上海最繁华的"中华第一街"——南京西路108号，保留了古朴、典雅的意大利建筑风格，拥有171间各式尊贵客房。酒店生活设施一应俱全，集餐饮、客房、商务、休闲于一体，餐厅由中西名厨主理各式中西名馔，尤以"佛跳墙""鸡汁海蚌"等菜肴为特色。

14. 著名的远东饭店坐落在西藏中路北海路口，远东舞厅与其毗邻，隔西藏中路便是大陆饭店。北海路对面则是东方饭店、东方书场。

15. 红棉酒家由著名爱国工商民主人士盛丕华投资开设，在解放战争期间反抗国民党统治的斗争中，上海民族工商人士和许多民主建国会会员经常在盛丕华的红棉酒家举行聚餐会，讨论时局和斗争策略。

餐饮的发达需要运进大量的原材料来上海。1949年，顾也文在《这都市上海》中，对上海在"吃"上的消耗作了统计：

> 物质上讲，上海胜过任何地方，大批簇新漂亮的汽车、瑞士名表、法国香品、美国自来水笔、英国与澳洲出品的毛绒、各地的土产，本土不易到手的，上海却随心所欲。中国内地是有什么，吃什么，上海相反却是吃什么，有什么。从前已禁止进口的鱼翅、海参、鲍鱼及燕窝四物，三十五年一月至九月，共进口446 514斤，价值十九亿二千三百余元。内鱼翅进口15 554 780斤，海参2 770 978斤，鲍鱼528公斤，燕窝133 419公两，由此可见国人口腹消耗之烈！进口淡奶、炼乳、奶粉总数42 640公吨，合9 380万磅，价值323亿元。还要销售四十万粒胡庆余堂的人参再造丸，咖啡进口有106万公斤。上海特别讲究吃，各地菜各种风味，活着吃饭饱肚子外，还为了塞牙孔，一鸡五吃，西菜中吃。学石崇一样掷万金而无下箸之处，真是"节约由他节约，享受我自为之"，一顿丰美的晚餐，东方淑女就会吃掉你唯一的上衣。[①]

---

① 顾也文：《这都市上海》，《旅行天地》1949年第1卷第3期。

（六）中西合璧的建筑

今南京东路街道所辖区域的商业建筑，明显地体现了中外结合的风格。与上海其地方相比，既有典型的欧洲式建筑，又有在西方文化影响下的中西合璧风格，或有意逆反西方影响的中国传统建筑，体现了中外文明交流中产生的文化融合。

南京路上存留的建筑大多数是在民国以后建造的。上海在 1949 年前共建成 84 幢高层建筑，其中有 30 多幢坐落在南京路及其附近的外滩边上，如南京路东端的沙逊大厦和汇中饭店，中部的惠罗、福利百货公司以及大陆商场，西端的先施、永安、新新、大新等四大百货公司。这些都是典型的西洋建筑，吸收了罗马古典主义建筑特色或欧洲早期现代派风格，或美国式近代建筑风格，但建筑物内部的装饰又分别融进了东方或中国的民族色彩。如先施、永安等百货公司都在建筑物顶部仿照中国传统的庭院式花园布局建造屋顶花园，园中亭台楼阁、花石假山布置得十分精巧。大新公司的书画部也根据中国传统书院的艺术格调，布置成书画室，还特意聘请当时沪上有名的书画

■ 图3-31，1940 年代的南京路

家坐堂，为顾客当堂挥毫题诗或泼墨作画。南京路上的其他建筑物如三阳、邵万生、广生行、四川商店、汪裕记茶庄等则形成了中西合璧的建筑风格，这些建筑往往是以西式格调为主，再从2楼以上配饰中式的临街长轩和雕花木窗，体现出了中国江南建筑的民间色彩和乡土气息。而全羽春、五云日升楼茶楼以及一些典当行等，则完全是中国明清时期的建筑风格，尤其是坐落在浙江路上的五云日升楼，楼高3层，采用重檐屋顶、飞檐斗拱、明轩环楼，配上木格长窗，廊宇之间以宁波式雕花木格明窗和月洞式挂漏相隔。临街是朱漆木栏杆的斜靠长椅，茶客可一边品茗一边倚栏俯视南京东路车水马龙的街景。整座建筑物除了大门和门兜部分采用西方建筑的格调以外，完全是中国传统建筑风格。

总体上讲，当时南京路商业建筑在传统基础上普遍受到了西洋近代建筑的影响。尽管这些商业建筑形式多样，而且是陆陆续续建成的，但它们给人一种十分统一协调的感觉，一种典型的商业街的整体感觉。这些建筑的特点还在于对门面装潢非常讲究，比前一阶段更加注重华丽，在表现上也更加细腻，强调突出商品陈列。同时在建筑设计的平面布局、细部处理和建筑结构上都运用或部分运用了近代西洋的建筑艺术、建筑技术和建筑材料，从而使得南京路显得更加多姿多彩。[1]这也许正是体现了近代上海所特有的一种海派风格。1929年，有人描述对南京路的印象：

　　南京路是上海最最建筑得好的一条马路，用长方形的木块铺成，平而且滑，足以反映灯光；两旁的商店，虽然不能说完全是高大洋房，然而就装潢而言，几乎没有一家不是钩心斗角，力求美观；大百货公司、大绸缎局、大银楼等橱窗里的陈设，五光十色，目不暇接，使人联想到它们的主顾，是怎样的华贵而骄傲；来来往往的汽车，首尾相接，自上午八九点钟起到夜里十一点钟左右的时间以内，在无论哪一段中，绝不有三分钟以内看不到若干车辆在路上奔驰的事实。一到了夜里，两边的电灯光，照耀得这条平坦大道，似镜子一般的反射出闪闪亮光来，深入其中，宛如踏入了玻璃的世界。假使你是徒步而行，而且衣衫褴褛，囊中无钱，那么，放眼看出去，不自觉的要胆小起来，更是莫名其妙的惭愧。她的现象，真是华贵庄严，使穷人们有些不敢逼视。[2]

---

① 王绍周编：《上海近代城市建筑》，江苏科技出版社1987年版，第98页。
② 徐国桢：《从南京路到福州路》，《红玫瑰》1929年第25期。

进入20世纪，一个令人瞩目的现象是本土营造商开始崛起。以往三大公司房屋全请外籍建筑师设计，如先施为德和洋行，永安为公和洋行即哈沙德洋行，新新为鸿达洋行，只有大新公司为华人主导的基泰工程司设计。基泰工程司由关颂声、朱彬、杨宽麟、关颂坚等建筑

■ 图3-32，大新公司配备现代化的自动扶梯、电梯

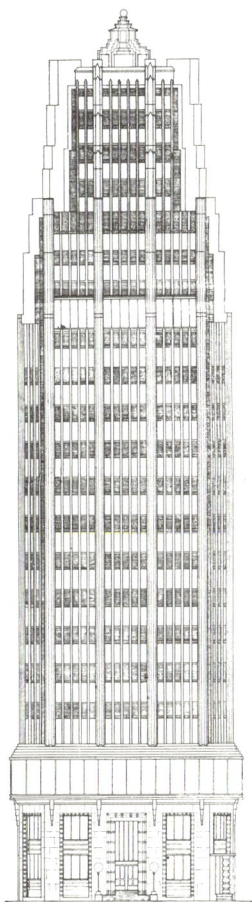

工程师所组织，均系资学湛深之士。[1]

大新公司位于南京东路西藏路口，建筑本身格调非常高，十分考究。全屋用钢筋混凝土搭筑，承建者为馥记营造厂，门面用中国石公司之青岛黑花岗石，钢窗由大东钢窗公司承做，电气工程由美益水电工程行承装，砖瓦用长城机制砖瓦公司的煤屑砖。[2]

公司占地3.6万平方米，是一座综合性的商业大厦，1—4层为商场，5层为舞厅和酒家，6—10层为大新游乐场，顶层还设有屋顶花园。鉴于上海对新式百货商店的需要，大新努力打造全方位的购物天堂。该大厦不仅外部宏伟壮丽，而且室内设施新潮，铺面商场装有电动扶梯，连贯直达三楼，当时曾轰动一时，顾客只须立足其上，即能随梯上下，稳妥迅速。商场各个楼面都装有冷暖气管，可随时调节室内温度。"冬无严寒、夏无酷热，颇有八节常春之象"[3]。所有这些在当时都是国内首创，因此吸引了不少顾客前来参观。

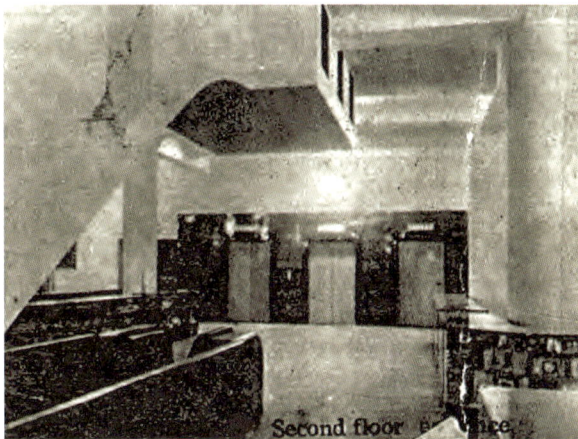

■ 图3-33，上海四行大厦正面样图

① 《上海大新公司新屋介绍》，《建筑月刊》1935年第3卷第6期。
② 《上海大新公司新屋介绍》，《建筑月刊》1935年第3卷第6期。
③ 上海市档案馆、中山市社科联编：《近代中国百货业先驱——上海四大公司档案汇编〈上海大新公司概述〉》，上海书店出版社2010年版，第275页。

四行大厦是今南京东路街区内的著名建筑。所用材料，除钢铁材料为我国所无外，全部采办国产，所用石子，为青岛中国石子公司所产，面砖为泰山砖瓦公司所产，较外货便宜1/3。该大厦所用材料均系最新式，为当时国内最高之建筑。[1]

因为找不到承租方，四行储蓄会于1933年3月创办国际大饭店股份有限公司，并集资80万元，自己承担四行大厦的运营。后来四行大厦便改称国际饭店大厦（简称国际饭店）。四行储蓄会的存户零星的居多，它的广告语便是"聚沙成塔"。而国际饭店建成后，凸显了"聚沙成塔"的效应，不仅各地四行储蓄会的存

■ 图3-34，建造时上海四行大厦构筑钢架摄影

款都大大增加，四行本身的存款也有了增加。不仅如此，在国际饭店的地下1层，还建有号称东亚最坚固、最华丽、最完备的保险库，"全屋以钢柱为管，外壁砌泰山面砖，内壁及地面，则均铺大理石"[2]，库房"四壁为厚二十时之水泥墙，并保以半寸厚之钢板，故稳固异常"[3]。这不仅解决了四行储蓄会的储金保管问题，同时又吸引了一批富人，纷纷将自己最值钱最珍贵的宝物送到该库，委托保管，相当于又带来了一批新的储户。

国际饭店除底层一部分作为四行储蓄会总会、准备总库、上海西区分会、上海地产处及企业调查等各部，2层至19层皆租与国际饭店股份有限公司经营、管理。20层及21层为电机间及水塔，22层作为塔顶租与公共租界救火会作为遥望台。[4] 国际饭店2层为大饭厅，可容四五百客人同时进餐；3层为休息室，4层至13层为旅馆。14层为小饭厅，室外

① 《四行新厦落成》，《申报》1934年11月9日，第11版。
② 《四行西区分会昨迁大厦新址营业》，《申报》1934年11月20日，第11版。
③ 《四行西区分会昨迁大厦新址营业》，《申报》1934年11月20日，第11版。
④ 《四行西区分会昨迁大厦新址营业》，《申报》1934年11月20日，第11版。

则为露天餐厅。15层至18层为公寓，19层为饭店董事会办公室。饭店各层客房"所用家具及饰品，均配色调和，十分富丽；两饭厅内，并设音乐台，餐时奏乐娱客；而中央地板，可供宴舞之用"[①]。国际饭店大楼为旧上海最高建筑物，在20世纪30年代被称为"远东第一楼"。1950年，上海市人民政府将大楼顶中心旗杆确定为上海城市坐标原点。[②]

　　商业的发展和繁荣在一定程度上反映了一个地区的经济发达状况，商业街在某种程度上又是城市社会生活的一个缩影，商业文化更是城市文化的重要内容之一。近代上海是海派文化形成的重要时期，南京路的商业文化也体现出海派文化的精神，它既不保守，又有创新性，不拘泥于一种固定不变的形式，而是不断地以一种革新的精神与变革着的环境相协调。到了21世纪，上海城市发展进入新纪元，本区域仍作为上海最著名的都市商圈而享誉海内外，聚集了众多百货商场、旅馆餐馆、电影院戏院等商业场所，是当代中国的商业重镇，也向世人描绘了一幅百年南京东路街道的商业文化地图。

① 《四行西区分会昨迁大厦新址营业》，《申报》1934年11月20日，第11版。
② 《黄浦物语——黄浦区文化遗产》编辑委员会主编：《黄浦物语——黄浦区文化遗产》，上海辞书出版社2011年版，第124页。

第4章

百年民居与市民生活

城市的主体是人，城市人是一个流动着的生命集合体，在一定区域内，人群的集聚过程、民居的空间变迁，造就了特有的人口结构、城市景观、生活形态乃至民情风俗。岁月悠悠，沧桑巨变。我们在梳理南京东路街区内一幢幢住宅沿革的同时，也尽量揭示出与之关联的那些人与事，进而考察城市景观的形成，复原城市空间的构成，再现活生生的社会场景。发生在这里的这一切，背后凸显出的是时局的变动，结构与制度的嬗变。

第一节　开埠前县城北郊的乡村图景

今南京东路街道辖区，原处于上海旧县城北门外之郊地。1843 年上海开埠之前，这一带荒寂僻野，屋少田稠，人烟稀落，一派原生态的自然景观。先来看几段清人的印象：

> 沪自西人未至以前，北关最寥落，迤西亦荒凉，人迹罕至。[1]
> 北邙一片辟蒿莱，百万金钱海漾来，尽把山丘作华屋，明明蜃市幻楼台。[2]
> 城之北，荒烟蔓草，青冢白杨，其农户烟村，多散处于西南二境。[3]

---

[1] 〔清〕王韬：《瀛壖杂志》，上海古籍出版社 1989 年版，第 7 页。
[2] 〔清〕葛元煦：《沪游杂志》，上海书店出版社 2006 年版，第 197 页。
[3] 〔清〕王锺编，胡人凤续辑：《法华乡志》卷首"序五"。

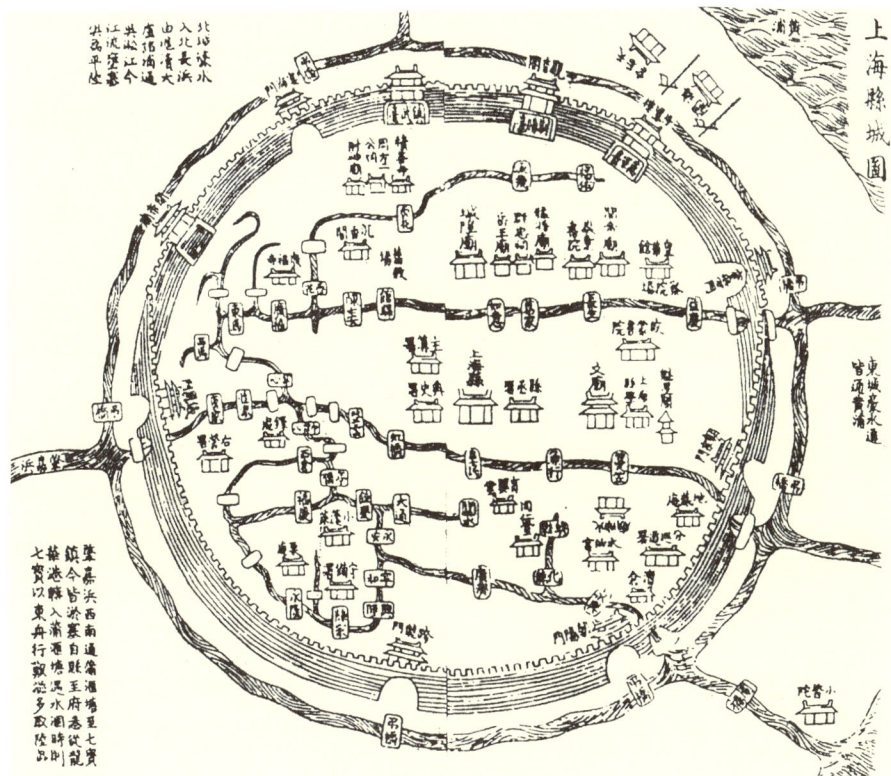

▪ 图4-1，嘉庆年间的上海县城图

西北郭前三十里，年年马鬣起新阡。四郊东滨黄浦，其西北南皆冢墓也，可耕者，仅十之三四。[①]

在清人的记忆中，开埠前上海县城北郊外的景观虽与"杳无人烟""野草冢墓遍生"等词语画上了等号，但并不意味着实际情形全然如此。随着近年来对上海道契资料的深度发掘与巧妙利用，我们对县郊景观有了新的认知。

何为"道契"？它是1847—1927年间上海道台以及北洋政府时期中央派驻上海的特任官员签发给在沪外侨永租土地的契据，就是中方乡民与外国人签署土地永租，转让地产使用权的契约，其契纸称为"出租地契"。因为最初60多年间，租地契约必须经由上海道台核查钤印，方始生效，故而被称为"上海道契"，英文译为"Shanghai Title Deed"。契据一式三份，分别标明上、中、下，上契存领事馆，中契存道台，下契由租地人收执。因县

---

① 〔清〕张春华：《沪城岁事衢歌》，载雷梦水等编：《中华竹枝词》，北京古籍出版社1997年版，第1039页。

城北郊为开埠后英租界发源与扩张之区，故这一带以英册道契居多，道契中载有租赁双方姓名、地块面积、地理四至、年租价格、立契时间等基本信息。借助于这些信息，结合上海县志的记载，我们基本能够以比较客观确凿的证据，将旧县城周郊乡村的细部予以大致复原，或可修正与丰富传统文献所显示的西北郊荒僻不堪的图景。

（一）乡、保、图、圩

明清以降，上海地区实施乡、保、图、圩的土地区划制度，乡下设保，保下辖区，区下又设图、圩。每图①对应一至两个字圩②，以此构成清代上海县县级以下的社会基层组织体系。清嘉庆十年（1805年）后，上海县辖高昌和长人乡二乡，开埠前夕，长人乡领三保，高昌乡领九保。③九保分别为二十二保、二十三保、二十四保、二十五保、二十六保、二十七保、二十八保、二十九保和三十保。每保又各辖若干图，各图后"以其土名析著之"。如上海县邑城及四郊地区所属的高昌乡二十五保，统图十六，详见如下：

> 一图，老闸北；二图，老闸南；三图，旧军工厂；四图，晏公庙头；五图，城隍庙；六图，侯家浜；七图，小东门；八图，大东门；九图，西门外；十图，西门内；十一图，大小南门；十二图，陆家浜；十三图，斜桥头；十四图，五里桥头；十五图，草堂头；十六图，大东门内。④

又如二十七保，主要位于周泾（今西藏中路）以西，跨苏州河与洋泾浜的南北两岸，该保统图十四，详见如下：

二十七保，区一，图十四，县治西。

> 一图：百步桥东北；二图，小马桥西北；三图，陆家观音堂；四图，陈泾庙前后；五图，淡井庙头；六图，淡井庙北；七图，八字桥；八图，静安寺市；九图，芦花荡；十图，新闸；十一图，梅园头；南十二图，沙角头；北十二图，薛家厍；十三图，姚家浜。⑤

---

① 图为清代地方保甲组织中最基本的社区单位，各图以10户为牌，10牌为甲，10甲为保，以此连环互保。王国忠主编：《上海旧政权建置志》，上海社会科学院出版社2001年版，第50页。
② 圩则来自于江南地区圩田的开发，七里、十里一横塘，五里、七里一纵浦，纵横交错，横塘纵浦之间筑堤作圩，水行于圩外，田成于圩内，以此形成棋盘式的塘浦圩田系统。
③〔清〕应宝时等修，俞樾等纂：同治《上海县志》卷一《乡保》，清同治十年（1871年）刊本。
④〔清〕应宝时等修，俞樾等纂：同治《上海县志》卷一《乡保》，清同治十年（1871年）刊本。
⑤〔清〕应宝时等修，俞樾等纂：同治《上海县志》卷一《乡保》，清同治十年（1871年）刊本。

据清同治《上海县志》中的"乡
保区图图"的空间分布，大致可判断
出今南京东路街道辖区所在的县城北
郊，属于高昌乡，坐落于苏州河以南，
洋泾浜（今延安东路）以北的二十五
保二图、二十七保十图、九图。然而，
无论是乡保区图图还是文字描述，我
们从县志中都难以找到二十五保二
图、二十七保十图、九图之间的明确界线。
但在道契档案中，坐落于某保某图的
分地保留了"某字圩、土名、四至定

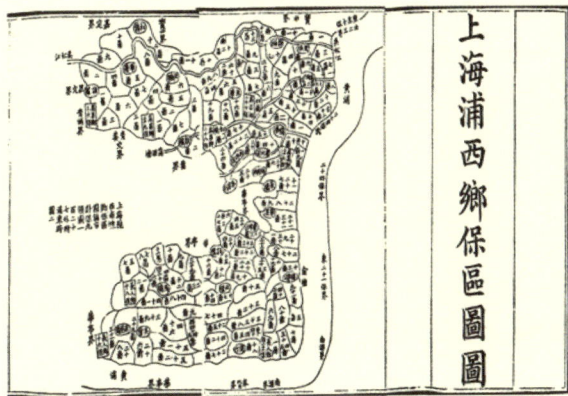

■ 图4-2，清同治《上海县志》中的"乡保区图"

位"信息，因此，我们可以从道契分地的坐落位置反推二十五保二图、二十七保十图、九
图的具体地域范围。先来看分布于二十五保二图、二十七保十图、九图的部分道契信息：

英册第375号第382分地，计21亩5分，咸丰十一年（1861年）四址：北石路，南
高地头，东瞿地，西曹地。坐落于二十五保二图过字圩，在北泥城桥外，土名山家园。

英册第583号第590分地，计3亩5分5厘，同治元年（1862年）四址：北至苏州
河，南至沟，东至宝兴地，西至高地。坐落于二十五保二图过字圩吴淞江南岸，土名
瞿家巷东首。

英册第1491号第8分地，坐落于二十五保二图过字圩，土名胡家宅西首。光绪九
年（1883年）四址：北至福州路，南至汕头路，东至云南路，西至西藏路。

英册第1660号，计7分5厘，光绪十一年（1885年）四址：北李姓地，南陈姓
地，东路，西浜。坐落于廿七保十图念字圩，土名沈家宅。其中的7分1厘1毫，东
至新闸直南官路，南至陈晋华房地，西公浜边，北至李松华己路。

英册第1665号，计5分6厘。坐落于二十五保二图过字圩，土名谢家宅，即福建
路。光绪十一年（1885年）四址：东至席姓地，南至天津路，即致远街，西至福建路，即老
闸大街，北至席姓地。

英册第2426号，计1亩8厘6毫，坐落于二十五保二图过字圩，土名垃圾桥（即
浙江路桥）。光绪二十三年（1897年）四址：东至宝源祥地，西至韩姓地，南至英商
贵礼司地，北至浜岸。

英册第2135号，计3亩8分2厘，坐落于二十七保十图念字圩，土名许家浜东。

光绪二十一年（1895年）四址：东至奚姓地，西至张姓地，南至英册1752号地，北至英册495号。

英册第2477号，计3亩6厘8毫，坐落于二十五保二图过字圩，土名陆家宅。光绪二十四年（1898年）四址：东北两面均至陆姓地，西至小路，南至大路。

英册第2478号，计1亩6厘9毫，坐落于二十七保九图克字圩，土名张园之东。光绪二十四年（1898年）四址：东至公路，西至胡姓地，南至小路，北至英商同孚行。

英册第2523号，计2亩1分1厘5毫，坐落于二十七保十图念字圩，土名池浜桥。光绪二十四年（1898年）四址：东址池浜，西至路并张姓地，南至金姓地，北至马路。

英册第2782号，计4亩8分2厘，坐落于二十七保十图念字圩，土名南池浜桥。光绪二十四年（1898年）四址：东

■ 图4-3，英册道契1002号（中文）

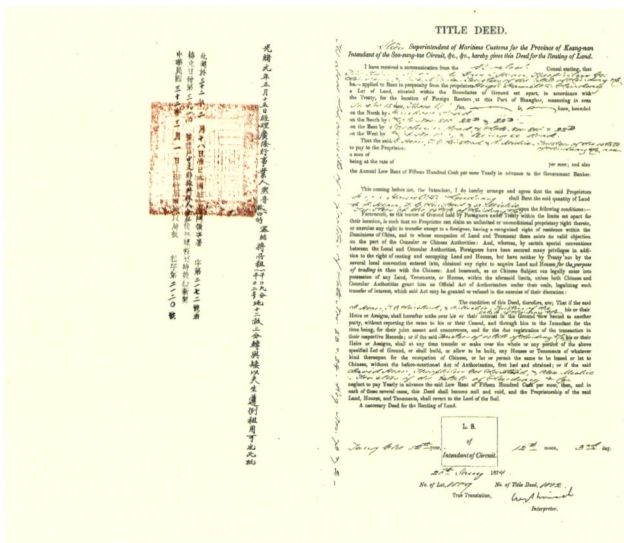

■ 图4-4，英册道契1002号（英文）

至小浜暨张姓地，南至英册1978号地又小浜，西至美册727号地，北至小路。

英册第2820号，计1亩1分1厘8毫，坐落于二十七保九图克字圩，土名桂花园。光绪二十四年（1898年）四址：东、南均至马路，西至该商自地，北至英册1821号。[①]

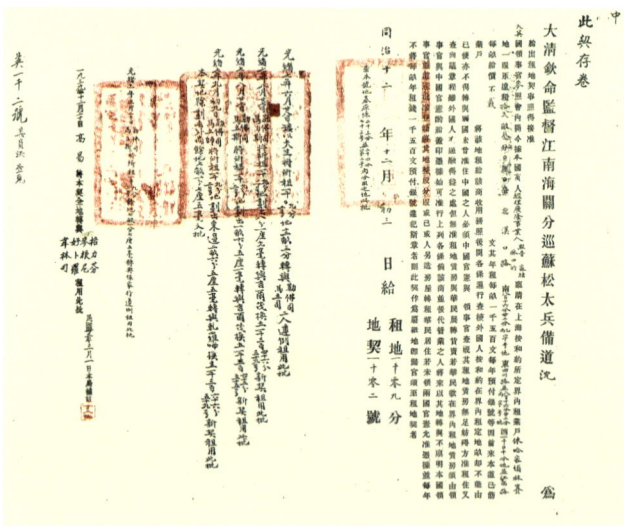

① 参见蔡育天主编：《上海道契》第4—10卷，上海古籍出版社2005年版。

考析这些道契的"土名"与四至坐落，并将之定位在现代黄浦城区地图上，可以看出，今南京东路街区辖境，苏州河以南，延安东路以北、福建中路以西，新闸路——西藏中路一线以东围成的区域，属于二十五保二图过字圩；新闸路——西藏中路一线以西，成都北路以东，凤阳路以北，苏州河以南围成的地区，属于二十七保十图念字圩；而西藏中路以西，成都北路以东，凤阳路以南，延安东路以北的区域，属于二十七保九图克字圩。

（二）村落与业户

如果说道契中的"保、图、圩"反映的是开埠前上海县城北郊基层组织的分布状况，那么其中的"土名""四至"以及地块出租原业户的姓名，则正好反映了当时保、图以下自然村落与田户人口的分布。自然村落是县城外居民基本的生活和生产单位，它们数量众多，星罗棋布地分布于城郊乡野，是乡村景观中的一项重要元素。从相关道契上看，这一带主要有瞿家巷、宋家巷、胡家宅、沈家宅、谢家宅、陆家宅、张家宅、山家园等近 10 个自然村落，其基本信息如下：

瞿家巷，又称"老闸南之瞿家巷"，位于二十五保二图吴淞江南岸，在今福建中路与北京东路相交处附近，北至苏州河。最早见于英册第 583 号第 590 分契（1862 年）。

宋家巷，又称"老闸南之中巷街"，位于二十五保二图内，在今浙江中路以西、宁波路以北的北京东路南、北侧。村落内拥有不少宋姓业户的土地，最早见于英册第 1849 号契（1890 年）。

胡家宅，位于二十五保二图内，东至今云南中路，西至西藏中路，北至福州路，南至汕头路。最早见于英册第 498 号第 505 分契。

沈家宅，又称"新闸桥南之沈家宅"，位于二十七保十图内，在今新桥路以西、新闸路以北地区。最早见于英册第 1660 号契（1885 年）。

谢家宅，位于二十五保二图内，在今福建中路与天津路交界路口，最早见于英册第 1665 号契（1885 年）。因该北部至宁波路附近有"谢家桥"而得名。

张家宅，位于二十七保九图，在今新昌路附近。德册第 187 号地土名为"张家宅之西"，后经转手换立的新契英册第 6269 号契，则记为"张家浜之西"，英册第 2620 号契，则记为"张家宅桥西"。

山家园，位于二十五保二图与二十七保十图交界处，在北泥城桥外。北至新闸路附近，南至今凤阳路，西至今黄河路附近的部分道契均以"山家园"为其村名，此村落内不仅住着"山姓人家"，还有一条"山姓老路"。

■ 图4-5，19世纪南京东路街区一带部分自然村落的空间分布（陈琍绘制）

这些自然村落虽占地不均，规模各异，但有一共通之处：即以家族姓氏为村落定名，反映出上海乡村地区自古以来以血缘为纽带的同宗亲族聚居的传统。与这种"氏族村落"相对应的，还有村落中拥有田产地块的出租者姓氏。在道契中，除了极个别的出租方不是自然人外，如先农坛或官地外，其余都是原住农户人名；且近代道路未出现之前，出租地块的四至也以业户姓氏为标记。如英册第1850号：

二十五保二图过字圩，土名老闸南之中巷街，该地南首隔有宁波路一条，属契内之地。四址：东至石、陈、虞三姓地，西至周姓地，南至石、徐二姓地，北至王姓地。共计价洋四百元正。①

■ 图4-6，开埠初期南京东路街区一带的农户姓氏分布情况（陈琍绘制）

① 参见英册道契第1850号，原上海市房屋土地资源管理局档案馆藏，现藏上海市档案馆。

又如今西藏路桥南堍，地属二十五保二图过字圩，土名泥城桥东，一块面积为23.15亩的土地，分别为周、俞、徐、王、奚诸姓占有，如周朝昆基地原契内有1.189亩，王正英、徐明皋、奚锦堂原契内基地有2.973亩。[①] 从一两份道契来看这些业主拥有的田地，难免分散零碎，多寡不等，但若将上百份道契作一整理，并对应到现代地图上，就可以了解开埠前这一带原住农户的姓氏数量、比例以及空间分布情况。

1843—1861年，苏州河以南、延安东路以北、福建中路以西、成都北路以东的地域内，排名靠前的主要有瞿、吴、奚、山、周、赵、席、徐、张、胡等姓。其中，瞿姓主要分布在今牛庄路以北、苏州河以南、福建路以西地区；吴姓则集中于今九江路以南，福州路以北的浙江中路、云南中路附近；今汕头路附近为胡姓人家，成都北路以东的凤阳路一带为张姓人家；而赵、徐、周、奚诸姓人家，则相对分散于福州路以南，洋泾浜（今延安东路）以北一带。

（三）河浜与土路

上海地处江南水乡，太湖尾闾，濒江环海，朝潮夕汐，可谓"东南之泽国"，境内很早就形成了"枝杈蔓生、盘绕错杂、密密匝匝"[②]的水网景观。然而，在整个水网体系中，可用于行船的一些较为出名的河浜只限于部分干流水道。据清嘉庆《上海县志》记载，在今南京东路街区范围内，主要有以下几条：

> 徐公浦，一名徐公浜，在周泾北，为江水进口溇。
> 乌柏浦，在朱家浜北，通东、西芦浦，徐公浦，寺浜。
> 洋泾浜，东引黄浦江水经八仙桥西流，北通寺浜、宋家浜，西通北长浜，西南通周泾。
> 朱家浜，在寺浜西，东会寺浜及周泾诸水以入于江。
> 寺浜，在牧渎浜西，东通西洋泾浜，西南通周泾、肇嘉浜、入蒲汇塘。
> 此浜与周泾东西联络，为吴淞江达浦之支流……[③]

此外，更多的是那些从干流水系分出来的、无法载舟的支流小水。由于它们太微不足道，往往被时人视为无名无姓的小河浜，以至于在地方志、文集笔记中根本不见记

---

① 参见英册道契第791号,原上海市房屋土地资源管理局档案馆藏,现藏上海市档案馆。
② 熊月之主编：《上海通史》第4卷,上海人民出版社1999年版,第2页。
③ 〔清〕嘉庆《上海县志》卷二《支水》。

载。但若根据道契资料细查这一区域，其实可以发现村落农田中夹杂着不少不知名的小河浜。如：

英册第332号第339分地、第408号第415分地、第436号第443分地、第462号第469分地、第539号第546分地道契，描绘出今北京东路一线的河浜，名为"唐家浜"，可能是周泾（今西藏南路）分出的一条支流，流经西藏中路、浙江中路和福建中路。穿过福建中路后，唐家浜又分成了两股水流，一路往北直接注入吴淞江，另一路折向东南方，与位于今宁波路一线上的另一条河道汇合。

英册第277号第284分地、第221号第228分地道契，则记载了位于今南京东路近福建路口的水浜名为"丁沟浦"。

英册第239号第246分地南至"出浜"、第314号第321分地东至浜，表明福州路以北、云南中路西侧有一小浜。

英册第2135、2354、3967等号道契记载，今新昌路以东、新闸路以南地区，除了常见的"新闸"土名外，还曾以一条名为"许家浜"的河道指称该区域。

英册第455号第462号分地，第1536号、第1782号、第1980号，美册第699号、718号等道契记载，今延安东路以北、成都北路以东、南京西路以南、西藏中路以西的大面积区域，即1860年代后热闹非凡的"跑马厅"，曾有一片土名为"芦花荡"（又记作"芦花塘"）的地方。一到夏天，这里因卑湿泥泞而"满生芦草"，故时人用"北邙一片辟藁莱"[1]的诗句来形容此处风景，颇为贴切。

英册第2523号东址"池浜"，则显示出在今浙江中路与西藏中路之间的吴淞江南岸，有一条河流名曰"池浜"。它在引吴淞江水后向南流，在北京东路的北面向西再向南，通过芝罘路后注入泥城浜（今西藏中路）。结合1864年工部局测绘的上海英租界地图（今藏上海市历史博物馆）还可以发现，在今芝罘路处有一座桥，就叫"池浜桥"。又据光绪十一年（1885年）《上海城厢租界图》显示，在浙江中路与西藏路之间的吴淞江南岸有一个约几十米的缺口，这显然是原来这条吴淞江支流的河口，也由此可见"池浜"在此之前已被填平，"池浜桥"也被拆除了[2]。

道契资料不仅提供了开埠前后的河浜信息，也包含了丰富的道路信息，分为具名与不具名道路两种。具名道路基本上都是新筑的近代马路，容易识别；不具名道路有多种称呼："马路""公路""大路""小路""官路"等。除了"马路"（racecourse）专指跑马场的

① 〔清〕葛元煦：《沪游杂记》，上海书店出版社2006年版，第197页。
② 薛理勇：《上海滩地名掌故》，同济大学出版社1994年版，第263页。

道路（即今南京东路）之外，其他道路多是指开埠前的乡间"土路"。

此时的"公路"，并非现代意义上的道路，而是与"私路"相对而言的公共走道，它对应的英文是"public road"。如光绪二十四年（1898年）交易的英册第2620号（1亩2分8厘），坐落于二十五保二图过字圩，土名张家宅桥西，西、北二面均至"公路"①。因此时已是租界的成熟时期，都还未修成近代公路，所以，这里的"公路"只可能是开埠前就已存在的土路。不过，随着开埠后近代道路不断新辟，道契中也会出现用"公路"指称新筑马路的情况，并非绝对是"土路"。但道契中所谓的"大路""小路""官路"，一般指的是开埠前的土路。

据复旦大学教授周振鹤、博士生陈琍等人对今延安东路以北至苏州河区域内早期道契的统计分析，开埠前这里南北向的土路至少有5条。②其中，分布于今南京东路街区范围内的，主要是建于清康熙十一年（1672年）的石路。石路是当时自嘉定、太仓、昆山、常熟等地通往上海县城的一条重要的陆上通道，因路面曾铺石板而得名，也因附近的防洪石闸而被称为"闸路"。在连接闸路的东西走向上，今北京东路、南京东路、九江路、汉口路、福州路和广东路的东段，曾是6条"出浦大路"。③其中，九江路所在的土路因东端有打绳工场而在开埠前已有"打绳路"之名。该路东接黄浦滩，西至石路，是最长的一条出浦大路，应该也是当时最重要的一条东西向土路。直到近代，其地位才被北面的花园弄（今南京东路）反超。④

① 蔡育天主编：《上海道契》第10卷，上海古籍出版社2005年版，第7页。
② 周振鹤、陈琍：《上海外滩地区历史景观研究（开篇）》，《文汇报》2015年4月24日。
③ 周振鹤、陈琍：《上海外滩地区历史景观研究（开篇）》，《文汇报》2015年4月24日。
④ 周振鹤、陈琍：《上海外滩地区历史景观研究（开篇）》，《文汇报》2015年4月24日。

第二节　华洋"抢滩"与石库门建筑的兴起

　　1843年上海开埠后，未等租地办法正式推出，洋人外商已经迫不及待地"抢滩"上海。从1843年开埠至1847年11月正式签发道契的5年时间中，已有60件左右的土地交易悄然展开。由于英租界建立之初极为注重利用黄浦江的航运便利搭建栈房码头、发展港口外贸商业，所以，最早一批租地基本都东面紧邻黄浦滩沿岸，西界不越今四川中路。当时英租界西边的"界路"是今天的河南中路，但在外国人眼中，只有黄浦滩沿岸至四川路区域内尚具城市景观，至于四川路以西地区仍然被视为乡村。[1]

　　1848年11月27日，中、英双方订立协定，将英租界西面从界路（今河南路）推进到泥城浜（今西藏路），北面从李家场延伸到苏州河。重订界址后，英租界区的四至是：东至黄浦江，南到洋泾浜，西至泥城浜，北到苏州河，全部面积增加到了2 820亩。[2]此后，新签发的道契分地号数自东而西越来越大，新增租地的空间分布也开始往四川路以西延伸。至1854年前后，今福建中路以西一带逐渐有了洋商永租土地的零星交易，较著名者，当属今湖北路、北海路、西藏中路和芝罘路一圈的上海第二跑马场。

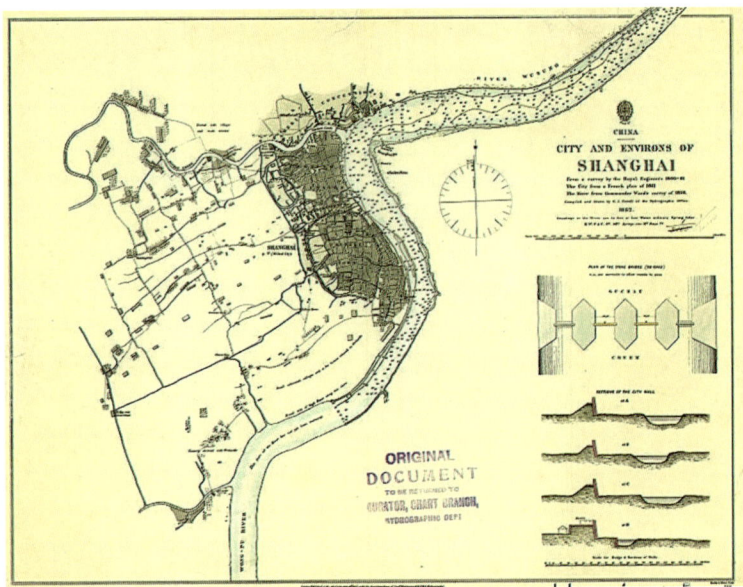

■ 图4-7，1862年上海地图（其中可见第二跑马场位置）

① Francis Lister Hawks：*A Short History of Shanghai being an account of the growth and development of the international settlement*，P.13。
② 蒯世勋等编：《上海公共租界史稿》，上海人民出版社1980年版，第317页。

　　不过，在1850年以前，由于外侨人口数目甚少，福建中路以西区域的洋行永租土地，在用地性质上基本以商业为主，建筑形式以东南亚的"外廊式"为主流，即所谓的"买办式"建筑。这种建筑功能上多为"商住合用"：楼层一般为2层，洋行大班或主要合伙人住在2楼，买办的局所、办公室兼仓库货栈在底层。[1]这就包含了外商全部的生活内容，街区功能极为单调，"没有商店、酒店、酒吧、戏园或其他活生生的街道生活"[2]，更未出现商品化的住宅生产。此种现象，一直到1853年上海小刀会起义和太平军攻占江南之后，才有了明显的改变。

　　清人毛祥麟在《墨余录》中言道："我邑西商之租地也，始于道光壬寅，而盛于咸丰庚申。其始，仅于浦滩搭盖洋房，以便往来贸易。继因粤逆之乱，调兵助剿，请益租地，富商巨贾，于是集焉，而市斯盛矣。"[3]1850年前后，太平天国运动席卷江南，由外国军队武力保护的上海租界成为难民的最佳避难所，大量江浙豪绅富商、地主以及平民纷纷迁入。1853年9月，上海县城又爆发小刀会起义，城内地主豪绅纷纷出城逃难，避入租界居住。一时间，租界成为"通省子女玉帛所聚"[4]。

　　至1854年前后，租界内华人人口暴增至2万以上，[5]土地价格飞涨。在此情势下，许多外商趁机找到生财之道，他们发现"将土地租与难民，或建房屋供难民居住，为有利可图之举"[6]，利润之高，远远大于其他贸易收入，而且资金周转更快更稳妥，几乎不具任何风险。于是，许多外国房地产公司因之而起，投机家蜂拥而至。原来的大班、水手、伙夫、鸦片贩子，摇身一变，全部变成房地产商人。这种近乎疯狂的投资，在美国人霍塞后来写的《出卖上海滩》一书中有形象的描述："以前没有人要的地皮，此刻都开辟起来，划为可以造屋的地盘。难民需要住屋，上海先生们便立刻加工赶造起来。租界范围以内的空地，不多几时便卖得分寸无存。"[7]

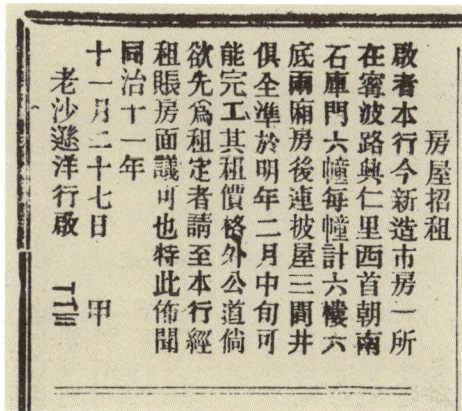

▪ 图4-8，1872年12月27日《申报》刊登的石库门招租广告

① 〔英〕戴斯：《上海租界居住三十年回忆》，伦敦1906年，第50页。
② 李天纲：《从"华洋分居"到"华洋杂居"》，《上海研究论丛》（四），上海社会科学院出版社1989年版。
③ 〔清〕毛祥麟：《墨余录》，上海古籍出版社1985年版，第130页。
④ 《钱农部请师本末》，见《太平天国史料专辑》，上海古籍出版社1979年版，第96页。
⑤ 〔法〕梅朋、傅立德著，倪静兰译：《上海法租界史》，上海译文出版社1983年版，第134页。
⑥ 《费唐法官研究上海公共租界情形报告书》第一卷，1931年版，第58页。
⑦ 〔美〕霍塞著，越裔译：《出卖上海滩》，上海书店出版社2000年版，第40页。

　　尽管这种行为与《土地章程》中有关"外人不得架造房舍租与华人"的规定相悖，但巨额利润却使外商们全然不顾这一规定。从1853年9月到1854年7月，不到一年间，广东路、福州路一带，就建造了800多幢以出租盈利为目的的木板简屋[1]，高价租给逃入租界的华人，这些房租年收益高达投入成本的30%—40%，盈利甚丰，木板简屋一时成了租界土地上最抢眼的建筑群。

　　华人入住之事实既已发生，《土地章程》中原先规定的"华洋分居"原则自然被迫放弃。1855年3月，上海道台颁布《华民住居租界内条款》，允许华人进租界设店并从事各项经营活动，自此，租界"本专为外侨居住而设之原始观念，乃首先以租界外之情势纷扰以及内战方烈，而被改变"[2]，"华洋杂处"新局面正式开启。

　　"华洋杂处"打开了商品化住宅生产之门，专营买地、生产房屋、租赁或出售的行业开始在租界内出现。截至1860年，租界内以某某"里"为名的住宅已达到8 740幢[3]。不过，这些木板简屋是专为逃难华人而造，外国人基本不去居住，且从它们的地域分布来看，"华洋区隔"现象仍以某种形式得以保留。据1864年上海英租界地图所示，当时外国人住宅仍只集中在原有的界路（河南路）以东地区，在河南路与下一条马路福建路之间尚有少量外商住宅，但福建路以西则难觅其踪影。而华人住宅，则密密麻麻地布满在河南路以西区域，特别是从河南路到浙江路、湖北路之间的区域，几无隙地[4]。华人很少染指已被西人占据的英租界东部地区，据美国人霍塞称："（从黄浦滩）再走过二三条直街，方是华人聚居的地方。"[5] 显然，洋商在不失时机地建造简屋大发横财的同时，并没有真正希望与华人分享同一空间，而是尽可能地将自己与逃难而来的华人保持相互间的区隔。

　　早期为应对大量涌入的难民而建造的木板房，成本低廉，施工简单，建造速度快，一般采用联排式总体布局，成为后来上海特色的石库门里弄街坊的雏形。至1864年太平军之乱平定，江南避难人口纷纷回籍返乡，租界人口锐减，致使房屋大量闲置，于是，这种"救急式"的简易木板房停止兴建；已建成者，也因建筑材质易燃起火而被租界当局取缔。待到19世纪70年代以后，随着租界的现代都市辐射效应不断显现，大量江浙富商子弟、退职官员、破产的手工业者、仕途不通的文人士绅将上海视为乐土，再次移居来此。1882至1891年上海的《海关十年报告》这样说道：

① 朱剑城：《旧上海房地产业的兴起》，《旧上海的房地产经营》，上海人民出版社1990年版，第11页。
② 上海社会科学院历史研究所编：《上海小刀会起义史料汇编》，上海人民出版社1980年版，第58—59页。
③ 王绍周：《上海近代城市建筑》，江苏科学出版社1989年版，第75页。
④ 张晓虹：《近代城市地图与开埠早期上海英租界区域城市空间研究》，载《历史地理》第二十八辑，2013年第2期。
⑤ ［美］霍塞著，越裔译：《出卖上海滩》，第50页。

中国人有涌入上海租界的趋向。这里房租之贵和捐税之重超过中国的多数城市，但是由于人身和财产更为安全，生活较为舒适，有较多的娱乐设施，又处于交通运输的中心位置，许多退休和待职的官员现在在这里住家，还有许多富商也在这里，其结果是中国人占有了收入最好的地产。[1]

在此背景下，逐渐出现了比较正规的房地产市场需求。一些早期的著名洋行如老沙逊、怡和、仁记等纷纷投巨资从事房地产经营，从而产生了第一代"石库门"住宅，这就是通常所称的"老式石库门"。1876 年，葛元煦在《沪游杂记》中就对这种新生的石库门的形制、租价有所交代：

> 上海租屋获利最厚，租界内洋商出赁者十有六七，楼屋上下各一间，俗名一撞（幢），复以披屋设灶，市面租价每月五、六、七两银数不等，僻巷中极廉，每间亦需洋银三饼，昔人言长安居，大不易，今则上海居，尤不易焉。[2]

至 1882 年，租界内石库门住宅的出租规模越来越大。且看当时《申报》记载的老闸桥以西，厦门路附近石库门的招租广告：

> 今有在老闸西、保康里北，博经里新造市楼房六十余幢，石库门楼房四十余幢，晒台、后披、井，租价起码每幢二元五角，余者格外公道。倘欲租者，请至博经里口庆记经租账房订租可也。[3]

老式石库门建筑，住宅平面多为三开间二厢或二开间一厢，甚至还有少数五开间的。房间包括起居室、卧室、浴室、厨房，还有晒台、天井和贮藏间，可以供两、三代同堂的一家人居住。其建筑结构多为传统的砖木立帖式，外墙多为石灰粉刷，门框一般也很简单，为条石砌成，无复杂的门头装饰，形式仍留有较强的江南民居的特点。[4] 房子建成后，每隔几排就在四周建起围墙，形成一个住宅小区。出于通行、采光和通风的需要，小区内每两排楼房中间都铺设出一条小巷。这种成排楼房中间有通道隔开的住宅形式，从此被称作"里弄房子"或者"弄堂房子"。[5]

① 徐雪筠等译编：《上海近代社会经济发展概况（1882—1931）〈海关十所报告〉译编》，上海社会科学院出版社 1985 年版，第 21 页。
② 葛元煦：《沪游杂记》，上海古籍出版社 1989 年版，第 14 页。
③《广告栏》，《申报》1882 年 3 月 14 日。
④ 伍江编著：《上海百年建筑史（1840—1949）》，同济大学出版社 1997 年版，第 90 页。
⑤ 卢汉超著，段炼、吴敏、子羽等译：《霓虹灯外：20 世纪初日常生活中的上海》，上海古籍出版社 2004 年版，第 135 页。

"老式石库门"可分为早期和后期两个阶段。据建筑史专家研究，19世纪最后10年和20世纪的最初10年里，上海的里弄住宅基本上都是早期石库门式。[①]从空间分布上说，这种里弄住宅是随租界的扩展方向由东向西发展的，今南京东路街区所在的原英租界作为里弄的发源地，曾保存大量的早期石库门建筑。然而，因年代久远，绝大多数都已拆造翻建，难以看出早年原型，如建于1894年的升安里（今宁波路473弄），建于1900前后的苏州里（今黄河路223弄）、人安里（今牯岭路145弄）、积福里（今宁波路457弄）。至今仍大略保持原始风貌的，如建于1907年的洪德里（今浙江中路599、609弄，厦门路137弄），建于1908年的祥康里（今新昌路87弄、119弄）。

后期的老式石库门，建筑时段主要集中在1910—1919年[②]，在总体布置、单体设计、建筑装饰等方面较早期老式石库住宅有所改进。这类里弄房屋，在今南京东路街区内遗存较多。如建于1910年的怀德里（今凤阳路200弄）、衍庆里（今厦门路230弄），建于1912年前后的懋益里（今新昌路389弄），建于1916年的老会乐里（今云南中路253弄、265弄）、新余里（今新昌路295弄）等。

第一次世界大战以后，随着上海土地价格上涨、城市人口剧增以及家庭渐趋小型化，石库门里弄样式有了一些新的变化。住宅平面由原来的三间二厢改变为单开间和两间一厢，传统的2层楼也开始变成3层。结构多为砖承重墙代替传统的立帖式，造型上不再采用马头墙等传统装饰，墙面多为清水砖墙而很少用石灰粉刷[③]。建筑的细部，譬如栏杆、门窗、扶梯、柱头、发券等，全部采用西方建筑细部

■ 图4-9，北京东路830弄瑞康里，摄于2015年10月15日

① 伍江编著：《上海百年建筑史（1840—1949）》，同济大学出版社1997年版，第90页。
② 李彦涛：《上海传统民居与里弄建筑》，林克主编：《上海研究论丛》（第17辑），上海人民出版社2006年版，第95页。
③ 伍江编著：《上海百年建筑史（1840—1949）》，同济大学出版社1997年版，第91—92页。

装饰的处理手法。^①室内生活设施日臻完善，开始装有卫生设备。这种里弄被称为"新式石库门"（又称"改良式石库门"）。这种里弄在今天的南京东路街区内仍留存很多。

从19世纪末至1930年左右，随着上海总人口从不到100万人增至300万人，租界地区迎来了石库门里弄建设的"黄金时代"。据统计，今南京东路街区的108条石库门里弄中，有98条建于1902—1931年。^②对此，我们不禁要问，这30年中，究竟谁是这些石库门的主人？土地的开发者为何人？房产的所有者为谁？他们有何背景？等等。这就涉及不同时段里弄住宅所在街区比较复杂的权属关系问题。通过梳理相关道契档案、户籍档案、《申报》等资料，这些主导街区房地产权的所有者的面目开始浮出水面。

近代上海房地产市场是由外商发起并主导的。从1869年到1933年，上海绝大多数房地产巨头都是西方人。其中，公共租界以英国房地产商实力最强。著名者如：埃德温·史密斯、托马斯·汉璧礼、亨利·雷士德、霍格兄弟，以及英籍犹太商人沙逊、哈同等。与之相应的知名房地产公司有：英商新沙逊股份有限公司、英商业广地产有限公司、英商泰利有限公司、哈同洋行、德和洋行等。

翻阅相关道契档案，我们发现，开埠前今厦门路街区为"瞿家巷"；浙江中路与宁波路交叉地带早年为"谢家宅"，黄河路、温州路、牯岭路一带则为"山家园"。这三处土地在1860年代以后相继被英商所"永租"（实际就是被收购）。如山家园一带的部分土地，最早于1861年9月为英商雅时顿、喳庇所购；1902年4月被转让给英国天主教会首善堂；1926年4月又被转与英商雷士德；1932年8月，又从雷士德私人手中转让到他旗下的德和洋行。^③又如"瞿家巷"一带地产，最早于1862年为英商汉璧礼所购，之后在1865—1894年间多次被英商依活讨耳、怡和洋行、玛礼逊三方相互转租，且看道契中的记载：

▪ 图4-10，英商房产巨头雷士德

---

① 王唯铭：《与邬达克同时代——上海百年租界建筑解读》，上海人民出版社2013年版，第59页。
② 上海市黄浦区人民政府编：《上海市黄浦区地名志》，上海社会科学院出版社1989年版，第223页。
③ 参见英册道契第375号第382分地，原上海市房屋土地资源管理局档案馆藏，现藏上海市档案馆。

（英册第583号第590分地），英国商人汉必里（汉璧礼）于同治元年（1862年）九月，租业户奚元□、张赵氏等地，计3亩5分5厘，坐落于二十五保二图过字圩吴淞江南岸，土名瞿家巷东首。共钱6 600千文。

同治四年（1865年）十二月，英商汉必里（汉璧礼）将所租第583号第590分地地基，计3亩5分5厘，转与依活讨耳租用；

光绪三年（1877年）六月，依活讨耳将所租第583号第590分地地基，计3亩5分5厘，转与怡和行。

光绪七年（1881年）十月，怡和行将所租第583号第590分地地基，计3亩5分5厘，转与玛礼逊。

光绪十年（1884年）三月，玛礼逊将所租第583号第590分地地基，计3亩5分5厘，转与怡和行。

光绪二十年（1894年）七月，怡和行将所租第583号第590分地地基，计3亩5分5厘，转与玛礼逊、格来登。[1]

▪ 图4-11，犹太富商哈同

1880年以后，犹太富商沙逊家族迅速崛起，其组织和控制的华懋地产公司、上海地产投资公司、远东营造公司、东方地产公司等，形成了一个庞大的地产垄断集团，一度傲居上海房地产业的首位。除了雄踞南京路沿线昂贵的商业地产外，这个家族亦不遗余力地经营里弄住宅。如1887年，爱德华·沙逊伙同新沙逊洋行买办沈吉成，在拍卖行中以17 300两价格购入福州路广西路口的同兴里房产，共占地9.465亩，包括华式两层楼房67幢，洋式两层楼房59幢。同年12月，爱德华·沙逊又以20 500两的代价向沈吉成收取这块房地产的"所有股份连同全部股益"。[2]

1916年以后，另一位出身沙逊洋行的英籍犹太富商哈同异军突起，在公共租界主要街道两旁，

---

① 参见原上海市房屋土地资源管理局档案馆藏上海道契档案，现藏上海市档案馆。
② 上海市房地产管理局藏沙逊洋行档案，档号：乙7457。

尤其在南京路一带占有了愈来愈多的土地，取代了沙逊家族在南京路的"地产大户"地位。据统计，1924—1933年间上海房地产投机顶峰时期，南京路地产大户第一位是哈同，第二位是雷士德，沙逊家族已退居第三位①。当时，在里弄住宅中，凡以"慈"字命名的石库门，如慈裕里、慈庆里、慈顺里、慈昌里、慈丰里、慈永里等，都是哈同的产业。②这些产业，用于自住的很少，主要是用于投资、买卖或出租。如1927年《申报》刊载了哈同洋行在派克路（今黄河路）一处石库门里弄住宅的招租广告：

> 兹有三间二厢房住宅，在派克路665号门牌，16路电车可直达门前，电灯、自来水俱全，油漆全新，房租仅60元。地处中段，进出甚便，因本主人有事出让，现欲廉价招顶，如合意者，请至该处领看后，与哈同洋行袁君接洽可也。欲顶从速，迟恐为捷足者先得，特此露布。③

在外国人支配上海房地产市场后不久，中国的官僚地主、买办、富商们为牟取巨额利润，也纷纷介入房地产业的投资经营活动。从1860年代太平军乱沪开始，我们查阅到上海房地产契约文书中有不少华人的名字。他们在不同的历史阶段拥有不同的住宅，有的是石库门，有的是公寓，还有的是花园洋房。在今南京东路街区所属的原英租界中、西区，华籍房地产商曾是里弄住宅建设中一支不可忽视的力量。这其中，首先以来自浙江的富商群体——湖州南浔"四象"为巨擘。

素有"四象"之称的浙江南浔帮，是指张颂贤、刘镛、邢赓星、庞云曾四大家族。他们原来都是南浔大地主，在乡间坐拥大量土地，并控制着当地的丝、茶市场，因避太平军之乱而来到上海租界。来沪后虽仍经营丝、茶大宗贸易，但最大的投资则是购置房地产。值得注意的是，这四家都不约而同地选择在福建路以西的苏州河南岸一带建宅落户。如刘镛之子刘尊德、刘景德、刘贻德三兄弟于1900年前后在福州路、广西路一带买地造屋，拥有10余条里弄，著名的会乐里、会香里、洪德里、尊德里等老式石库门里弄住宅都是刘氏产业④。张家在1921年前后拥有外滩价值500万元的地产；庞家也在苏州河南岸广置产业，原牛庄路的三星里和成都路的整条世述里都是他家的产业。

① 吴汉民主编：《20世纪上海文史资料文库　第4辑　商业贸易》，上海书店出版社1999年版，第356页。
② 上海市政协文史资料委员会编：《上海文史资料存稿汇编　市政交通》，上海古籍出版社2001年版，第32页。
③ 《吉屋招顶》，《申报》1927年10月29日。
④ 吴汉民主编：《20世纪上海文史资料文库　第4辑　商业贸易》，上海书店出版社1999年版，第374页。

SHANGHAI HEAD POST OFFICE
SOOCHOW CREEK

图4-12，1920年代苏州河繁忙的运输

　　刘家之所以会选择在苏州河以南购地建房，显然与当时南浔丝商依赖苏州河这条最便捷的"水上丝绸之路"销售"辑里丝"有关。因为公共租界濒临苏州河，这些丝商们要跟外国洋行打交道，从事蚕丝外销贸易，很自然地要把他们的丝船停靠在苏州河南岸，因此，他们的住宅也就坐落于此地。如尊德里，弄堂口标识建筑年代为1930年，其实它最早建于1889年，原名贻德里。这条石库门弄堂前门开在厦门路，后门就在苏州河边，水路运输极为便利。弄堂内设有许多仓库栈房，从事出口外销比较方便。

　　与晚清南浔"四象"家族以血缘聚居方式落户苏州河南岸稍有不同的是，民国以后，一些苏州富商则选择发起地缘性的同乡会组织在上海购地建房。如1919年6月，上海瑞泰颜料行经理杨叔英、瑞康颜料行经理贝润生，以及珠宝业董事陈养泉等组织成立了"苏州旅沪同乡会"。该会于民国十二年（1923年）间购定黄河路（旧名派克路）苏州里地产一亩六分三厘，连房屋20余幢[1]，长期出租，作为同乡会的固定收入。从"苏州里"三字命名来看，正是缘于同乡会之名；从这处里弄所在的位置看，同样是颇为倚重苏州河水路之便。不过，这类房地产因系多位富商业主所购置，带有集体产权的性质。

---

[1]　郭绪印：《老上海的同乡团体》，文汇出版社2003年版，第763页。

　　在早年的华人房地产商之中，出身于洋行买办的房地产大业主为数也不少。其中，发迹较早的当属广东香山籍买办徐润。他曾任职于英商宝顺洋行，同治二年（1863年）听取洋行大班爱德华·韦伯、希厘甸的建议，在公共租界"南京、河南、福州、四川等路"陆续购地2 969余亩，造屋2 064间[1]。至1883年中法战争前，徐氏"所置之业，造房屋收租，中外市房5 880间，月收入2万余金，另置地3 000余亩"[2]。这样的记载未免有些夸大，但其参与大量房地产经营活动却是事实。

　　与徐润相仿，程谨轩和周莲塘两人亦是早年买办中经营房地产业的佼佼者。程谨轩，安徽歙县人，木匠出身，早年来沪，后为老沙逊洋行买办，负责修房兼收租。在为该行拓展房地产业务的同时，本人也经营地产，专设"程谨记"。历经多年经营，至1890年前后，他已在公共租界拥有大量的里弄住宅，北京路近西藏路地段、南京东路大庆里、吉庆里、恒庆里等以"庆"字命名的里弄住宅，都属程谨轩所有。其地产估值最盛时曾达到5 00余万元，[3]被人称为"沙（逊）、哈（同）之下，一人而已"[4]，可见实力之强，地位之高。老沙逊洋行另一位宁波籍买办周莲塘，也是著名的房地产商，房产主要集中在福州路、广东路、浙江路一带，规模也很可观，而这一带正是石库门聚集之所。至1930年代，他拥有的房地产总值将近2 000万元。

　　新沙逊洋行第二任买办沈吉成也因房地产投资而暴富。据说沈吉成与一些英国商人聚会时，席间听雇主沙逊和人谈起英租界准备扩张，他认真分析了英租界的现状，以为向西扩展最有可能，因此倾其所有购买了一块土地。不久，英租界果然向西扩展，沈吉成购置的土地被划入其内，地价顿翻数十倍，于是他转手卖出，并将其中一部分资金用于建造商业大楼，另修建了逢吉里（在南京东路广西路转角）、长吉里、永吉里（北京路西藏路一带）。他故世后，其中房地产价值近270余万元。[5]

■ 图4-13，香山买办徐润

① 〔清〕徐润：《徐愚斋自叙年谱》，第18页。
② 〔清〕徐润：《徐愚斋自叙年谱》，第12—13、83页。
③ 上海市档案馆藏上海商业储蓄银行档案：Q275-2-2090 (13)。
④ 成言：《房地产巨富程霖生、程贻泽》，《旧上海的房地产经营》，上海人民出版社1990年版，第67页。
⑤ 马学强、张秀莉：《出入于中西之间：近代上海买办社会生活》，上海辞书出版社2009年版，第184页。

此外，尚有许多买办在境内坐拥房地产，此举数例：裕兴洋行买办丁仲舒拥有延安东路成都路地段多处里弄；谦信洋行买办姜炳生拥有浙江路渭水坊，先托通和洋行经租，后自己管理；永兴洋行买办程崧卿有长沙路大住宅[1]；通和洋行首任买办应子云历经近10年经营，在福州路永乐里，北京东路、西藏中路宏兴里，南京西路业华里等地，拥有相当可观的产业积累，尤其是位于今凤阳路338号的花园住宅——应公馆（现名上海奥太体育办公楼），价值10万两银，五开间假四层，仿欧洲文艺复兴时期巴洛克风格，其豪华与坚固，据说在当时上海滩的花园住宅中，只有外滩汇丰银行可与之媲美。

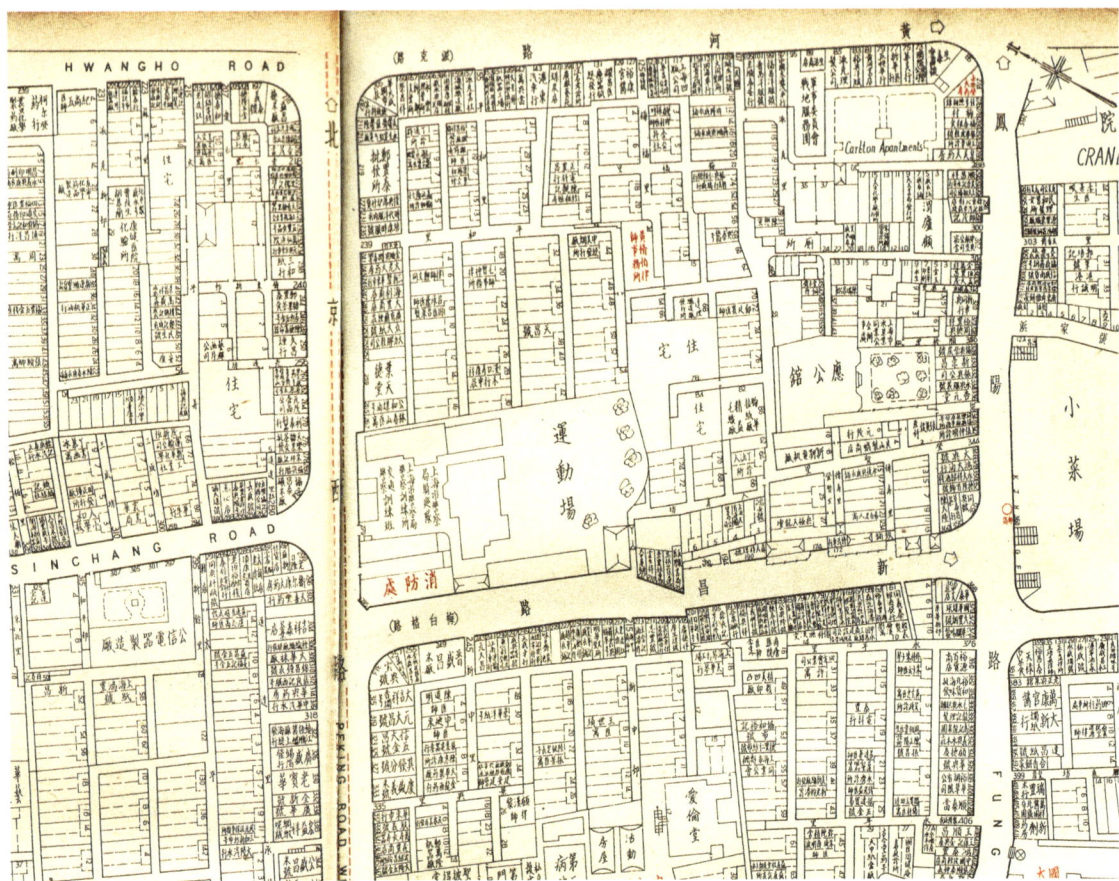

● 图4-14，1947年《上海行号路图录》中的"应公馆"位置

---

[1] 马学强、张秀莉：《出入于中西之间：近代上海买办社会生活》，上海辞书出版社2009年版，第182—183页。

第三节　探寻那些居住者

　　上海城市海派文化品格与精神的形成，与大量的人口居住于石库门这种住宅，以及由此而形成的居住方式，有着不可分割的联系。曾几何时，石库门里弄真正体现了城市的"容器"的特性：在这里，各色人等齐聚，既有富裕的地主、巨商、官僚等上层精英；亦有一般的职员、教员、文人等中产阶级；还有落魄的小贩、劳工、娼妓等下层贫民。在这里，三百六十行齐备，银行、钱庄、烟馆、赌场、妓院、公司、餐馆、浴室、诊所、律师事务所、政府机构等，龙蛇混杂，无所不包。这些背景各异的居住者和他们所从事的职业，随着时代的新旧更替与社会变迁，演绎出了一幕幕长短不一、五味杂陈的人生故事。在这里，我们选取南京东路街区内历史上较具时代性、故事性的若干里弄样本，结合户籍档案、报刊、口述回忆等资料，对百年岁月流痕中的那些人与事作一初步探寻。

（一）石库门人家

　　人们来到一座城市，选择一个街区入住，是经过一番考量的：有能力住什么样的房子，面积多少，价格多少？居住在离城市中心多远的地方？从这个意义上来说，街区内的居住者首先应该考虑他们作为"经济人"的角色。作为"经济人"，居住者一方面要根据自身的经济水平、所处区块的房地售租价格进行衡量；另一方面也要考虑其他因素：如邻居的构成、街区的形态等，能否满足居住者最大化的需求。

　　清末民初著名报人包天笑在其自传《钏影楼回忆录》中说，1906年他从家乡苏州来到上海，准备租一处房子住上一段时间。刚开始，他花了3天时间在当时的"新马路"——派克路、白克路（今黄河路、凤阳路）寻找房源，这一带当时虽已布满新建的石库门里弄，但因人口稠密，空余住房并不多，且"有种种关系，都觉得不合适"[①]，后来他发现一张招租广告，说在北面一点的爱文义路陈家浜（今北京西路成都路）胜业里一幢石库门有空房，于是就寻址而去。以下所引，就是包天笑选择入住胜业里的情景：

---

① 包天笑：《钏影楼回忆录》，山西古籍出版社1999年版，第403页。

　　我叩门进去，有一十八九岁的姑娘，静悄悄的在客堂里做鞋子，容貌甚为美丽（就心理学家说：这个印象就好了），我便说明要看房子，便有一位老太太出迎，领我到楼上看房子，本来是两楼两底，现在只把楼上一个厢房间出租，因为房子是新造不久，墙壁很干净，厢房朝东，后轩有窗，在夏天也很风凉，一切印象都好，我觉得很为满意。

　　我问她租金若干，那位二房东老太太先不说价，详询我家中多少人？是何职业？何处地方人氏？我一一告诉她，她似乎很为合意。她自己告诉我：他们家里一共是五人，老夫妇两人外，一个女儿，便是刚才所见的，还有一子一媳。他们是南京人，但是说得一口苏州话，因为她的儿媳是苏州人。她说："我们是喜欢清清爽爽的，如果人多嘈杂，我们便谢绝了。你先生是读书人，又是苏州人，我们不讨虚价，房租每月是七元。"我立刻便答应了，付了两元定金，请她们把所贴招租，即行扯去。

　　回到旅馆，就与吾妻商量，请她去看过一遍，以为决定。她说："我不必去看了，你以为合适就是了，我在上海，一切不熟悉。"她又说："既已看定了房子，最好能早些搬进去，住在旅馆里，花钱太多，而且实在不便。"上海借房子，就是那样便利，今天说定了，明天便可以搬进去。于是不到两天，我们便从旅馆里迁移到爱文义路胜业里蔡家的房子里去住了。[1]

对包天笑来说，每月房租7元的居住成本，完全是在家庭的承受能力之内。他当时在《时报》任编辑，每月薪水有80元，对比同时期上海普通工人一月的工资已经高出很多。据记载，上海当时一家大面粉厂工人的月薪约为7.5元到10元，[2] 每月房租与工人工资基本抵消。因此，包天笑所租之房是一般工人所承受不起的。

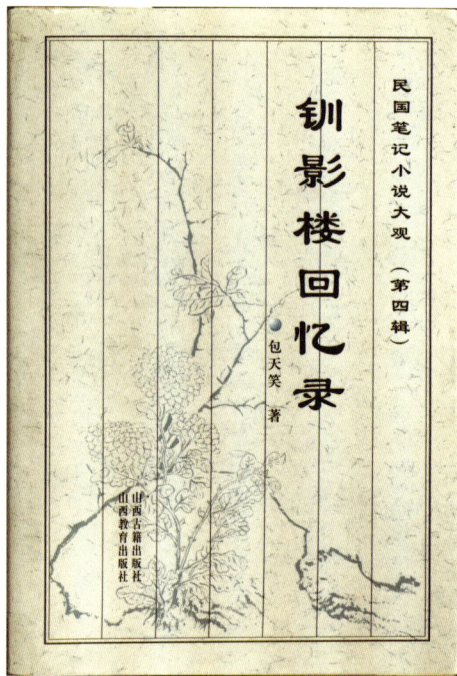

■ 图4-15，包天笑所著《钏影楼回忆录》

---

① 包天笑：《钏影楼回忆录》，山西古籍出版社1999年版，第403—405页。
② 上海市粮食局等：《中国近代面粉工业史》，第323—324页。

除了有足够的经济能力之外，包天笑选择在"新马路"一带选择房源，还有"交友圈""从业圈"方面的考虑。如他自己所说，主要出于三个原因："一则，那地方是著名的住宅区，我有好多朋友和同乡，都住在那个区域里，彼此可以访问和招呼。二则，从前金粟斋译书处，就在白克路登贤里，我在那里住过，路径比较熟悉。三则，曾孟朴小说林编辑所，也在新马路梅福里，此刻虽没有说定，将来恐成为事实，而到时报馆去，也不甚相远。为了这几个理由，我所以向新马路一带进行。"①

这种根据自身经济状况选择和同乡朋友毗邻而居的现象，至20世纪二三十年代开始发生变化。随着来沪人口数量的飞速增长，上海住房市场远远满足不了住户需求，于是"转租"现象渐渐普及起来。从1920年晚期开始，二房东逐渐成为石库门里弄租赁的主角，从二房东那里租房子的房客被称为"三房客"，房子的真正所有者被称作"大房东"。因二房东的产生，房客在选择入住里弄房屋时，不得不多了一层经济关系上的考虑，这也是"转租"现象之所以兴旺的原因——"顶费"。

所谓的"顶费"，最初是指房东在房屋出租时，向房客收取过去房客留下的不能搬动的装修设备或家具等费用，其价值不过是房租很小的一部分。但到了1920年代末，这笔费用实际上已变成为取得房屋租赁权所付费用，比房租本身还要贵。而且这笔顶费通常要以金条计算，房客动辄要花上几根金条甚至几十根金条，才有可能租到房子。这里，我们来看一下当时落户聚庆里的张氏人家是如何支付"顶费"而入住的：

> 我家是在1924年搬入现在的户口所在地新闸路478弄9号，即新闸路成都北路口的聚庆里9号。之前我家就住在离此很近的新闸路613弄的树仁里（后叫经远里），靠近大通路（今大田路）口。当我祖父听到聚庆里开始顶房子的消息时，他跑过来看后一眼相中的是紧靠弄堂口的街面房子。可是当他马上回去拿钱来付定金时，此处已经给人捷足先顶了去了。可见当时街面房子是很抢手的，因为可以楼下开店楼上住家。于是祖父只好挑选了一幢靠近弄堂口、出行比较方便的住家房子，即聚庆里9号。
>
> 就是这样一幢一上一下单开间的石库门房子，其顶费也要高达十根大条子（即一百两黄金）。以后只要按月付房租就可以一直住下去。不过这也是有限期的。在付顶费时就讲好，这房子30年以后要翻造，届时租约就结束了。当然随着时势变迁，直到今天2015年这房子仍未拆除翻造。余生也晚，不知其详，是听我母亲与哥哥讲的。不过我也听祖父亲口讲过，当我家正式搬进来时交所谓"开门费"十块银圆。②

---

① 包天笑：《钏影楼回忆录》，第403页。
② 张景岳口述：《石库门生涯八十年（1924—2003）》，2015年10月。

据张景岳回忆，抗战前一幢石库门里
弄房子的高额顶费，并非一般房客所能支
付得起，有能力顶下来的，一般都是有稳
定职业的中产阶层，他们家也是在来沪几
十年后才能办到。[①]张景岳家在清同治年
间原是江苏江都县农民，后高祖父张振荣
弃农经商，外出谋生，来到六合县。曾祖
父、祖父一辈，在1905年科举废除前后又
到上海经商，住在虹口海宁路沈家湾。至
父亲张步蟾时，家境已较为宽裕，开始与
人合开一家小食品店，到1924年前后已经
可以自己独资开设商店，叫永和烟纸店。
于是，张家才有一定的经济实力顶下聚庆
里9号。

■ 图4-16，聚庆里，摄于2017年6月6日

（二）里弄中的那些住户与机构

著名左翼剧作家夏衍曾在其经典话
剧《上海屋檐下》中描述了20世纪30年
代一群石库门居民的生活，形象地展示了石库门中的各色人等。他们当中有警察、小学教
员、舞女、皮匠、女佣、厨师、报馆校对、餐厅侍者等，这些人物一度还被社会学研究者
公认为上海石库门居民的一个缩影标本。确实，一幢石库门内居住着身份职业差异悬殊的
市民，并非出于文学家漫无边际的想象，相反这恰恰是上海里弄生活的实态。今南京东路
街区中的石库门里弄，绝大部分位于境内西北角，具体分布于西藏中路以西、成都北路以
东、南京西路以北、苏州河以南的区块。这里，我们根据张景岳的口述回忆，先以西北部
的聚庆里（今新闸路478弄）为例，介绍一下1949年前后的部分住户情况：

> 7号住着一位老中医，常州人，虽有点名气，但收入情况一般。所以，他大儿
> 子弃医从商，去榨油厂当了会计，小儿子在中专学校当老师，只有女儿跟他学中医。
> 1953年老中医去世后，女儿便去医院工作了。

---

① 张景岳口述：《石库门生涯八十年（1924—2003）》，2015年10月。

11号住着一位邮政局职员，大概是抗战时才搬进来，会修收音机。解放后一直卧病在家中休养，30多年一直拿着一份不低的病休工资。

13号原来也住着一位开厂开店的老板，后因经营失败而离沪回乡。解放后搬来的是一位做皮革生意的商人。当时货源急缺，皮革价格暴涨，所以他很快从小贩成为富翁。虽然他有银行存款数十万，黄金几十两，但在客堂间里吃饭时却仍坐在小竹凳上，保持着往日简朴的生活习惯。

15号是一位洋行职员，收入颇丰，月薪据说有五百多元，十倍于当时的平均工资。他家是整个聚庆里唯一拥有电冰箱的家庭。1965年时，他家又买了当年极为稀有的电视机，吸引了一大群调皮捣蛋的小男孩趴在楼下前厢房的窗子前大喊大叫，直到邻居与弄堂干部前来指责才散去。

19号是做珠宝生意的，听说专为有钱人服务。他家是整个里弄中十分罕见的整幢房子由他一家居住而没有一间租出去的人家。解放以后，他一直在家操持家务，弄得井井有条，十分干净。他有三个儿子，老大是西药房药剂师，老二原是账房先生，但很早就失业在家，老三在百货店当店员。这三兄弟都早已结婚成家，生育了许多子女，所以这幢房子可谓人丁兴旺。

21号原来住的是一位老板，因生意兴旺，赚钱很多，解放前夕搬到新式里弄洋房里去了。后来搬进来的是一家里弄工厂，叫"水发昌五金厂"。楼下从天井、客堂到灶披间，全部是生产车间，摆了十几台小型的简陋冲床。楼上住着老板一家子。他家搬来之前住得并不好。他家大女儿曾说过，当她第一次睡在棕绷床上时觉得真是舒服极了，因为以前一直是睡地板的。

23号这一家是卖粱饭的，外号"小粱饭"。我曾听他亲口讲起，在邻近的和安小学（后为静安区第三中心小学）毕业后，进了电话公司当接线员。当时（1920年代末），他的英文听力很好，接听一般要求转接的英文电话是没问题的。但讨厌的是常会碰到喝醉酒的洋人，用含糊不清的英文叫他立马转接，稍慢一点不但破口大骂还打投诉电话。他受不了这种气，便辞去工作回家卖粱饭。天井就是他的作坊。他每天下午开始用大淘箩淘米，第二天凌晨两三点钟便生火烧饭，天还没亮他们夫妇俩便推着一大桶粱饭去斜对面马路上设摊，到上午九十点钟收摊回来。他是整个弄堂起得最早的人。不要看他做的是小生意，日子照样过得很滋润，也有能力顶下这幢石库门。[①]

① 张景岳口述：《石库门生涯八十年 (1924—2003) 》，2015年10月。

相比之下，位于境内东南部的怀德里（今凤阳路200弄）在1949年前住的都是一些经济条件位于中下层的工人与小职员家庭，多来自江浙一带。他们的住户信息在户籍档案中有详细的反映。

凤阳路200弄4号楼下厢房（1949年前属上海市第11区15保17甲20户），户主姓王，生于1900年9月，江苏吴县人，高中文化程度，1935年6月从露香园路震鑫里8号迁入本户，原在东方文化电台当播音员，1949年后失业，1958年2月因病死亡。其妻王氏，生于1911年5月，江苏吴县人，初小程度。原先无业，料理家务，1949年后在西芷路大上海对面凤阳路44号合作食堂工作[①]。据户籍登记簿显示，王先生共育有四子三女，均系初中或高中程度，所从事的职业有铁厂车工、食堂职员、电影院放映员等。全家每月靠摊贩收入有10多元，另有部分政府救济金收入，以维持生活。

凤阳路200弄4号楼上厢房（1949年前属上海市第11区15保17甲25户），户主姓郭，1904年9月生，浙江绍兴人，初中程度，来沪前在米店学做生意，1921年来沪，职业为高行农机修配厂包装工，1936年因工作从牯岭路迁入本户。其妻金氏，1913年10月生，江苏海门人，小学程度，职业为中华服装厂第二车间退休职工。夫妇育有一女，1932年7月生，高中程度，在中山东一路27号中国丝绸出口公司当职员，1959年7月从宝山罗店公社四大队迁入本户。全家每月收入约30元。[②]

凤阳路200弄4号后厢房（1949年前属上海市第11区15保17甲21户），户主姓蒋，1921年12月生，江苏丹阳人，小学，印刷技工出身，1934年来沪，先是在荣定装订所，后去江宁路1110号国印五厂工作，1952年10月从凤阳路434弄迁入本户。家庭每月收入50元左右。[③]

里弄生活的混杂，不仅表现在住户身份上的形形色色，还表现为人们将居住和各种商业、娱乐、文教活动交融为一体。"弄堂商店""弄堂工厂""弄堂学校""弄堂药房""弄堂书店"的出现，使弄堂不仅具有居住的性质，还形成了一个独立的小社会。这个小社会中所展示的"上海"，不同于外滩和南京路所展示的上海，也不同于百乐门和先施公司所炫耀的上海。它是由日常生活和凡俗人生所组合而成的，但却是上海最真实和难忘的一部分。以下，我们将南京东路街区内主要里弄房屋中曾经开办过的各类机构作一粗略统计，列表如下：

---

① 参见上海市黄浦区南京东路街道凤阳路200弄2—12号户籍档案。
② 参见上海市黄浦区南京东路街道凤阳路200弄2—12号户籍档案。
③ 参见上海市黄浦区南京东路街道凤阳路200弄2—12号户籍档案。

表4—1 历史上南京东路街区一带主要里弄房屋开办的各类机构

名　称	开办时间	开办地点	负责人	基本情况
利兴烟草公司发行所	1912年	厦门路衍庆里6号	乐斌全（厂长）包赓笙（经理）	出品卷烟（大乾坤、一字、可开、博爱、金星）
福利民公司办事处	1912年	静安寺路（今南京西路）同益里	徐国安、张睿、刘厚生	为福民和利民两家矿业公司合成，公司创办资金为100万元，总部设在南京路民裕里127号
毛锦记电镀金银号	1915年	厦门路鸿兴里	毛锦标	1917年改为毛锦记厂，主要经营镀黄金和镀银业务，镀品为汤匙之类。1940年迁往浙江路，1949年前夕发展为当时人数最多的电镀厂
耀昌医疗器械号	1917年	1921年迁至派克路（今黄河路）协和里	镇海人钟章耀与表兄胡永年	为国人最早创设的专业性医疗器械商行
长生化学制药厂	1920年末	白克路（今凤阳路）祥康里	华美大药房	主要生产家庭常用成药，如"狮球"牌华美十滴水、海力福命丸、疗百肤药膏等
申大染织公司	1939年2月	厦门路尊德里54—56号	周其昌（厂长）、张星玉（经理）	出品粗布、细布、斜纹及各种坯布，电话：96180，91598
德心制药社	1940年代	尊德里29号	陆梦飞（经理）	生产"德心牌"统治油，电话：96990
韩奇逢药房	1940年代	静安寺路同福里1号	刘惟天（经理）	生产黑鸡白凤丸等药品，电话：37228
三友丝绵厂发行所	1940年代	尊德里1号	费凤台	销售丝绵，电话：92068
鼎兴棉织厂	1940年	北京路宏兴里18号	黄世涛	出品被单、毛巾等，电话：92467
茂新纱厂	1942年	牛庄路德兴里4号	谈瑞祥	电话：90311
中国立丰棉毛织造厂事务所	1943年	北京路宏兴里9号	章人伟	电话：94548

（续表）

名　称	开办时间	开办地点	负责人	基本情况
天申物产股份有限公司	1944年6月	尊德里40号	旅沪津粤客商及本市实业界人士	资本总额2 000万元，分为20万股，每股100元
汽灯厂业	1946年	衍庆里14号	陈光麟、王鹤堂、周名德	电话：97775
皮件业	1946年	衍庆里14号	腾延陵等	电话：97775
皮鞋业	1946年	贵州路逢吉里12号	周毓孚等	电话：92566
华美内衣厂	1947年	衍庆里35号	邵孝芳	未详
宏源钱庄	1943年10月	宁波路萃祥坊9号	朱瑞祥（董事长）	资本总额为600万元，分为6万股，每股100元
尚古山房	1911年	先在牯岭路人安里10号，1918年迁白克路（今凤阳路）德华里	丁云亭、于浩先后主持	出版物有字帖、四书五经、医卜星相书籍，兼印彩色画片、贺年卡等，畅销全国，远及日本、朝鲜、越南、新加坡及南洋一带。1947年丁云亭病逝，其子丁浩继承父业。1956年并入上海古籍书店
昆仑书店	1928年	原在浙江路北京路的保康里，后迁白克路珊家园39号	李达、邓初民、熊得山等创办	是一家偏重于马列主义经典著作，及以政治经济学、社会科学方面论著为主的书店
汗血书店	1933年	白克路（今凤阳路）同春坊37号	国民党官办	发行人为刘达行，出版的图书大多是政论性质的
珠林书店	未详	人安里16号	杨克斋	未详
《周报》杂志社	1945年9月	尊德里11号	唐弢、柯灵、刘哲民、钱家圭四人合办	宗旨是"加强团结，实行民主""无党无派"，更无政治成见的立场。创刊后，得到上海文化界爱国知识分子的有力支持，成为当时反内战、反饥饿运动中最早的民主刊物。1946年，由《周报》《文艺复兴》《活时代》三家杂志社合并扩建成为上海出版公司

（续表）

名　称	开办时间	开办地点	负责人	基本情况
新中国画书社	1948年	尊德里41号	黄秀珍	出版连环画为主
新中国医学出版社	1948年	人安里14号	章巨膺	未详
新群出版社	1945年10月	梅白克路（今新昌路）祥康里3号	陈其尧（经理），叶以群（总编辑）	主要出版文艺著译，如有沙汀的《困兽记》、艾芜的《江上行》、徐迟的《狂欢之夜》，1953年并入上海新文艺出版社
宁波文物社	1948年	人安里12号	汪兆平	未详
《明星日报》	1933年1月	人安里33号	沈雁秋	该报四版的主编分别为苏三、陈蝶衣、张超、郑逸梅。该报还曾举行影星选举，选出胡蝶为"电影皇后"
《福尔摩斯》	1926年7月	协和里	吴农花	小报，内容以社会新闻为主，以载大报之不敢载的社会秘闻而著名
《罗宾汉》	1926年12月	尊德里4弄39号	朱瘦竹、周世勋	戏剧小报，初期内容兼电影、戏曲、演艺三类，1928年后改革为专业的戏剧报，深受广大戏迷和普通读者的欢迎，1949年6月停刊
《花花世界》	1933年9月	云南路老会乐里32号	未详	所在的会乐里为旧上海闻名的"风化区"，所以小报内容主要为十里洋场的风月艳闻
《潮流日报》	1933年11月	宁波路永平安里	潮流日报馆发行	日刊
《钻报》	1928年9月	新闸路鸿福里	未详	三日刊，主要内容为轶闻
《飞报》	1946年10月	凤阳路同春坊35号	郭永熙、曾水手、陈亮	1949年前上海为数不多的日刊综合性小报之一，拥有包罗万象、娱乐休闲的特点，也有独到的办报宗旨和坚定的政治立场

（续表）

名　称	开办时间	开办地点	负责人	基本情况
《今报》	1936年11月	牯岭路人安里29号	未详	起初为日刊，1939年后为三日刊，综合性小报
华东通讯社	1930年8月	牯岭路人安里33号	沈秋雁	未详
中国大陆通讯社	1930年5月	宁波路积福里73号	刘宜之	未详
神州医药总会	1912年冬	尊德里6弄86号	上海医界名流颜伯卿、葛吉卿、丁甘仁等	民国时期成立较早，规模较大，维持会务时间较长的全国性中医团体
乐文社	1936年11月	同益里10号海关俱乐部	中共江海关地下党支部外围组织	乐文社分设海关业务学习组、时事座谈组、文艺研究组、话剧组、歌咏组、关声编辑组等，宗旨是加强华员同人团结，联络感情，切磋业务，增进业务修养
萌社票房	1936年12月	牯岭路人安里14号	陈文良	未详

资料来源：许晚成编：《战后上海暨全国各大工厂调查录》，龙文书局1940年版；蒋乃镛编：《上海工业概览》，学者书店1947年版；吴国桢：《上海市年鉴》，1946年版；上海市商会编：《上海国货厂商名录》；熊月之主编：《上海名人名事名物大观》，上海人民出版社2005年版；王敏：《上海报人社会生活（1872—1949）》，上海辞书出版社2008年版；洪煜：《近代上海小报与市民文化研究》，上海书店出版社2007年版。

（三）早年革命者的故事

据包天笑记载，今黄河路、凤阳路一带里弄在清末曾是知名报人、通俗小说家以及一些著名译书机构的集聚之所。其实，这些办报人与书报出版机构大部分是晚清维新派与革命派活动的产物。从具体的里弄看，出版机构主要分布在泥城桥地段的福源里、梅福里、昌寿里、余庆里4处，最早可追溯到1896年冬由蒋伯斧、罗振玉等人在梅福里发起成立的农学社。该社通过翻译东文、西文农书农报，倡导"广树艺、兴畜牧、究新法、浚利源"。1897年，梁启超来到上海，协助汪康年主理《时务报》，也住在梅福里，同住附近的还有马相伯、马建忠兄弟。据《梁任公先生年谱长编初稿》中梁启勋所写的《曼殊室戊辰笔记》记载：

丙申（1897年）七月，《时务报》出版，报馆在英租界四马路石路，任兄住宅在跑马厅泥城桥西新马路梅福里，马相伯先生与其弟眉叔先生同居，住宅在新马路口，相隔甚近，晨夕相过从。[1]

1898年，罗振玉因农学社缺乏翻译东西各国农学书报的译才，又与汪康年等人设东文学社于梅福里。当时，刚入《时务报》担任书记校雠（相当于现在的文字编辑）不久的王国维，商得汪康年的同意，以半工半读的方式，利用每日午后三个小时走到梅福里东文学社上课，补习日语"二年有半"，并在上海、武昌等地"迻译东西各国农学书报"。这一时期，中泥城桥西首的昌寿里也成立了一个维新学会，这就是1897年由恽积勋、恽毓麟、陶湘等人创立的译书公会。他们同时创办了《译书公会报》，聘章太炎、杨模为总主笔，"以采译泰西东切用书籍为宗旨"，传播西学，以开民智。

■ 图4-17，主持梅福里东文学社时的罗振玉

庚子事变与《辛丑条约》签订之后，清廷威信全失，革命风潮涌起。1901年3月，蔡元培、蒋智由、林獬、叶瀚、王季同、江德渊、乌目山僧等集议，发起中国教育会，会址设于泥城桥外福源里21号，"表面办理教育，暗中鼓吹革命"[2]，该会起初尚无具体的兴学计划。直到1902年夏才开始自办学校。

当时，上海南洋公学校方压制学生言论自由，激起所谓"墨水瓶事件"的学潮，200多名学生愤而退学，中国教育会遂决定收容退学学生，于1902年10月为之设立"爱国学社"，"予以经济及教员之赞助"，校址就设在中国教育会所在的福源里，于是，两者之间成为"二而一、一而二的机构"[3]。学社推蔡元培为总理，吴稚晖为学监。常以"国民公会"名义在张园集会，并利用《苏报》作为阵地宣传革命主张。

■ 图4-18，在梅福里东文学社补习的王国维

① 丁文江，赵丰田编：《梁启超年谱长编》,上海人民出版社2009年版，第38页。
② 蒋维乔：《中国教育会之回忆》,《东方杂志》第33卷第1号，第8页。
③ 唐振常：《唐振常文集》第2卷,上海社会科学院出版社2013年版，第36页。

■ 图4-19，1902年11月，以南洋公学退学学生为主体的爱国学社在上海南京路福源里举行开学典礼

1903年，蔡元培、蒋智由、林獬、乌目山僧等人以"教育女子，增进其普通知识，激发其权利义务之观念"为宗旨发起的爱国女校，亦从白克路登贤里迁至泥城桥福源里，与中国教育会和爱国学社同在一处。同年7月，"苏报案"发，章炳麟、邹容等被捕，爱国学社被迫解散，爱国女校则坚持到1908年才停办。《苏报》被查封后一个月，即1903年8月7日，原《苏报》和爱国学社部分革命志士章士钊等人又在梅福里（今黄河路125弄，近凤阳路），租了一楼一底，办起了新刊物《国民日日报》。撰稿人有张继、陈去病、苏曼殊、陈独秀、柳亚子、高旭、刘师培等。该报继承《苏报》反清排满的革命思想，发行之后，曾风行一时，时人均称其为"《苏报》第二"。

1903年，沙俄侵略东北，久不撤兵，致使中国边警日益严重。蔡元培、蒋维乔等人再办《俄事警闻》，专门刊载沙俄侵东三省消息，以唤起民众警觉。社址初设新马路华安里703号，后迁昌寿里52号。1904年日俄战争爆发后，《俄事警闻》停刊，改为《警钟日报》，撰稿人为林獬、林宗素兄妹及刘师培、陈去病等中国教育会那一批人，他们继承了

《苏报》与《国民日日报》的革命立场，利用国土沦丧，
抨击满清朝廷。至 1905 年 2 月，《警钟日报》再次被朝廷
封禁。

至于余庆里（今北京西路 1221 弄），亦是中国教
育会的一个秘密联络地点。1903 年爱国学社被取缔
后，中国教育会将此处用于接待来往的日本留学生及
国内留学生，这些人基本上都是来串联革命的。凡日
本留学生路过或借此处活动，中国教育会一律以爱国
女校教师的名义予以接待，所以余庆里也是革命党人
的主要聚会活动点。

1904 年 10 月，华兴会准备趁庆贺慈禧大寿之际，发
动起义，占领长沙。孰料有人泄密，湖南巡抚下令全城

▪ 图 4-20，蔡元培

▪ 图 4-21，余庆里，摄于 2017 年 6 月 6 日

戒严，大肆搜捕革命党人。作为华兴会领袖的黄兴，被清廷捉拿甚急。在长沙圣公会牧师黄吉亭的掩护下，黄兴转移至圣公会，藏匿将近一周时间后，才乔装成海关办事员乘轿车潜出长沙城，于11月初成功易装潜往上海。至沪后，通过张继与章士钊，中国教育会接待了黄兴一行，将之安置在余庆里。

不久，黄兴召集华兴会员及在沪革命志士以余庆里为秘密驻地，图谋再举。1904年11月7日，黄兴、刘揆一、杨毓麟、陈天华等40余人在余庆里召开大会，决定分头发动大江南北的学生和军队，策划在武汉、江宁等地举行起义。不料，11月19日，革命党人万福华在英租界行刺广西巡抚王之春时，手枪失效，行动失败，身陷囹圄。章士钊因事先参与密谋，得知万福华入狱消息后非常焦虑，第二天就到监狱探望万福华，却一时大意暴露了余庆里的地址。清政府跟踪追击，在余庆里机关内搜出手枪、炸药、名册、会章等物，清兵按册拿人，捕去黄兴、张继、章士钊等13人。入狱后，黄兴没有暴露真实身份，不久获释，与刘揆一等华兴会成员东渡日本，华兴会的革命活动从此转向海外。

从《苏报》、爱国学社、《警钟日报》，到余庆里革命会议，可以看成是一个系列。从人员构成来看，以蔡元培为首的中国教育会成员从头贯尾；从活动地点来看，同在泥城桥地段的福源里、梅福里、昌寿里、余庆里从始至终见证了清末那一幕幕波谲云诡的时局。

第5章
寻访红色文化

　　红色，是一种彰显激情与活力的颜色，更是一种象征革命与奋斗的颜色；红色文化，是中华优秀儿女用赤诚与生命书写的国家之爱、民族之光、人民之音，凝聚着中华民族由危亡走向新生继而迈向辉煌的厚重历史。地处上海"城市之心"的南京东路街区，自近代开埠以来，始终伴随着这座城市在屈辱中觉醒，在侵略中抗争，在压迫中追求解放的历程，一度成为中共领导爱国民众反抗西方列强压迫、高扬民族主义的前沿阵地；同时，凭借着租界独特的"缝隙效应"与"孤岛效应"，这里也曾是中共早期地下革命活动的隐蔽战线所在，还是抗战时期左翼剧联上演进步影剧的重要舞台。"五卅"惨案流血处、中共中央秘密印刷厂、中共中央政治局旧址、黄浦剧场、《中国青年》编辑部旧址……一幕幕铁血般的峥嵘往事在此上演，一个个荡气回肠的英雄故事在此传颂，一处处催人奋进的红色遗迹在此闪耀，共同融汇成磅礴厚重的红色记忆。

第一节　从"五四"到"五卅"

　　如今的上海，并无"南京路"一名，只有"南京东路"和"南京西路"。通常所谓的南京路，广义上包括南京东路和南京西路，东起外滩，西迄静安寺；狭义上专指南京东路，即1945年租界被废除以前的南京路。现在的南京西路则是过去的静安寺路。

　　著名史学家熊月之有言，南京路"她有纽约曼哈顿的高，巴黎香榭丽舍的雅，伦敦牛津大街的华，北京长安街的庄，集世界许多名城名街的特点于一身，但哪条名街都没有

■ 图5-1，1930年代的南京路

像她这样被赋予那么多的文化内涵。她出生在多灾多难的近代中国，成长在瞬息万变的转
型时期，横亘在中西交汇的黄浦江畔，历史注定她的身世就是一部大书，说不尽，道不
完"[①]。在诸多文化内蕴之中，最为世人所熟知的莫过于民国时期霓虹灯下"十里洋场"之
象征，素以繁华、摩登、物欲横流、购物天堂而著称，这是西方资本主义商业文明在近代
上海的典型代表。然而，与之相对的另一层文化意义相对为人所忽视，那就是，它是近代
上海民族主义的滥觞地。1919年的"五四运动"、1925年的"五卅运动"，都以南京路为
主要的活动舞台，使这条路镌刻上强烈的民族精神与浓厚的爱国情怀。

　　1919年5月4日，"五四运动"爆发。5月份，运动的重心主要在北京，表现为群情高
涨的学生运动。至6月4日，北京政府"大捕学生"的消息传至上海后，很快转化为声势
浩大的市民运动。工人罢工、商人罢市、学生罢课，相互激荡、交相辉映，构画了一幅蔚
为壮观的亡国图存历史画卷。在"三罢"斗争之中，罢课影响固然不小，但罢工、罢市作
用更大。作为上海市第一商业街区，南京路的罢市尤其具有重大的表率作用。

---

① 熊月之：《老上海南京路·序》，《万川集》，上海辞书出版社2004年版，第369页。

其实，早在运动爆发的第 5 天，即"五九"国耻日，南京路上各商店就有过休业罢市之举，以示反日爱国。是日，"全体一例休业者，首推书业，次则药房、钟表、洋货、棉业等。……该地一带，除各书店一律休业外，即仪器、文具各店莫不休业"①。不过，此时尚未形成持续性的罢市风潮。待到 6 月 5 日，在学生运动的压力与鼓励下，上海店员相继罢工，商人相率罢市，由南而北，遂成风潮。先从南市开始，接着波及法租界，再传至公共租界。是日，上海各校男女学生成群结队沿南京路挨户访问，劝告店家罢市。公共租界首先响应者为开设在南京路泥城桥畔的荣昌祥呢绒店。②因为各校学生常去此店做制服，与店员们早已熟悉，一经动员，他们就带头关门。不久，罢市形成连锁反应，南京路上各店家亦一律加入。据蒋梦麟当时的回忆：

> （南京路）各商店有的出于同情、有的出于惧怕，就把店门关起来了。许多人则仿照左邻右舍的榜样，也纷纷关门歇市。不到一个钟头，南京路上的所有店户都关上了大门了，警察干涉无效。③

至 6 月 6 日，福州路、湖北路、广东路、宁波路、汉口路、九江路、北海路、新闸路、浙江路、法大马路（今金陵东路）等处各商店一律罢市。金融界除到期本票外，一律停办。各小菜场除蔬菜、咸鱼外，鲜鱼虾很少，猪羊肉完全不售。法商电车公司、英商电车公司亦有多数工人"请假"，故马路上电车稀少。

南京路罢市最初几日，行人十分好奇，纷纷驻足观望，于是道路为之堵塞。6 月 4 日和 6 日，公共租界工部局先后出示布告："界内治安，必须维持，成群结队，一概不准。"④为了遣散越积越多的驻足观望者，租界当局派出大量巡捕进行驱赶，结果秩序反而更加混乱，双方在公共租界的南京路、浙江路等处多次发生冲突。⑤当时有几十个西捕、印捕和华捕排列成一线，将马路截断，用警棍乱打，企图将群众驱散，被赶群众纷纷爬上永安公司的屋顶，将砖瓦抛掷下去，进行反击。为此，各店户组织了临时劝告队，并与各学校学生、童子军手执"维持秩序、切勿暴动"等白布小旗，劝告路人不要围观。福州路上的升平楼、青莲阁，南京路上的明明眼镜总公司、汇通电灯公司、冠群芳、五芳斋等点心店均备茶点，慰劳马路上稽查察劝的学生、童子军，并欢迎其入内休息。⑥

---

① 《商界对付外交之筹议》，《申报》1919 年 5 月 10 日。
② 中国社会科学院近代史研究所编：《五四运动回忆录（续）》，中国社会科学出版社 1979 年版，第 271 页。
③ 蒋梦麟：《西潮》，天津教育出版社 2008 年版，第 115 页。
④ 《申报》1919 年 6 月 6 日、6 月 7 日。
⑤ 上海社会科学院历史研究所编：《五四运动在上海史料选辑》，上海人民出版社 1980 年版，第 298—300 页。
⑥ 上海市黄浦区志编纂委员会编：《黄浦区志》，上海社会科学院出版社 1996 年版，第 934 页。

■ 图5-2，上海公共租界巡捕合影

　　学生要求商铺罢市，工部局则希望商户营业，处此夹缝中的南京路一带商号均感为难。为了应付军警，从6月7日开始，南京路约150余户商铺，午后集于贵州路报本堂，议定以商家内部理由为由继续罢市，将前几日张贴的"不除卖国贼不开门""不除卖国贼不开市"等字样，转而变为"召盘、清理账目、闭歇"等语。[1]是日，工部局派出全部包打听和大批马巡，沿路撕毁号召罢市和抵制日货的标语、旗帜，并挨户强迫商店开市，然店家在被迫开门后，皆言无物可卖，并不营业，"迨军警去，则一律重复将门闭矣"[2]。罢市期间，先施、永安二大公司资方企图在巡捕保护下开门，但由于店员的抵制，开市图谋未能实现。据报道，"它们所以不能开市，乃是由于两公司只有不到百分之三十的职工回来供职"[3]。

---

① 《五四运动在上海史料选辑》，第384页。
② 《五四运动在上海史料选辑》，第340页。
③ 《五四运动在上海史料选辑》，第387页。

　　自"三罢"风潮掀起后，时有工人与学生队伍，手执旗帜和大幅标语，沿着南京路游行示威，派发传单，这使租界当局大为恐慌。为了恫吓和镇压爱国民众，工部局于 6 月 6 日出动了万国商团和巡捕。万国商团还划定了巡逻的区域："英国连队在中央和老闸捕房，美国连队在虹口捕房，葡萄牙与日本连队在虹口区；工兵连在中央捕房，轻骑队分配到南京路去巡逻。"[①] 他们在福州路上用刺刀驱赶几千名爱国群众，接着"沿福州路而下，将数千名群众驱入湖北路，沿路各个转角处的巡捕也都参与驱逐群众，将他们从湖北路一直赶到九江路"[②]。被驱赶的群众有的头部被击伤，有的被打昏在地，"更多的人被绊倒而遭践踏，而巡捕仍旧不停止地攻击群众"[③]，这种武力镇压的行径充分暴露了租界当局的野蛮行径。

■ 图 5-3，1902 年万国商团在南京路上行进

①《五四运动在上海史料选辑》，第 315—316 页。
②《五四运动在上海史料选辑》，第 317 页。
③《五四运动在上海史料选辑》，第 317 页。

6月10日，即罢市第七日，北洋政府在全国舆论压迫之下，才有罢免曹汝霖、章宗祥、陆宗舆之令，消息到沪，群庆胜利。但南京路一带商界因罢免消息未被核实，于6月11日仍旧坚持罢市。此时，街头秩序逐渐正常，但马路行人仍较稀少，夜晚九时，"如最繁盛之南京路、福州路等处亦见冷淡"[①]。直到6月12日下午，各校学生举着"国贼罢黜""感谢工商界一致""敬请开市"等旗帜来到南京路时，各商店才燃放鞭炮，大呼欢迎爱国学生，当即一律开市，照常营业。至此，"三罢"基本结束。

上海的"三罢"，尤其是商人罢市和工人罢工，对于"五四运动"取得胜利具有决定性的意义，正如上海学联所说："学生罢课半月，政府不惟不理，且对待日益严厉。乃商界罢市不及一日，而北京被捕之学生释；工界罢工不及五日，而曹、章、陆去。"[②]作为上海商业街区的"心脏"，南京路一带的罢市是上海商界观望这场群众爱国运动的"晴雨表"，在全市乃至全国商埠中所起的示范表率作用颇具分量。

自"五四运动"以后，上海租界面貌逐渐随着中国革命形势的发展与日益高涨的民族主义而悄然变化，南京路所象征的外国殖民主义的统治权力开始受到冲击，这里亦不再完全是公共租界当局为所欲为的地方，上海人民已能自发自觉地将之当作集会示威，表达政治意愿的重要舞台。1925年，发生在南京路上的"五卅惨案"，更是将"上海是中国人的上海"这一强大的民族主义推向了极点，并且席卷全国，成为1925—1927年中国大革命的第一个高潮。

从1925年2月起，上海日资纱厂多次发生工潮。5月15日，纱厂青年工人、共产党员顾正红遭日人枪击身亡，激发了上海沪西工人、学生及各界群众大规模的抗议浪潮，但却遭到租界当局的拘捕压迫；而此时上海市民反对公共租界扩张的斗争也正日趋激烈，这两种斗争形势很快呼应汇合，从而点燃反帝风暴的直接导火线。

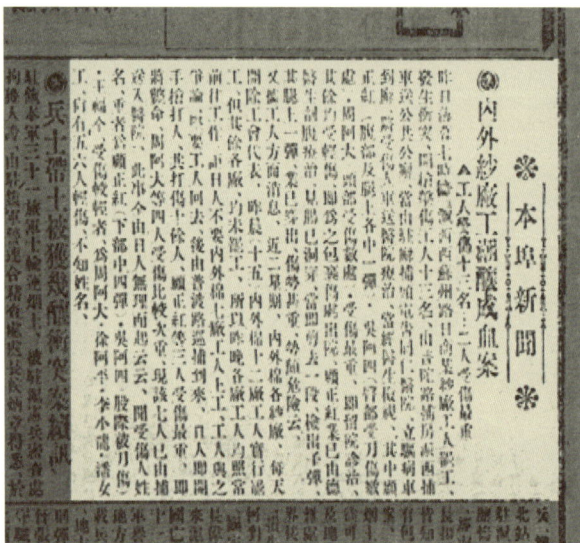

■ 图5-4，1925年5月16日《申报》报道《内外纱厂工潮酿成血案》

① 《上海商界罢市之第六日》，《申报》1919年6月11日。
② 《五四运动在上海史料选辑》，第449页。

5月28日，中共中央和中共上海地下党委根据形势发展，提出将工人的经济斗争同反帝斗争结合起来，以争取一切反帝力量的援助。同时，通过国民党各党部、学联等组织系统深入发动各界群众，号召到公共租界举行群众性的游行示威活动。这一主张很快得到学、工界的广泛响应。5月30日，上海大、中学校约三四千学生和一些有组织的工人整装待发，前往南京路等闹市地段集会、宣传演讲、散发传单。关于游行队伍如何前往公共租界的经过，不少亲历者曾留下详细的记录。如当时参与游行的南洋大学（今上海交通大学）学生姜豪回忆道：

这一天，学生队伍以南洋大学和上海大学等为主。我校队伍集中后，学生会负责人和上大取得联系，大约在下午两时从闸北向公共租界南行，取道浙江北路向南京路前进。当时租界里的气氛很紧张，巡捕不断地抓捕做宣传活动的工人、学生，同学们的心情非常愤激，但是秩序良好，两人一排，队伍很整齐地前进。每一个人拿了一面写着标语的小旗，一边走，一边喊着"为顾正红报仇""打倒帝国主义""释放被捕工人、学生"等口号。从浙江北路到南京路这一段路程中，虽然遇到过巡捕的阻拦，但是我们坚持整队前进，帝国主义租界当局也无可奈何。走近南京路时，我们等待了一段时候，等到上大的队伍前来会合了，我们再继续前进。上大的队伍赶上后，我们两校的队伍就并排在日升楼口向西转弯。这时候工人队伍和沿途群众也都涌上来了，因之游行队伍挤满了整条南京路，车辆交通拦断了。"为顾正红报仇""打倒帝国主义""立即释放被捕工人、学生"的口号声震彻云霄，人们手中的旗子跟着口号声挥舞。[1]

■ 图5-5，1925年5月31日《申报》报道"五卅"运动

---

[1] 姜豪：《亲历五卅运动》，收入上海市政协文史资料委员会编：《上海文史资料存稿汇编》第一册《政治军事》，上海古籍出版社2001年版，第561页。

这种在租界范围内策众反帝、直面抗争的示威游行是工部局从未遇到过的事。惊恐之下，工部局即命派巡捕全体出动，驱赶、殴打、拘捕演讲的学生、工人。但学生、工人毫无畏惧，捕1个马上来2个，捕5个来10个，使巡捕捕不胜捕。一时间，位于大马路劳合路的老闸巡捕房后门口（即今南京东路766号大光明钟表店）竟人满为患，关押了100多人。下午3时许，"时讲演者前仆后继，不稍退却，听讲之群众亦愈来愈众，南京路途为之塞"[1]。成千上万的学生、工人虽义愤填膺地齐集老闸捕房门前，要求释放被捕的群众，但因皆徒手，并无暴动行为。然而，工部局总办竟纵任英捕头目爱霍逊开枪示威，"群众闻枪声纷向后退而途塞，急乱不得出路"[2]。爱霍逊乃"续令各捕向徒手图退之群众开实弹之枪，至四十四响之多"[3]，结果当场打死13人，重伤20余人，南京路上血肉横飞，死伤枕藉，各种惨状令人不忍直视，这就是震惊中外的"五卅惨案"。

牺牲的13人，是何秉彝（上海大学学生，23岁），尹景伊（同济大学学生，21岁），陈兴发（九江路车行车匠，22岁），姚顺庆（谋得利琴行漆工，28岁），朱和尚（洋行职工，16岁），陈虞钦（南洋附中学生，17岁），唐良生（华洋电话局接线生，22岁），谈金福（九江路味香居职工，27岁），邬金华（新世界游乐场职工，15岁），石松盛（南京路大中华电器公司工程部主任，20岁），王纪福（裁缝，36岁），徐洛逢（洋货商人，26

■ 图5-6，"五卅惨案"的流血地

■ 图5-7，下令镇压的时任工部局总董费信惇
（S. Fessenden）

页。
[1] 蔡元培：《五卅殉难烈士墓碑文》(1927年10月3日)，《国闻周报》第4卷第47期，1927年12月4日。
[2] 蔡元培：《五卅殉难烈士墓碑文》(1927年10月3日)，《国闻周报》第4卷第47期，1927年12月4日。
[3] 蔡元培：《五卅殉难烈士墓碑文》(1927年10月3日)，《国闻周报》第4卷第47期，1927年12月4日。

岁），陈兆长（南京路东亚旅馆厨工）。① 除了少数学生外，大部分是出身于南京路一带商行店铺的普通职工阶层。

"五卅惨案"激起上海各界的强烈反应，反帝运动声势进一步高涨。5月31日，首先成立了以李立三、刘少奇为负责人的上海总工会，作为"五卅运动"的总指挥。接着，总工会派人到上海各学校、团体动员罢市、罢课，从而在全市范围内掀起了一场大约25万名工人、20万名商人和5万名大中学生参加的"三罢运动"。

▪ 图5-8，1925年6月2日《申报》继续报道"五卅运动"（局部）

自6月1日起，"公共租界商店罢业者二十七人，工人罢工者三十余万人，罢工期间延长至两阅月"②。同时，上万人上街游行，声势之大，前所未有。租界遂宣布戒严，禁止三人以上结队行走，装甲车上架着机关枪日日巡街，沉寂与恐怖气氛迅速笼罩整个上海滩。当时繁华的南京路、福建路一带，外国巡捕严防把守，华人交通难行，华洋冲突时有发生。据时人回忆：

> 6月1日，我外出察看，各马路除吃食店外，一律关门。南京路与福建路交界处，工人以稻草堆于电车路上，使电车不能通行，印度巡捕前往干涉。11时悉有人将电车上之玻璃窗打破，劝华人不要坐英商的电车，又与印捕冲突……晚膳后，我又外出察看，从福建路起至西藏路止的南京路，断绝交通，由印捕把守……夜间悉南京新世界附近又发生枪击事。3日晨外出，南京路十字路口都有英国兵把守，河南路至西藏路一段，外国人可走，中国人不许通行。绕道至新世界察看昨日轰击的形迹，南部售票处的玻璃被子弹打穿一洞，世界饭店及报馆门口都被击毁。③

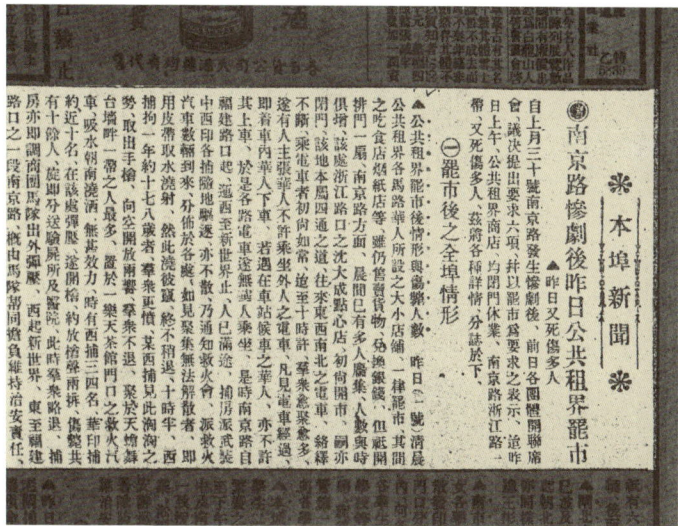

① 熊月之主编：《上海通史》第7卷《民国政治》，上海人民出版社1999年版，第195—196页。
② 蔡元培：《五卅殉难烈士墓碑文》(1927年10月3日)，《国闻周报》第4卷第47期，1927年12月4日。
③ 孙筹成：《五卅惨案交涉经过》，收入上海市政协文史资料委员会编：《上海文史资料存稿汇编》第一册《政治军事》，上海古籍出版社2001年版，第549页。

据统计，"五卅惨案"至6月10日，租界当局前后9次镇压上海人民，被枪杀者共计60余人，重伤70余人。由此造成各地排英运动风起云涌，不约而遍于全国，英人在华商业，一落千丈，一蹶不振，中国租界势力在民族主义的强大冲击下开始进入衰落期。蔡元培曾评价"五卅运动"："中国被压迫群众与帝国主义者之肉搏，由此开始。本党总理孙先生'唤起民众共同奋斗'之遗嘱，乃见诸事实。中国民族在国际上之独立运动，五卅烈士实开其端。"①

---

① 蔡元培：《五卅殉难烈士墓碑文》(1927年10月3日)，《国闻周报》第4卷第47期，1927年12月4日。

第二节　中共早期地下革命场所寻踪

　　1927年"四一二政变"之后，中共中央机关被迫转入地下工作，并从武汉迁移到上海租界。此时期，中共在上海的地下活动曾规定一条原则，即机关社会化，党的各级机关都以商店、住家、医院、写字间等形式出现，住留机关和来往机关人的穿着、语言、活动等，必须符合公开身份的要求。[①] 南京东路街区所在的公共租界中区，具有商业繁荣、华洋人口杂处、机构庞杂以及治外法权的特点，为中共地下组织时常变换身份、转换住处、进行隐蔽的革命活动提供了绝佳的空间。

　　位于今云南中路171—173号（原云南路447号）的一幢钢筋水泥结构的2层沿街楼房，曾是中共中央政治局秘密机关旧址。中共"六大"后，当时在上海的中共中央政治局委员李维汉等，把落实中央政治局机关的秘密处所的任务交给了在上海担任党中央会计工作的熊瑾玎。1928年4月，熊瑾玎很快

■ 图5-9，20世纪30年代熊瑾玎（左图）和朱端绶（右图）在上海

地以商人身份租得云南路447号生黎医院楼上的三间房间，挂出"福兴"商号的招牌，对外声称经营湖南纱布。当时，这座房子就在繁闹的天蟾舞台后面，东面临街有窗，可以看到福州路、云南路一带，进出则从旁边的汕头路弄堂口一条水泥楼梯上下，比较安全。起初，为了掩护需要，组织上安排熊瑾玎的一位长沙老乡朱端绶以老板娘的身份协助承担机关内部事务和抄写与传送中央文件的任务。之后，两人假戏真做，结为夫妻。

---

① 熊月之：《上海城市与红色革命（下）》，《东方早报》2013年8月20日。

图5-10，1946年熊瑾玎、朱端绶所摄中共中央政治局机关旧址

1928年夏至1931年4月，这里成为党中央政治局机关办公地，中央政治局、中央军委、江苏省委的领导周恩来、项英、瞿秋白、李立三、彭湃、李维汉、李富春、任弼时、邓中夏、邓小平等经常到这里开会。一些党内问题，如顺直省委、江苏省委问题的解决，中央对各地红军发出的重要指示，中共六届二中全会、三中全会的准备工作，均在此讨论酝酿。据李维汉后来的回忆：

那时，开会的同志从天蟾舞台西侧云南路的一个楼梯上去，就可以直到 开会的房间。房间内朝西的窗下有一张小桌子，开会时，小平就在小桌子上记录。这个机关从建立起一直到1931年1月六届四中全会以后，都没有遭到破坏。后来，大概由于1931年4月顾顺章被捕叛变，中央才放弃了这个机关。①

1931年4月26日晨，打入国民党中统内部的中共党员钱壮飞获悉顾顺章被捕叛变后，迅速向中央特科报告，周恩来等中央领导果断采取措施，通知熊瑾玎、朱端绶将中央文件、账簿等转移到别处隐蔽。这里是中共中央在沪期间使用时间最长的一处旧址。②1980年8月26日，中共中央政治局机关旧址被上海市人民政府列为上海市文物保护单位。

---

① 李维汉：《回忆与研究（上）》，中共党史出版社2013年版，第186页。
② 中共上海市委党史研究室，上海市文物局编：《中国共产党早期在上海史迹》，同济大学出版社2013年版，第35页。

位于今新昌路（原梅白克路）99号的一幢坐西朝东、砖混结构沿街3层石库门里弄，曾是1930年代中共中央秘密印刷厂的旧址。1931年春，毛泽东之弟、时任中共中央出版发行部经理的毛泽民与钱之光在齐物浦路元兴里（今周家嘴路998弄146—148号）筹建中共中央秘密印刷厂。同年4月，中共中央负责保卫工作的顾顺章在汉口被捕叛变，秘密印刷厂面临暴露的危险。于是，中共中央决定将其转移到梅白克路的一幢房子，并在底楼开设烟纸杂货铺，铺面紧靠街道，可以时刻为楼上秘密印刷的工人提供信息；2楼三个小房间作为钱之光等负责人的住房；3楼则是印刷厂，排字、印刷、装订等设备都隐蔽于此。

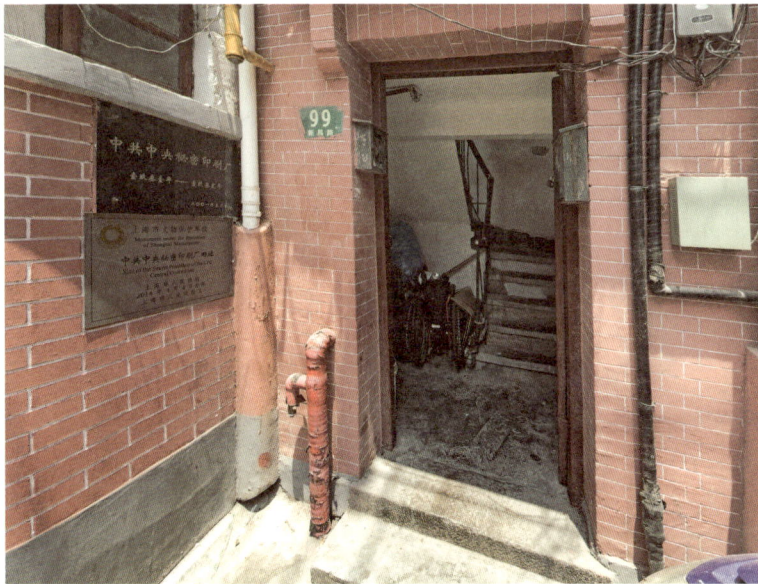

■ 图5-11，新昌路99号中共中央秘密印刷厂旧址，摄于2017年6月3日

中共中央秘密印刷厂的主要领导者为毛泽民，实际负责人是钱之光。为了安全起见，钱之光化名徐之先，以烟纸店老板的身份作掩护开展秘密印刷工作。据钱之光晚年回忆，当时他领导的这个印刷厂，利用周边繁华闹市区的掩护，在极其艰苦的环境下，先后承印了党的许多文件和刊物，在沉寂难耐的子夜，给渴望光明的人们带来了一丝丝光亮。

当时印刷厂从安国路口、周家嘴元兴里转移后，我便找新地方，很快看中了梅白克路的一幢房子（今新昌路99号，即凤阳路口）。后面不远正在新建二十多层的国际饭店，整天施工，机器声、打夯声、号子声连成一片。这里是繁华的闹市区，附近有电影院、跑马厅；前面是一条横街，左右是弄堂，四通八达，进退十分方便。租金虽高些，但这一切很有利于我们搞秘密印刷厂。在这里，我们开设了一个烟纸杂货铺作掩护，还兑换银钱。对于这幢房子，我们也作了合理的安排：第一层是烟纸杂货铺，铺面紧靠大街。一到夜间，两道铁门和木门关上，在木门上开一个小窗口，有人敲门，就打开小窗口探视，是买东西的，就从这个窗口营业；是不三不四的人，我们就采取措施对付。这个地方的地形、环境都较好，印刷厂的规模也比以前大，人员也多些。

在这里，我既是老板，又是二房东，这幢房子是以我的名义全部租下来的，又出租一部分给别人住。这样，印刷厂如果出了什么事，有个缓冲余地，我这个"二房东"表面上与他们没有关系，出了问题就可以多掩护几个同志，减少损失。

此间，正赶上"九一八"事变和"一·二八"淞沪战争，我们的印刷任务也随着形势的变化加重；我们买来了两台电动机，利用屋里的电灯线路，使脚踏印刷机变成了半自动的电动印刷机，这样就大大减轻了劳动强度，提高了工作效率。[1]

这一时期，印刷厂秘密印制出版了苏区来的文件、文章，印制了有关宣传形势、罢工斗争情况的传单，同时还印刷了《党的建设》《红旗周报》《布尔塞维克》《实话》等革命刊物。运送印刷品也极为隐蔽。为掩人耳目，印刷厂的工人们有时装成运送货物，有时把印刷品藏在藤箱、网篮内带出。就是在这样周密的掩护下，秘密印刷厂在白色恐怖笼罩的上海，安然无恙。[2]1932年夏，为避免引起邻居怀疑，印刷厂搬至麦特赫斯脱路（今泰兴路），后又转移至武定路、张家宅路。

1933年以后，尽管中共中央机关迁离了上海，但上海仍然是中共进行地下活动最重要的城市。特别是1937年抗战全面爆发后，中共高层领导人多次乔装化名，秘密来到公共租界，与隐蔽在此的上海地下党组织负责人联络，指示如何冲破国民党封锁，向社会各界宣传共产党抗日救亡运动的

▪ 图5-12，贵州路160号原中国饭店（今上海铁道宾馆），摄于2017年6月3日

① 钱之光：《中共中央在上海设立秘密印刷厂的回忆》，《湖南文史》2003年第5期。
② 中共上海市委党史研究室、上海市文物局编：《中国共产党早期在上海史迹》，同济大学出版社2013年版，第111页。

主张。最著名的一次，要属1937年周恩来化名"伍豪"，来到贵州路160号中国饭店（今上海铁道宾馆），发布坚持抗战的"七月指示"。

1937年7月，中国共产党为了促进国共联合抗日，派出以周恩来、博古、林伯渠为首的代表团到庐山与国民党谈判。途经上海时，周恩来在贵州路160号中国饭店会见潘汉年和中共上海地下党负责人刘晓，作了关于日本全面侵略中国已不可避免，要组成抗日民族统一战线抗日等有关重要指示。具体有以下五点：

（1）日本帝国主义全面侵略中国已不可避免，日本想侵占上海，形势会发生急剧变化，思想上要有足够准备。（2）局势变化后，国民党的反共本质是不会改变的，我们要依靠群众力量揭露国民党的反动本质，把抗战变成真正的抗战。（3）职工运动、学生运动、妇女运动等都要围绕坚持抗战这个总任务放手发动群众、组织群众，充分开展抗日民族统一战线工作。（4）放手搞群众的工作不能离开隐蔽的原则，要注意保存和积蓄革命力量，注意把公开工作和秘密工作结合起来，既要反对关门主义，也要反对冒险主义。（5）党的组织可以发展一点，但不能操之过急。[①]

中共上海办事处和中共上海地下组织根据周恩来的"七月指示"，决定以文化界为突破口，在上海掀起一场声势浩大的抗日救亡运动。

---

① 中共上海市黄浦区委党史研究室编：《中共上海市黄浦区党史大事记（1920.9—1998.3）》,上海社会科学院出版社1999年版,第66页。

第三节　国歌首次唱响之地

　　1930年8月，以田汉、阳翰笙等为首的"中国左翼剧团联盟"成立，标志着中共领导的无产阶级戏剧队伍的壮大。至1935年前后，由其领导的话剧、电影、歌咏活动逐渐成为文化救亡阵线中的重要一翼。作为上海城市的"心脏"，南京东路街区得益于公共租界独特的"缝隙效应"与"孤岛效应"，加之商业繁荣、消费人口集中、娱乐方式时髦，各种大、小影剧院遍布，一度成为左翼剧联上演进步影剧作品、振奋民族士气的重要舞台，为建立文艺界抗日统一战线作出巨大贡献。大、小影剧院中最著名者莫过于金城大戏院（今北京东路780号的黄浦剧场），它是国歌——《义勇军进行曲》首次唱响之地，在上海剧影史上写下了光辉灿烂的一页。

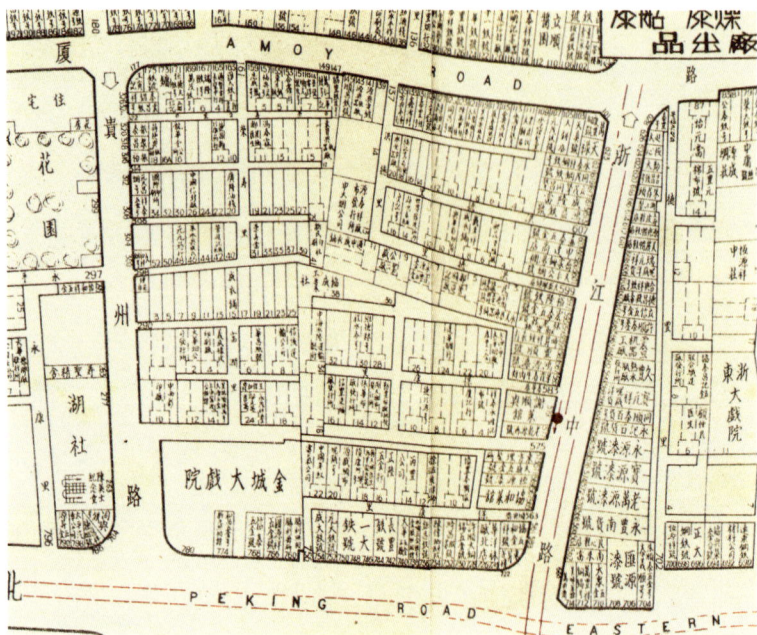

　　■ 图5-13，1947年《上海行号路图录》中的"金城大戏院"

　　金城大戏院，位于今北京东路780号贵州路口，坐东北朝西南，靠近北泥城桥。历史上，"泥城桥"周边一带工商繁荣，市面兴盛，为上海闹市中人气兴旺的知名街区。戏院由国华影业公司经理柳中浩、柳中亮兄弟筹资建造，于1934年2月3日落成开业。观众厅设1 780个座位，初映电影，偶有演出。当时这里专放国产片，所以被誉为"国产片之宫"。

　　20世纪30年代，风靡一时的两部电影《渔光曲》《英雄儿女》都是在金城大戏院首映的。特别是1935年5月24日，由电通影片公司出品的故事片《风云儿女》在金城大戏院首映，颇引轰动。这是一部反映国人不甘做亡国奴、坚决反抗日本侵略者的救亡影片，影片由著名电影艺术家田

汉、夏衍、许幸之编剧、导演，由袁牧之、王人美分饰男、女主角。片中由田汉作词、聂耳作曲的主题歌《义勇军进行曲》是创作完成后首次面向公众唱播，当时的《申报》用整版篇幅做了广告宣传，报载："这儿有雄伟的歌——是铁蹄下的反抗歌！悲壮、哀愁、轻松、明朗，使你喜、使你悲、使你感奋、使你知道对祖国的责任。这是初夏中国影坛上的一阕胜利的凯歌！"

金城大戏院不仅是电影《风云儿女》的首映之地，而且也是聂耳的追悼会举行地。1935年7月17日，也就是创作《义勇军进行曲》后的两个多月，为躲避当局搜捕而东渡日本的聂耳，在藤泽市鹄沼海滨被无情的海浪吞噬生命，年仅23岁。1935年8月16日，上海音乐、戏剧、电影界爱国进步人士二三百人冲破白色恐怖和重重阻力，在金城

■ 图5-14，1935年5月24日《申报》中《风云儿女》的电影广告

大戏院举行聂耳逝世追悼会，歌咏团体在会上高歌聂耳的作品，《义勇军进行曲》的悲壮旋律再一次响彻金城大戏院的上空，传遍大江南北，成为激励中国人民抗日斗志的号角。

抗战全面爆发后的第二年，1938年4月15日，曹禺名作《雷雨》由新华影业公司拍成电影，也在此首映。1941年底太平洋战争后，"孤岛"沦陷，影业萧条，戏院以演出京剧为主。1944年，有青协剧团的《夜半歌声》，天祥剧团的《云彩霞》，国风剧社的《秋海棠》《清宫怨》《长恨歌》《蔡松坡》在此演出。

上海解放后，金城大戏院由上海市文化局接管，仍以放映电影为主，偶有戏剧演出。1958年，上海市政府为了扶植传统民族剧种的发展，准备将金城大戏院改为淮剧专场时，恰逢周恩来总理到上海，在此观看了现代淮剧《海港的早晨》，著名淮剧演员筱文艳提出请总理为剧场改名。总理询问了剧场所在的区域，得知是在黄浦区，便爽朗地说："那就叫黄浦剧场嘛！"随即舒纸挥毫，提名"黄浦剧场"。1999年5月24日，《风云儿女》首映64周年当天，黄浦剧场被定为青少年爱国主义教育基地。从2010年起，上海人民滑稽剧团常驻剧场开展曲艺演出，于是这里也挂起了"上海笑天地"的招牌。

第四节 "南京路上好八连"

　　"南京路上好八连"是中国人民解放军上海警备区某部第八连的荣誉称号。该连于1947年8月在山东省莱阳县（今莱阳市）组建。1949年5月27日，上海解放，第八连随之进驻上海南京路，担负警卫和巡逻任务。刚刚解放后的上海，阶级斗争尖锐，社会情况复杂，资产阶级和国民党残余势力妄图用腐朽思想文化和生活方式侵蚀部队。进驻繁华都市后，八连艰苦奋斗、拒腐蚀永不沾的优良传统，全心全意为人民服务的宗旨始终不变，传家宝"三箱一包"（理发箱、补鞋箱、木工箱及针线包）始终不丢，闪光的"五个一"（节约一滴水、一分钱、一度电、一粒米、一寸布）始终坚持，自觉抵制资产阶级思想的侵蚀，身居闹市，一尘不染。

　　1959年7月23日，《解放日报》刊登《南京路上好八连》的事迹后，上海社会各界陆续开展了向好八连学习的活动。1960年9月共青团上海市委和上海人民广播电台联合举办"学好八连艰苦奋斗、勤劳俭朴革命精神"的广播大会，加之《霓虹灯下的哨兵》电影故

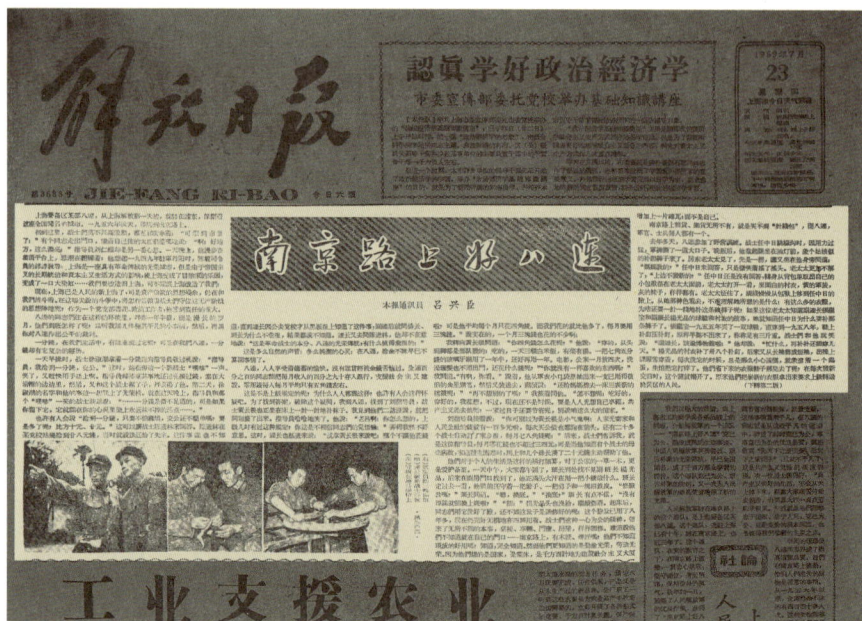

■ 图5-15，1959年7月23日《解放日报》在第一版发表了题为《南京路上好八连》的通讯稿

事的广为传颂，好八连由此而声名远播，成为全国人民学习的楷模。1963年4月25日国防部授予该连"南京路上好八连"荣誉称号。8月1日，毛泽东赋诗《八连颂》：

好八连，天下传。为什么？意志坚。

为人民，几十年。拒腐蚀，永不沾。

因此叫，好八连。解放军，要学习。

全军民，要自立。不怕压，不怕迫。

不怕刀，不怕戟。不怕鬼，不怕魅。

不怕帝，不怕贼。奇儿女，如松柏。

上参天，傲霜雪。纪律好，如坚壁。

军事好，如霹雳。政治好，称第一。

思想好，能分析。分析好，大有益。

益在哪？团结力。军民团结如一人，

试看天下谁能敌？

随后，全国全军广泛持久地开展学习南京路上好八连活动。南京路上好八连，这句话虽然从60余年前上海解放就开始为人熟知，但并没有随着时间的流逝而被人遗忘，相反，一代代的好八连战士用他们的行动，捍卫着"霓虹灯下的哨兵"这个集体的荣誉。

"好八连"精神就是为人民服务的精神、艰苦奋斗的精神。集中体现了人民军队弘扬艰苦奋斗精神的坚定信念，拒腐蚀永不沾的政治本色，刻苦磨炼不懈进取的意志品质和服务人民奉献社会的崇高追求。在党和人民的培养关怀下，尽管八连的官兵换了一茬又一茬，任务转换了一次又一次，但连队的优良传统代代相传，军中涌现出了许多新时期的"好八连"先进集体，如"南海前哨钢八连""鼓浪屿好八连""黑河好八连"等，

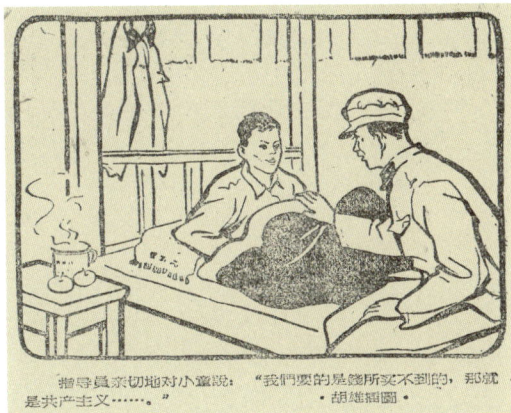

▪ 图5-16，1959年7月23日《解放日报》发表的文章《南京路上好八连》插图（1）

▪ 图5-17，1959年7月23日《解放日报》发表的文章《南京路上好八连》插图（2）

■ 图5-18，1963年3月8日《人民日报》报道《前线话剧团在京演出〈霓虹灯下的哨兵〉》

"好八连"已从上海走向全军、全国，教育和鼓舞了千千万万个英雄模范人物和集体。邓小平称好八连是"一贯保持光荣传统的、保证走向共产主义的、集体的标兵"。江泽民称赞他们"艰苦奋斗代代传，一尘不染三十年"，要求全军"学习好八连优良传统和作风，推进现代化正规化革命军队建设"。

在上海，一茬茬八连官兵影响了一代代上海人。20多年前，每月20日，八连官兵身背工具箱，走上南京路，义务为南来北往的行人服务。后来，在"好八连"的带动下，南京路周围100多家单位的4 000余名团员青年仿照八连的做法，纷纷走上街头，无偿为群众理发、修伞、裁衣、钉鞋。如今，在每月10日、20日的上海街头，处处可以看到一支支为民服务队的忙碌身影。在一座城市扎根60余年，八连和上海血肉相连，"好八连"精神已成为上海的一张"精神名片"。上海市把"学习雷锋，学习八连"写进了《市民公约》，教育部门把八连艰苦奋斗的事迹列入小学生思想道德教材。近年来，八连接待参观单位375批 计2.79万人次，接待"军营一日"活动87批 计4 550余人，为地方单位作报告、交流350余次。一个连队连着一座城市，一座城市传承一种精神。"好八连"精神将永驻南京路。

■ 图5-19，如今的"好八连"为民服务日，李国建摄于2016年3月5日

第五节　那些"红色"遗迹

（一）贵州路101号：老闸捕房旧址（"五卅惨案"流血处）

老闸捕房设立于19世纪60年代初太平军乱沪之际，是公共租界最早的分区巡捕房之一，属工部局警务处管辖，负责管理警区内的治安、交通、市容等事宜。捕房初建时只有一幢楼房，后增建为四座，内设总写字间、指纹室、刑讯室、拘留所、停车场等，配有武器、刑具、警车等装备。老闸捕房巡捕由西捕、华捕、印捕、日捕构成。华捕中有一批便衣侦探，俗称"包打听"；印捕多为锡克族人，头裹红布，因此，上海人曾称该捕房为"红头巡捕房"。该捕房因设于公共租界最热闹的中心区，而成为工部局统治的重要据点。

1911年10月辛亥革命期间，老闸捕房探目张玉荣、新闸捕房探目米顺等，协同西探，"各就界内大小客栈，详查旅客行踪，如有形迹可疑，立即拘押惩究"。此后，革命党人连遭逮捕。[①]"五卅"之际，被拘捕入老闸捕房的学生工人，先被押到总写字间登记，再到指纹室留下手指印。房间顶上装大铁杠，可将犯人吊起，严讯拷打，刑罚有老虎凳、皮鞭、火烙、水烫、刀割，以至电刑，十分残酷。1928年12月9日，上海特别市公安局侦缉队会同老闸捕房探目，在北京路877号拘捕了正在开会的共产党人23人。1931年1月17日，公共租界探捕在三马路东方旅社、天

■ 图5-20，老闸捕房旧址，摄于2015年10月17日

---

① 上海市黄浦区志编纂委员会编：《黄浦区志》，上海社会科学院出版社1996年版，第997页。

津路中山旅社（今人民旅社）先后逮捕共产党员36人，将其关押于老闸捕房，这些人后被"引渡"给淞沪警备司令部。

老闸捕房原来坐北朝南，大门开在南京路上。"五卅运动"后连续几年，成群结队的上海市民携带香烛、供品到南京路门口祭奠先烈亡灵，租界巡捕吸取了之前的教训，不敢轻易驱逐市民，只得将大门关闭。1930年代初，工部局干脆将大门改迁到贵州路上，将南京路大门砌封，建为围墙。1949年后，随着南京路西段商业的发展，沿街门面房价日昂，这堵围墙处又被建为商铺，即今南京东路766—772号大光明钟表店。1959年5月26日，这里成为上海市文物保护单位。1985年5月，上海市文物管理委员会在这里竖立"五卅惨案流血纪念地"碑。而老闸捕房则在1949年后被改建成培光中学校舍，1985年又被改为上海市商业职业技术学校，同年被公布为黄浦区文物保护单位。目前，该校仍保留着1949年前老闸捕房的牢房旧址，并将拘留所、刑讯室的刑具等按原状恢复，供人参观。

（二）南京西路、西藏中路西南侧："五卅运动"纪念碑

"五卅运动"纪念碑建在南京西路（近西藏路）新世界的斜对面，原来是人民公园的处所。1985年，在纪念"五卅运动"60周年之时，中共上海市委、上海市人民政府、上

▪ 图5-21，"五卅运动"纪念碑，摄于2017年6月3日

海市总工会根据广大人民的意愿，在此动工重建"五卅运动"纪念碑。树碑处距"五卅"烈士流血处向西300米。纪念碑主体是一座高15.6米，宽21米，重50吨的由"五卅"两字组成的不锈钢雕塑，呈蓬勃燃烧的金属火焰放射状，象征振奋、腾飞向上的精神。"五卅"金属火焰之后是"五卅"纪念像，选取的是学生、工人、商人游行的一个特写镜头：一名示威游行者用双手紧紧地扶抱着另一名遭到枪杀的学生，展示了人民英勇前进不屈不挠的形象。再后是"五卅运动"纪念碑，由3块花岗岩石碑组成，中间一块高5米，宽24米，镌刻着由老一辈无产阶级革命家陈云题写的"五卅运动纪念碑"碑名。陆定一撰写的碑文镌刻于背面，记述"五卅运动"的经过及其历史意义。南北两侧的两块碑体，分别高4米，宽12米，背面各有一组展现"五卅"斗争历史的青铜浮雕。碑体、地坪、道路和基座的花岗石，均采自泰山，寓意烈士牺牲比泰山还重。

（三）淡水弄66弄（南通里）4号：《中国青年》编辑部旧址

1923年8月，中共社会主义青年团第二次全国代表大会在南京举行，会议着重讨论了如何贯彻党的三大关于建立统一战线的方针问题。在团"二大"的感召下，1923年10月，团中央的机关刊物《中国青年》在上海创刊。

创办之初，《中国青年》编辑部没有固定场所，信件由辣斐德路（今复兴中路）186号但一君转，"但一"就是恽代英。1924年春，团中央最终选定萨坡赛路（今淡水路）252号的一幢石库门楼房作为《中国青年》编辑部的办公场所。当时底楼客堂是肖楚女的寓所；2楼客堂和亭子间作为编辑部办公室；3楼小阁楼是印刷间。期刊第一任主编是恽代英，之后，肖楚女、邓中夏、张太雷、林育南、任弼时、李求实、陆定一等都担任过主编或编辑工作。

《中国青年》是在党领导下创办最早的传播

■ 图5-22，《中国青年》编辑部旧址，摄于2017年6月3日

马克思列宁主义、坚持以爱国主义和共产主义精神教育青年的刊物，它把"打倒列强除军阀"这个全国人民共同的愿望，变成一声声呐喊，希望青年们担起救国的使命。期刊初刊时是16页的周刊，印发3 000册。后来，发行量达到3万多册，成为当时发行最多的革命刊物。邓拓回忆道："那时不少年轻人的衣袋中常常藏有一本32开的周刊；在反革命统治的角落里，这样一本刊物，往往要秘密地传递过十几个甚至更多人的手。它和《新青年》《向导》一起成为革命的群众、进步的学生、教职员乃至一部分稍有新思想的老先生们所热烈追求的读物。"毛泽东在大革命时期曾在《中国青年》发表重要代表作《中国社会各阶级分析》，帮助青年们分析社会现状，认清革命形势，鼓舞青年们为中国革命奉献青春。

1927年"四一二"政变后，为了保存革命力量，《中国青年》编辑部随中共中央、青年团中央撤到武汉，在武汉、广州、瑞金、延安等地继续发行。

（四）延安东路1472弄7号：任弼时故居及团中央机关遗址

任弼时（1904—1950年），湖南湘阴（今属汨罗市）人。1920年8月，任弼时在上海外国语学社加入了社会主义青年团。1924年从苏联回国后，他参加了青年团的领导工作。1925年1月，任弼时在中共社会主义青年团第三次全国代表大会上当选为中央委员，任团中央组织部部长。不久，代理团中央总书记工作。当时，团中央机关设在延安东路1472弄7号前楼，这是一幢一开间砖木结构坐北朝南旧式石库门里弄住宅，任弼时就住宿于简陋的亭子间。在这里，任弼时多次召开团中央会议，与团中央执行委员会恽代英、贺昌等讨论工作，组织发动各界青年学生积极投入反帝斗争，大力推进青年团组织建设与发展。

"五卅运动"期间，青年团的组织迅速发展到全国大多数地区，团员增长近3倍。此外，任弼时经常撰写文章，用辟世、弼时、P.S等笔名，在《中国青年》发表《列宁与十月革命》《苏俄与青年》《马克思主义概略》等文。1925年6月，任弼时与团中央机关迁往别处。现任弼时故居及团中央机关遗址已拆除。

（五）湖北路203弄：新苏旅社旧址

新苏旅社旧址，坐落于湖北路203弄大新街迎春坊4号，1946年改名为新苏台旅社，后为一心旅社。1929年8月，陈毅由闽西到上海，居住于此。9月初，陈毅在此撰写了《关于朱毛红军的历史及其现状》《关于朱毛红军的党务情况报告》等材料。在周恩来的指导和审定下，28日，陈毅又在此起草了《中共中央九月来信》，为胜利召开古田会议作出了重大贡献。现新苏旅社旧址已拆除。

（六）南京西路104号（华侨饭店）：左翼联盟第二次大会会址

1930年5月23日，左翼作家联盟在华安大厦（现为南京西路104号华侨饭店），召开了第二次全体会员大会，这次大会主要为了第二天的"五卅"纪念示威和批判联盟过去工作而召开。鲁迅和茅盾都出席了这次会议，鲁迅在会上作了演讲。关于这次大会的情况，茅盾曾回忆："我加入左联一个多月，与上海的成员开过一次会。上海的银行和资本家常聚会的俱乐部是存某某大厦的三楼，'左联'这次开会就借这个地方（听说是洪源托人借的）。

■ 图5-23，左翼联盟第二次大会会址，摄于2017年6月3日

当时是坐电梯到三楼的一个房间里，据说是这个俱乐部的侍者（茶房）休息的地方。"

这次大会由该月的执行书记主持会议，主持会议者先说明这个地方是借来的，时间不能太长，这次大会是为了第二天的"五卅"纪念示威和批判联盟过去工作而开的。会议首先由各部及各研究会报告，然后由"五卅"筹备会出席代表报告，接着由"社会科学家联盟"代表和出席苏维埃区域代表大会的代表报告，最后是批评"左联"过去工作。会上发言的人非常多，气氛非常热烈，因而超过了预定的时间。

鲁迅在讲话时没有稿子。他说："伟大的作品一时无法产生，不伟大的作品此刻还得有。批评家标准提得太高，创作家就不敢下笔，这是不对的。历史不能脱节，伟大是在历史的继续中成就的。"茅盾也说："有一句话，我是记得很清楚的，鲁迅说：'我们有些人恐怕现在从左边上来，将来要从右边下去的。'这话很尖锐，给我印象很深。"鲁迅讲完后，代表们三三两两地分批离开了会场。

1930年6月，《新地》月刊第一期刊登了《左翼作家联盟的两次大会记略》，文中说："中国左翼作家联盟最近开了两次大会了。一次是开在'五一'以前，四月二十九日；另

一次开在'五卅'以前，五月二十九日。"据此可以确认，5月29日在华安大厦召开的那次会议，为"左联"第二次会员大会。①

（七）延安东路653号（原益星商店）：新四军上海办事处联络站旧址

新四军上海办事处下设3个固定的联络站，其中运用次数最多，延续时间最长的联络站便是爱多亚路龙门大戏院东首的益星商店（今延安东路653号）。1941年3月，中共中央华中局和新四军军部决定，将杨斌主持的秘密交通机构命名为"新四军上海办事处"，委任杨斌为主任，直属华中局，军部委托苏中区党委（书记陈丕显）领导，并和中共江苏省委保持秘密联系。益星商店联络站由杨斌亲自掌握，作为办事处与华中局、苏中区党委特殊联络以及华中局与江南根据地联系的中转站，遇有传达、转送等紧急任务时才启用。由于形势变化，1942年12月，中共中央华中局决定撤销"新四军上海办事处"。1943年1月至1944年底，益星商店成为苏中区党委秘密工作组驻上海机构的联络站，由李子明领导。1945年初至1946年3月，此处转为苏中区党委城工部上海工作委员会的联络站。1946年秋至1947年春，又转为华中地委的联络站，后因被敌人破坏而停用。益星商店作为党的联络站先后达6年，现已拆除。

（八）牛庄路770弄3号（今重庆北路270号）储能中学

储能中学是上海市一所具有光荣革命传统的学校，系由宁波效实中学旅沪校友会于1941年12月创办的一所分校，1942年改名为"储能"。1942年上半年，国际问题专家冯宾符任该校教务主任后，一些地下党员、进步教师如王元化、盛震叔、段力佩、周建人、楼适夷、郑效洵等，先后被介绍到储能中学任教。从此，以往学校关门办学、不问政治的状况被改变了。

1944年以后，上海地下党十分重视储能中学，中共地下市教委书记马飞海同志以数学教师的身份亲临第一线领导工作，许多进步人士也以教学工作为掩护被介绍进储能中学。他们通过教学、课外辅导和个别接触等形式向学生宣传抗日救国思想，宣传马克思主义和中国共产党的主张，抨击黑暗的现实社会，进行革命启蒙教育。有些学生受进步思想的影响离开沦陷的上海，奔向抗日民主根据地；有些学生加入了中国共产党；还有些学生，为了抗日救亡，献出了年轻的生命。

抗日胜利后，国民党反动派积极准备内战，党中央决定在教育战线放手发动群众，建

---

① 薛顺生编：《上海革命遗址及纪念地》，同济大学出版社1991年版，第96—97页。

立民主社团，领导广大教师采取多种形式参加要求和平、反对内战、要求民主、反对独裁、要求进步、反对倒退的运动。储能中学以其坚强的地下党组织、众多的进步教师及学生等有利条件，成为上海中等教育研究社、上海中等教育研究会、上海小学教师联合进修会、上海教职员工消费合作社等10多个民主社团的重要基地。

■ 图5-24，储能中学全景，摄于2015年10月19日

1945年，在地下党组织的领导下，储能中学学生党小组成立，他们积极引导进步学生关心时事、关心国家命运。在学生党组织的领导下，储能中学的学生参加了公祭昆明四烈士万人大会、助学运动、救饥救寒运动、"六·二三"反内战示威等反对国民党反动派的斗争。其参加学生运动之多、发动面之广、行动之迅速、影响之大，为进步人士所瞩目，被誉为民主运动的堡垒，有"校外蒋管区、校内解放区"之公称。

1949年后，储能中学并入新建中学。为了继承和发扬储能中学的光荣革命传统，市教育局决定重新恢复储能中学校名，1983年9月1日，学校在市府大礼堂举行了隆重的复校典礼。

（九）永安公司（现华联商厦）：第一面红旗升起的地方

1949年5月12日，中国人民解放军第三野战军在陈毅、粟裕的指挥下，以雷霆万钧之势发起解放上海战役。5月25日，苏州河以南的上海市区获得解放。为迎接解放军的到来和欢庆上海解放，南京路上永安公司（现华联商厦）的地下党员赶制了一面色彩鲜艳的红旗，并冒着生命危险登上公司大楼最高处，将红旗插上绮云阁，这面红旗从而成为上海解放时南京路上升起的第一面红旗。

第 6 章

穿越时空的文化之旅

　　一个街区的历史文化空间是其人文内涵的重要表征，也是这个街区有别于另一个街区的独特文明与魅力所在。近代上海开埠通商之后，由于"国中之国"租界的存在，异质多元、复杂相悖的人群、制度、文化得以在这里共存、交织、相融，使这座口岸城市堪称"一所最复杂、最奇特的、最丰富的博物馆"[①]。作为近代上海公共租界的重要组成部分，南京东路街区正是这座包罗万象博物馆的最为瑰丽之处。它不仅提供了一种中西文化交流碰撞的现实语境，而且是中西文化交融和中国文化由传统向现代转型的前沿地带。在这里，既有以格致书院为代表的西学东渐的教育创新，亦有以"大光明电影院事件"为代表的中西文化冲突中民族主义的高扬，更有从跑马厅到人民公园、人民广场几度变迁所折射出的中国人知耻而自强、自信而开放的文化心态。从中可见的是，这个街区的文化基因中带有强烈的创新意识、家国情怀、世界视野。文脉与国脉相系，文运与世运相连。时至今日，它已完全融入上海"海纳百川、追求卓越、开明睿智、大气谦和"的城市精神。

---

① 郑振铎：《上海的居宅问题》，《文学周报》1927年第4卷，摘自熊月之：《论近代上海城市文化的异质性》，《中国名城》2008年第1期。

第一节　百年风云见证：从跑马厅到人民广场

众所周知，上海共有过3个跑马厅（场），均位于公共租界，相继建造于1850年、1854年与1862年。然而在百年历史风云中，3个跑马厅对于中国人却有着不同的象征意义。

第1个与第2个跑马厅营业初始，在上海居民心中是一个休闲场所，被称为"公园"或者"花园"。因此第1个跑马厅附近的南京路东段被称为"花园弄"。第2个跑马厅兴建时，道契上所注明的用途也是"公游之所"，即公共游乐场所的意思。1850年成立的跑马总会，就是单纯的外侨民间体育组织。

当时在华人居民的观感中，对于跑马厅充满着对西方体育与休闲运动的新奇，这也表现了跑马会时的热闹。王韬在观看跑马后描述外侨："春秋佳日，则以赛马为乐"，同时对于外侨精湛的竞技水平赞不绝口："又于环马场中互赛健足，飞行绝迹，捷无轮，不减高敖曹，为地虎也。马路有打球场一区，专以击球之高下角力之优劣，盖亦以练习筋骨，亦犹陶侃运甓之意。"[1] 显然对于有助于强身健体的这项运动颇为赞赏。

在位于泥城浜畔的第3个跑马厅建成初始，华人对其观感仍然相同。葛元煦在《沪游杂记》中

■ 图6-1，上海跑马总会

---

① 王韬著：《瀛壖杂志》，上海古籍出版社1989年版，第121—122页。

详细描述了外侨跑马赛的规则与内容，并描述了人们来看比赛的热闹："是日观者，上自士夫，下及负贩，肩摩踵接，后至者几无置足处。至于油碧香车、侍儿娇倚者，则皆南朝金粉、北里胭脂也，鬓影衣香，令人真个销魂矣。"①《申报》对跑马活动的场景也是给予了正面评价："想见香车宝马，又有一番热闹，是亦踏青之别开生面也。"②

然而随着跑马厅的风头越来越盛，这个原来作为城市休闲空间的地方，渐渐变味了。首先是博彩业的进入。19世纪70年代中期，英国人看到跑马存在着巨大的商业价值，便将各种商业活动引入跑马领域，其中主要就是销售赛马彩票。当时媒体报道："西人赛马春秋两举，必三日，每日必有一大彩之会，前日为虹口某西人所得，昨为中和行主所得，所赢者小彩也，然亦近万金。"博彩商家也在报纸上刊登广告："本行西商跑马股份五千号，每张价洋四员，分半票二员，分四开一员，头彩四千，二彩二千员，三彩八百员，余彩甚多。此票信实公平，得彩甚易，各国西人俱买此票。今在本行销售，中外仕商俱可来买，外埠由信寄英界大马路西仁大典转弯。"③赛马彩票是一种极难中彩的赌博活动，但是当时跑马厅发售的所谓香槟票头奖的最高额度可达数十万之巨，而媒体也经常鼓吹买彩票一夜暴富的事，这对于刺激人的投机心理的作用是巨大的。因此很多市民迷上了博彩，其中绝大多数人输得血本无归，引出了无数倾家荡产、跳河或喝药自杀、谋财害命的惨剧，有的甚至被搬上舞台。④

其次，跑马厅成为歧视华人、拒绝华人的空间。洋人在跑马厅建成之初，就与外滩公园一样，禁止华人入内看台观看比赛，只有跑马总会雇用的马夫和杂役例外。公共租界工部局的条例中，第五条就明文规定："除西人与各会之庸仆外，华人一概不准入内。"⑤同时，跑马总会可以接受各国国籍的外侨入会，但唯独禁止华人入会。在华人的抗议下，至1909年，跑马厅终于允许华人入场，但华人仍无会员资格。1911年跑马总会才吸纳少数华人为名誉会员和聘请会员，但仍不允许其参加正式比赛。

再次，跑马厅成为西方列强炫耀武力的地方。每逢美国国庆、英王加冕或寿辰之际，租界总要在跑马厅举行阅兵活动。1893年，租界举行了上海开埠50周年的庆典。1900年，结束了华北侵华战争以后的德国元帅瓦德西就在跑马厅检阅各国军队和万国商团。1918年第一次世界大战结束，协约国军队连续3天在跑马厅举行庆祝大会。1922年法国霞飞上将访问上海时，也在这里检阅万国商团。

① 葛元煦著：《沪游杂记》，上海书店出版社2006年版，第35页。
② 《斗马开围》，《申报》1880年3月13日，第3版。
③ 《跑马发财大票出售》，《申报》1882年4月1日。
④ 熊月之：《从跑马厅到人民公园人民广场：历史变迁与象征意义》，《社会科学》2008年第3期。
⑤ 《公共租界工部局巡捕房章程》，摘自史梅定主编：《上海租界志》，上海社会科学院出版社2001年版，第703页。

■ 图6-2，上海公共租界工部局警务处阅兵式

20世纪后，处于上海城市空间中心位置的跑马厅，成为对华人伤害巨大的象征，使得华人异常愤怒。"五四运动"兴起后，华人各界要求撤销跑马厅的呼声更为强烈。众多爱国人士将其与整个租界制度联系起来，认为跑马厅代表着罪恶、歧视和压迫，应该让它变成爱国的、民主的、健康文明的场所。李石岑在《上海的将来》一文中预言租界必然收回，而那时"最惹人注意的是跑马厅改为'人民公园'之一，成为人民集会的重要场所。……环跑马厅一带高楼大厦，如华安保险公司、外国青年会、四行储蓄会之类，均将改为各种博物馆、纪念堂、研究院等重要文化机关"[①]。

1945年抗战即将胜利之时，跑马厅又发生了日本宪兵撕国旗的严重事件。8月10日，日本即将投降的消息已经传开，跑马厅的华籍员工高兴地升上国旗，但遭到跑马总会外籍秘书的阻拦。此秘书认为日本投降尚未证实，即使日本投降，也应该将跑马厅物归原主，悬挂英国国旗。双方争执之时，日本宪兵赶来，将国旗强行拉下撕碎。不过几天后日本宣布投降，华籍职员终于将国旗升了上去，成为国家恢复主权的象征。[②]

---

① 李石岑：《上海的将来》，新中华杂志社1934年，第66、72—73页。转自熊月之：《从跑马厅到人民公园人民广场：历史变迁与象征意义》，《社会科学》2008年第3期。
② 《一件扯国旗的纠纷》，《泰山》1947年革新第1期，第2页。

1946年国民党上海市当局从增加财政收入的角度出发，考虑恢复赛马，但遭到社会各界的强烈反对。市民何元明等在提案中认为："赛马之举，实为赌博之变相，为害之烈，足以倾家荡产，按诸实

■ 图6-3，1949年10月2日，上海军民在跑马厅（今人民广场）举行保卫世界和平、庆祝中国人民政治协商会议和中央人民政府成立的集会，图为解放军战士举着毛泽东主席画像

际，不啻公开之赌窟。昔在租界期间，历年所吸收市民膏血不可胜计。兹值抗战胜利，租界收回，对于外商所支持之跑马厅，亟应一并收回，分辟为公园亟运动场，以作市民公余

休憩及运动之所。"市民王维驷等在提案中认为"世界各国之举行赛马，原为一种良好之运动，同时亦可借此改良马种，而我国之有赛马，实际乃变相之赌博。每年春秋二季，以赛马之美

■ 图6-4，1949年10月2日，在跑马厅列队的中国人民解放军部队

名，行赌博抽头之实。沪人热衷于香槟票，因而倾家荡产者数见不鲜，此实外人霸占上海租界时代之污点也。今者抗战胜利，租界收复，此种有害社会之魔窟，理应从速取缔，毋使死灰复燃，以重国体"①。

当时《申报》两次邀请市民投票，四天内收到4 463封来信，其中按照表格逐项填注的有1 284张，赞成开放马禁的仅59票，持反对态度的有1 225票。迫于民意，国民党当局也放弃恢复赛马，开始着手收回跑马厅的具体工作。

1951年8月，上海市军事管制委员会下令收回上海市南京西路以南、西藏中路以西、武胜路以北、黄陂北路以东原由英商上海跑马总会有限公司、上海跑马总会场地有限公司及英商上海万国运动会所经营的全部土地。《人民日报》表示，跑马厅在旧中国既是帝国主义压迫华人的地方，也是跑马赌博的不义场所。②1951年，人民政府在征求了各界人士的意见后，决定将跑马厅拆除并建成人民公园，另有小部分土地连同其他地方建成人民广场。此后人民广场规划过10余次，逐渐被定位为上海的行政、文化中心。

1960年代，上海市政府按城市总规划要求，在人民广场建成市人大常委会办公楼。1974年上海市编制《人民广场周围及西藏中路建筑改建规划》，逐步改变了广场上原有的建筑格局：将市人大常委会办公楼加高层次，并将两侧观礼台改建成会堂，完善广场主体建筑；改建南京西路上华侨饭店两侧的低层建筑，把广东路的群玉坊、南京东路口的大庆里和新昌路口的国际饭店仓库分别改建成8层的高层住宅，形成人民广场周围新的建筑群。1987年，上海市规划设计院对人民广场进行综合规划，考虑地上与地下空间的结

■ 图6-5，人民公园，摄于2015年10月15日

---

① 熊月之：《从跑马厅到人民公园人民广场：历史变迁与象征意义》，《社会科学》2008年第3期。
② 《根据人民要求和市政建设需要，上海军管会收回跑马场场地》，《人民日报》1951年8月30日，第一版。

■ 图6-6，上海博物馆，摄于2015年10月15日

合：地面以大片绿地为主体，满足适当规模的群众性活动的需要；地下则设置地铁站和车站，以及地下变电站、地下水库、地下停车库、地下商业街和污水泵站等。1990年上海市再次编制《人民广场公园地区规则》，综合协调人民广场的交通问题，并决定增添人民广场及周围建筑轮廓的空间景观，调整绿化。同时拆除市人大常委会旧楼，改建为市政大厦（后于1997年改称为人民大厦），作为广场的主体建筑。广场南端开始建造上海博物馆新馆，西北侧拟建上海大剧院。1991年的《黄浦区（浦西地区）控制性详细规划》规定，人民广场四周将相应建设以办文化为主体的大型公共建筑。[①]

今天的人民公园已成为人民群众休憩的场所。人民广场总面积达14万平方米，过去作为全市人民游行集会的场所，可容纳120多万人。广场南北轴线的北端是人民大厦，东侧是市规划展示馆和地铁1号线人民广场站，西侧是上海大剧院，南端与人民大厦遥相对应的是上海博物馆。现今的人民广场已实现了李石岑当年的梦想，既是市民休憩、游览的生态园林广场，也是中外游客平等交流文化的场所。

---

① 上海市黄浦区志编纂委员会编：《黄浦区志》,上海社会科学院出版社1996年版,第376页。

第二节　西学东渐中的名人与名校：傅兰雅、王韬与格致书院

坐落于广西路66号的上海格致中学，前身是近代上海著名的格致书院。格致书院创办于1874年，停办于1914年，历时达40年之久。格致书院论规模并不算大，持续时间也不算长，但在近代中国却有如此之大的名声，这与其各方面的创新是分不开的。

从办学目的看，格致书院的创立，既不是如同传统书院那样为了培养科举人才，也不是如同教会学校那样为了培养基督信徒，而是为了培养通晓西学的实用性人才。1873年3月，英国领事麦华佗率先倡议在上海集资创办一所专供学习的科学技术学校，他深信这样的学校"将最能对中国发生影响，使他们了解并熟悉外国人的思想、生活和机械器具"。次年，中外人士组成的格致书院董事会成立。1876年6月，格致书院正式对外开院。

从管理模式看，中国旧式书院基本属于官方管理，格致书院的管理权力则不在官府，而在董事会。第一届董事会的5名董事是麦华佗、傅兰雅、福弼士、伟烈亚力与唐廷枢。麦华佗是英国外交官员，熟悉中国国情。傅兰雅、伟烈亚力均是传教士，都曾受聘于江南制造局翻译馆，有长期西学传播经验。福弼士是美国旗昌洋行行主，曾任亚洲文会会长。唐廷枢是轮船招商局总办，曾做过洋行买办，了解西方社会。从董事会人员的构成看，这是一群既熟悉中西方国情，又积极践行西学东渐理想的中外杰出人士，他们在传播引进西方先进科学技术的共同愿望下站在一起，推动了格致书院的成立，构筑了这道中国文化交流的桥梁。书院事务事无巨细，皆由董事会共同商定，其管理具有相当的公开性和民主性。

格致书院的发展，离不开两位名人的心血，一个是英国人傅兰雅，一个是中国人王韬。傅兰雅（John Fryer），1839年8月6日生于英国肯特郡，圣公会教徒，1861年到香港就任圣保罗书院院长，后就职于北京同文馆任英语教习。1865年专任社会英华学堂校长，1868年受雇任江南制造局翻译馆译员。在最早的董事中，唯有傅兰雅不仅积极参与创建工作，而且在之后的几十年间一直尽力支持格致书院的兴盛与发展，是众董事中对书院最为热心、认真以及作出最大贡献的人。

傅兰雅对于格致书院的贡献，首先在为其成立而奔波。1974年的董事会决议，向中外士商募集捐款建校，傅兰雅负责向西方世界募集捐款和教学仪器。傅兰雅利用自己的各种关系向西方绅商求助，呼吁捐助，后得到英国、法国、比利时等国民众的大力帮助，获得

了价值数十万银两的各类科学仪器。格致书院不仅利用这些仪器进行教学，也以此建立了自己的博物馆，使其成为近代中国集博物馆与科技学校于一体的特殊机构。格致书院的博物馆任人进出观赏，成为上海人普及科技常识的重要窗口，让尚未接触过近代科学的中国民众打开了眼界。

POLYTECHNIC PUBLIC SCHOOL FOR CHINESE.

■ 图6-7，工部局格致公学

坚持不涉宗教、坚持西学教育是傅兰雅带给格致书院的办学宗旨。虽然傅兰雅是以传教士的身份来到中国，但在中国教会学校纷纷涌现之时，他在格致书院坚持了不讲经布道的原则。在1874年3月格致书院的筹备会上，各董事就是否在书院陈列宗教读物发生激烈争论，傅兰雅极力反对。他认为陈列宗教读物可能造成中国人同西方人疏远，只有通过共享科学领域的成果，才能找到一个共同的立场。傅兰雅竭力说服了大家，格致书院同意"凡各种传教之书，断不可入馆"[1]，书院"均系专考格致，毫不涉其传教"[2]。可以说，格致书院是中国教育史上第一家专门研习"格致"之学的教育机构，其主旨就是使"中国便于考究西国格致之学、工艺之法、制造之理"[3]。而学生在书院中掌握了"格致机器、象纬舆图、制造建筑、电气化学"等科学技术，便能够"有益十时、有用于世"，达到"为国家预储人才，以备将来驱策"的目的。傅兰雅在亲拟的《格致书院会讲西学章程》中，确定了主讲的矿务、电务、测绘、

■ 图6-8，傅兰雅

① 《光绪元年上海格致书院发往各国之条陈》，《万国公报》第323卷。
② 《同治十三年徐雪村先生为上海格致书院上李爵相并条陈》，《万国公报》第314卷。
③ 高时良编：《中国近代教育史资料汇编》，上海教育出版社1992年版，第763页。

工程、汽机、制造等六门西学课程，还拟订了每门课程的大纲。各课程又以深浅程度分全课、专课两种，任前来学者选学。

为了向社会宣传西学，傅兰雅还于1876年创办了近代中国第一份专门性的科普杂志《格致汇编》，16年中共出版60卷。傅兰雅认为，中国懂得科学的人实在太少，迫切需要科学启蒙，因此他创办的《格致汇编》就是一份以介绍西方自然科学常识为主要内容的科普杂志。[①]《格致汇编》开始时由格致书院发售，后由傅兰雅自办的格致书室发售。

王韬，1828年11月10日出生于苏州。1845年考取秀才，1849年应英国传教士麦都士之邀，到上海墨海书馆工作。1862年因上书太平天国被清廷下令逮捕，在英国驻沪领事的帮助下逃亡香港，在港期间，应邀协助英华书院院长理雅各将十三经译为英文。1867年起，漫游法英等国，加深了对西方现代文明的了解。1870年返香港，并在香港集资创办《循环日报》，评论时政，提倡维新变法，还曾应日本文人邀请，前往日本进行为期4个月的考察。1884年，他回到阔别多年的上海，次年任格致书院院长，直至去世。王韬的到来，起因于格致书院陷入招生困境：华人对西式书院的招生应者寥寥，昂贵的学费又使寒门子弟望而却步。傅兰雅力主委任一位有能力的、受董事会约束和控制的负责人来摆脱困境，具有西方知识并热心于西学传播的王韬就被傅兰雅和唐廷枢推举为格致书院的院长。

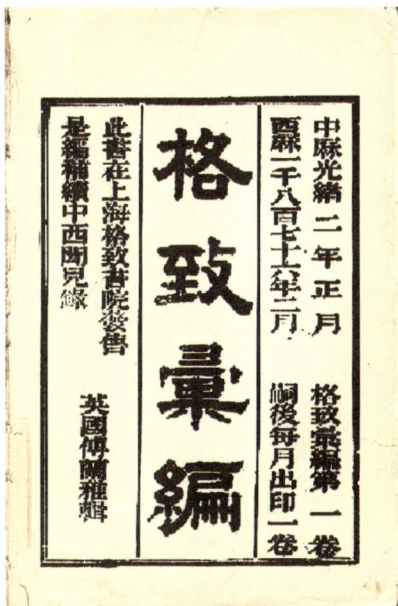

■ 图6-9，《格致汇编》创刊号（澳大利亚国立图书馆藏，高明提供）

王韬历来主张废除科举，建立专门的学校培养新型人才，因此他首先在招生方面对格致书院进行改革。传统旧式书院的招生是各州县从当地生源等人中选择报送，受到录取名额和籍贯的限制，而王韬在招生上打破地域界限，"凡聪幼文人有志考求者，皆许来院习学"，使格致书院成为一所面向全国的学校。同时，他也打破招生年龄限制，开办格致预科班，专门招收10—14岁的男性儿童，教授英语、数学、地理等课程。

在知识体系方面，王韬认为中国的贫困落后不仅仅是缺乏实用之技术，还缺乏有效和合理的制度作为保障，因此他突破了傅兰雅仅限于科技方面的局限，提出学生应注重

---

① 详见熊月之：《西学东渐与晚清社会》，中国人民大学出版社2011年版，第329页。

对西方政治的研究和学习，要讨论时事政治、关心国家大事，"或询西学，或问时务，一时肄业士子，潜心致力，颇多创获，不少特见"[1]。在当时西式学校仅限于学习"西器"与"西艺"之时，学习"西政"是非常大胆而超前的举措，具有很强的开拓性。同时，王韬在讲课中也渗透着西方哲学方法论的思想，提倡研究方法应注重实证，反对凭空捏造、主观臆断，对学生们影响很大，这在学生的答卷中有所反映。

■ 图6-10，王韬

在教学方式上，王韬依据在欧洲、日本游历时的见闻，还引入公共讲座制、分班制等新的教学形式和参观、实验等直观教学法，形成一套以自学为主、以讲授为辅、以科学实验及演示为重要教学手段的教学模式，改变了呆板无趣的传统灌输法。在傅兰雅的主持下，书院定期举办幻灯讲座，内容涉及矿物开采、人体生理学及解剖学、动物学等，培养了中国民众对西学的兴趣。王韬还借用中国传统考课的形式，糅合西方的"学分制"特点，以学完一门考核一门来督促学生修完所有课程。他还引入考课制度，让李鸿章等重量级的中国官员命题（题目却多是科学题目，也包括洋务与时事），并为考试成绩优异的学生颁发奖学金。这样的做法大受四方学子的欢迎，各地学生纷至沓来。在学生答卷《格致书院课艺》中可以看出，众多学子对于西学的理解已到了很深的程度。

王韬在格致书院的这些改革，开启中国近代新式教育之先河，亦为中国近代科学教育之前驱，给暮气沉沉的中国文化教育界带来一线转机，使格致书院的影响大大加强。宁波格致书院、厦门博文书院等一批新式学校也模仿它的教育模式而新建起来。虽然在王韬病故之后，格致书院逐渐衰落，但是其在中国近代西学东渐中的重大贡献是不可磨灭的。格致书院在中西方有识之士的合作下，进行了中国经世致用实学思想与西方科学文化相结合的有益尝试，既为西学传入中国实现了突破，也为如何引导中国人学习西学提供了宝贵经验。1914年10月，格致书院归公共租界工部局管理，易名"华童公学"。1917年2月，华

---

[1] 朱有瓛主编：《中国近代学制史料》，华东师范大学出版社1986年版，第200页。

童公学改为"工部局格致公学"。1943年改名为"上海特别市市立格致中学"。1945年抗战胜利后，市政当局委令周斐成为校长，学校改名为"上海市市立格致中学"。

　　1949年上海解放后，学校改名为"上海市格致中学"，此校名沿用至今。1958年，该校被确定为上海市重点中学。

　　■ 图6-11，格致中学，摄于2017年6月3日

第三节　民族尊严的抗争：大光明电影院事件

南京西路216号的大光明电影院，坐落在南京西路黄河路路口，南对人民公园，东邻国际饭店。上海的电影院可以追溯到1908年西班牙人雷蒙斯在虹口搭建的仅有250多个座位的简陋影戏园，这也是全国第一家影戏院。因新潮的电影很受民众欢迎，民国以后上海的影戏院迅速增多，其时有声电影问世，彩色片也接踵而至，集声、光、色于银幕，上海开始进入电影的黄金时代。20世纪20年代末起，好莱坞在上海的影戏院连带兼营放映的剧场已有近100家，其中大光明电影院与大上海、美琪、国泰等同属第一流的档次。这些电影院外部建筑富丽堂皇，内部设备高级，座椅舒适，冬有暖气，夏有冷气。在影片播放上，当时的影院被分为"头轮""二轮"及"三轮"，"头轮"即是首映，之后到"二轮"，以此类推。

■ 图6-12，1931年第62期《良友》杂志上刊载的大光明电影院

大光明影院与国泰、南京、大上海等少数几家即为"头轮"，拥有国外新片的首映权，主要播放好莱坞大片，这也与电影院的档次等级相符。

大光明电影院原名大光明大戏院，原建于1928年，选址在卡尔登舞厅附近，是由潮州商人高永清（又名高勇醒）以每月6 000两银子租下地皮，并以美国注册商人的名义建设的，戏院请英国人当经理，著名小说家周瘦鹃做广告部主任，1928年12月31日开业时放映了美国影片《笑声鸳影》，并请来梅兰芳等艺术大师揭幕，被誉为"梅开光明"的创举。[1]当时大光明大戏院的建筑立面饰以西洋古典建筑的柱式，衬以大拱券的窗框和挑出不大的阳台，"大光明大戏院有声电影"的英文招牌突出于立面，内部环境典雅宜人，是一座具有古典宫廷风格的电影院。开业之初，大光明大戏院就规模和名气而言，也仅是一流电影院中的

----

[1]《梅开光明记》,《申报》1928年12月24日, 第17版。

一员，而一场突如其来的政治冲突，却让大光明大戏院成为全国注目的地方，也改变了它的命运。

1930年2月1日，大光明放映了由美国派拉蒙影片公司摄制、著名男影星罗克主演的有声影片《不怕死》。故事讲述的是罗克饰演的植物学家受聘到旧金山唐人街稽查贩毒团伙的故事。影片情节并不复杂，但其中出现不少辱华的信息，如贩卖鸦片、偷窃、绑架的都是华人，且行为野蛮，贪生怕死。次日，复旦大

■ 图6-13，1931年第1期《电影月刊》中"不怕死"事件的评论

学教授洪深至大光明观看此片，据他叙述，当放映到华人的丑态时，场内的洋人们轰然大笑。洪深愤然离去，但侮辱华人的情节却在脑海中挥之不去，于是他回到大光明，发现门口聚集了许多人，均表示反对放映影片。洪深随即冲进戏院，登台痛斥影片，数百观众随后表示支持，并一同要求退票。大光明经理报警后，巡捕将洪深带至爱文义路（今北京西路）上的新闸捕房。洪深据理力争，约3个小时后才被释放。这就是震动全国的"不怕死"事件。[①]

"不怕死"事件引起社会各界的强烈反响。同年2月26日，戏剧界的民间团体南国社、复旦剧社等联合发表《上海戏剧团体反对罗克"不怕死"影片事件宣言》：既抨击了帝国主义在文化上对华侵略无所不用其极，借电影之表现在国际上混淆黑白，侮辱华人；同时也批评国民政府对于这种问题向来无力注意、加以限制，结果在华人开办的剧场竟发生此种怪剧。上海侨务协进会也发表声明，表明在美华侨的种种美德也为美国公众赞赏，而该片过分暴扬华侨之丑而掩盖其美，鼓动白人排斥侨胞，是为挑动中美国人恶感，亟待制定应付办法。[②]

在社会舆论压力下，上海市电影检查委员会立刻对放映该片的戏院发出停映训令，并禁止报纸刊登该片广告。3月18日，政府制定《电影检查委员会定期检查特别区电影片》，规定以后租界所有放映影片均须经过检查委员会许可。[③]同时外交部也向美国政府提出抗议。在多

① 《大光明戏院唤西捕拘我入捕房之经过》，《民国日报》1930年2月24日，第2张第4版。
② 《取缔"不怕死"影片》，《申报》1930年2月26日，第15版。
③ 《电影检查委员会定期检查特别区电影片》，《申报》1930年3月29日，第15版。

次交涉后，罗克致函中国驻旧金山领事馆，向中国观众道歉，中国人赢得了民族尊严。这一事件表明，在中西交融的这一街区，日常生活的公共空间，已经与中国和世界紧密相关。

受"不怕死"事件的影响，大光明的卖座率急剧下降，不得不于1931年11月宣告歇业。1932年，英籍广东人卢根与美国国际抵押银公司组成联合电影公司，租赁大光明及其附近房产，用110万两白银拆掉旧建筑重建，以期用这样一种脱胎换骨的形式来挽回大光明的命运。新戏院于次年建成，成为可以与同时代欧美建筑相媲美的早期现代版建筑。它的设计人是著名匈牙利籍建筑师邬达克，曾在南京东路街区内设计过国际饭店等一大批著名建筑。新的大光明大戏院是一座钢筋混凝土框架结构的美国摩登艺术派风格建筑，2层楼连同招牌高30.5米，占地面积4 016平方米，建筑面积6 249.5平方米。建筑外观以粗细横直的线条和大面积的玻璃作强烈对比处理，以方形半透明灯塔形成不对称重心。门口建有乳白色玻璃板雨篷。大门为12扇铬合金钢框玻璃门，两边门墙嵌黑色大理石。门厅宽敞明亮，铺嵌钢条磨光彩色磨石子，有售票厅、休息室、卖品部、酒吧以及盥洗室，装饰精良，设备齐全。采用对称大楼梯直通楼上，楼梯两旁的墙面做护壁。楼厅休息处建有飞溅式水柱喷泉，照以彩色灯光以娱观众。舞台跨度当时是上海第一，观众座位分2层，设有2 000多只沙发座位，当时备有"译意风"，观众观赏外国电影时戴上耳机可以听到中文解

■ 图6-14，重建的大光明（局部）

■ 图6-15，1941年《亚洲影讯·春假特辑》刊登的大光明大戏院的放映新闻

释，开中国西片译制之先河。[①] 由于其豪华的设施，当时已被称为远东第一电影院。

重建之后的大光明，开始注重对国产影片的支持，当时中国电影制作已渐趋成熟，但是电影市场仍为好莱坞所垄断。大光明打破惯例，在1935年2月3日半夜播放新华影业公司的中国电影《红羊豪侠传》作为贺岁片，是为罕见的头轮影院上映国产片的记录。1935年又在正式排片中播放上海联华影业公司的中国电影《天伦》，《天伦》在大光明放映后被美国派拉蒙公司看中，剪辑后于1936年11月9日在纽约LITTLE CARNEGIE大戏院上映，《纽约时报》还请中国作家林语堂撰文《中国与电影事业》作为宣传，是为中国电影走向世界的一段佳话。[②] 同时，大光明也成为中西文化交流的鲜明地标，许多重要的公共活动都在这里举行，比如1936年4月15日世界男低音之王夏里亚宾在大光明举行的演唱会，1936年上海市市长吴铁城在大光明欢送中国代表团出征柏林奥运会等。

1949年后，大光明由上海市文化局接管，改称大光明电影院，现今为上海市电影发行公司管理。大光明电影院始终保持勇于开创潮流的精神，20世纪50年代多放映当时广受欢迎的苏联东欧影片与国产革命战争影片。1958年大光明电影院改建成中国第一家宽屏幕电影院。1992年影院投资整修，成为中国第一家立体声电影院。1993年戛纳获奖归来的《霸王别姬》在大光明首映，人山人海的影迷甚至挤碎了影院的玻璃门。2008年，大光明经过重新整修，不仅增加了放映厅，也尽力恢复了20世纪30年代的模样，并在底楼建造了历史长廊，供观众了解大光明辉煌的过往。

▪ 图6-16，大光明电影院，摄于2015年10月15日

---

① 上海市地方志办公室编著：《上海名建筑志》，上海社会科学院出版社2005年版，第185页。
② 参见张伟，严洁琼：《大光明：一段浓缩的电影史》，《电影新作》2010年第3期。

第四节　城市更新：留存街区的文脉与遗产

依循着街区的发展轨迹，去寻找这个街区涌动的"文脉"。

南京东路街区作为上海的中心城区之一，历来集繁华、气派、内涵于一身，文物遗存丰富多彩。这些分散在各处的有着历史文化价值的建筑物、建筑群、历史街区，是街区人文记忆保存最完整、最丰厚的部分，既体现了传统人文的价值，同时又构成了现实生活场景中人们的重要背景。这是该区域内涵特色的集中体现，也是南京东路街区的品牌和个性。保护历史文化遗产，就是保护街区的特有记忆以及引导未来的源泉。

上海作为全国较早开展文物保护工作的地区之一，黄浦区更有保护文化遗产的优良传统。早在20世纪初，这里就是上海文物保护与调查的重点区域。1929年10月31日，上海市教育局根据国民政府《名胜古迹古物保护条例》，向市政府呈报《上海特别市名胜古迹古物调查汇报》，提出了湖山、建筑、遗迹等三类29处保护名单。[1]中华人民共和国成立后，南京东路街区内的文物保护工

南京东路社区图

▪ 图6-17，南京东路社区图（南京东路街道提供）

---

① 《黄浦物语——黄浦区文化遗产》，上海辞书出版社2011年版，第12页。

作亦与时代同步。1953年《上海市城市规划示意图说明》、1982年《黄浦区地区规划纲要》和1982年《黄浦区地区规划纲要》编拟时，均提及保护历史建筑。1987年，黄浦区城建规划部门编制了《黄浦区城市历史建筑保护资料汇总表》及说明，列出区内具有历史性、标志性和代表性的建筑物63处，后又补充13处。1988年，南京东路街道内的人民广场建筑群被列为全市四处优秀建筑群之一。1991年12月，市政府颁布了《上海市优秀近代建筑保护管理办法》，规定市优秀近代建筑须保持原有建筑风格，禁止加层、扩建和改变外立面；人民广场等优秀近代建筑相对集中地区，要有成片历史地段保护，将历史文化遗产整合起来；在划定的保护范围与建设控制地带内，确需新建或改扩建的不能破坏周围环境风貌，并须经市有关部门审核同意。[①]

表6-1　人民广场周围地区首批优秀近代建筑情况

原有名称	现在名称	建成年份	坐落地点	保护主要原因
四行储蓄会大楼	国际饭店	1934	南京西路170号	上海地区标志性建筑，当时远东最新最高的建筑，城市中心空间轮廓线组成部分
西侨青年会	体育俱乐部、市体委	1932	南京西路150号	构成人民广场空间轮廓线建筑之一
华安合群人寿保险公司（金门饭店）	金门大酒店（华侨饭店）	1926	南京西路104号	意大利宫殿式建筑，1949年后有"华侨之家"美称
大光明大戏院	大光明电影院	1933	南京西路216号	曾有"远东第一影院"之称
跑马（厅）总会	上海图书馆等	1934	南京西路325号	构成人民广场城市中心空间轮廓线组成部分之一
老永安公司、新永安公司	华联商厦、华侨商店、上海东方电视台、七重天宾馆	1918 1933	南京东路635号、627号	构成城市局部空间轮廓线、反映地方特色的标志性建筑物、是上海近代商业建筑的代表
先施公司	上海时装公司、东亚饭店、皇冠娱乐城（黄浦区文化馆）	1917	南京东路690号	

---

① 上海市黄浦区志编纂委员会编：《黄浦区志》，上海社会科学院出版社1996年版，第378页。

（续表）

原有名称	现在名称	建成年份	坐落地点	保护主要原因
新新公司	市第一食品商店	1925	南京东路720号	构成城市局部空间轮廓线、反映地方特色的标志性建筑物、是上海近代商业建筑的代表
大新公司	市第一百货商店	1936	南京东路830号	
大上海大戏院	大上海电影院	1933	西藏中路520号	上海市我国建筑师代表性优秀作品
南京大戏院	上海音乐厅	1930	延安东路523号	上海市我国建筑师代表性优秀作品

资料来源：上海市黄浦区志编纂委员会编：《黄浦区志》，上海社会科学院出版社1996年版，第379—380页。

　　此外，南京东路街区西北境——位于西藏中路以西、南京西路以北的区域，在长期的发展中形成了以拥有旧式里弄、新式里弄、公寓大楼、花园洋房等各类各式住宅而著称的住宅区，这就是我们现在所说的"历史街区"。街区内的建筑、环境及生活处处透露出中西融合、古今传承的海派文化气息。

表6-2　南京东路街区遗存的石库门里弄一览

里弄名称	式　样	建造年份	房　屋	建筑面积（平方米）	今　址
尊德里	砖混2、3层	1930	138	27 020	厦门路136弄
鸿兴里	砖木2层	1920	6	1 384	厦门路243弄
瑞康里	砖木2层	1934	15	4 080	北京东路830弄、厦门路227弄
宏兴里	砖木2层	1935	18	4 226	北京东路850弄
德仁里	砖木2层	1929	10	2 220	广西北路446弄
渭水坊	砖木2层	1921	10	2 822	宁波路542弄
萃祥坊	砖木2层	1937	17	1 942	宁波路456弄
永平安里	砖木2层	1929	10	2 452	宁波路620弄

（续表）

里弄名称	式　样	建造年份	房　屋	建筑面积（平方米）	今　　址
德兴里	砖木2层	1928	1	356	牛庄路731弄
爱仁里	砖木2层	1933	7	1 820	北京西路218弄
梅园邨	砖木2层	1937	5	906	北京西路240弄1—7号
道达里	混合2层	1930	11	3 328	北京西路318弄（西）
承德坊	砖木2层	1930	5	1 390	北京西路340弄
陇西里	砖木2层	1930	4	1 374	北京西路364弄146支弄
平和里	砖木2层	1931	74	11 178	北 京 西 路239弄3—33号、2—22号
懋德里	砖木2层	1924	11	2 491	新昌路63、67弄
新中邨	砖木2层	1930	61	7 961	新昌路215弄、245弄
道达里	砖木2层	1930	2	632	新昌路280弄
松柏里	砖木2层	1928	8	1 098	新昌路328弄
厚德里	砖木2层	1920	7	1 751	新昌路375弄
梅福里	砖木2层	1932	18	4 172	黄河路125弄
协和里	砖木3层	1932	23	3 421	黄河路132弄
承兴里	砖木2层	1934	123	12 154	黄河路253弄、281弄
仁德里	砖木2层	1927	4	306	温州路7弄
同春坊	砖木2层	1933	46	9 282	凤阳路228弄
同福里	砖木2层	1926	47	8 869	凤阳路303弄、南京西路270弄
同益里	砖木2、3层	1929	32	9 895	南京西路479弄
后逢吉里	砖木2层	1929	4	838	贵州路131弄

资料来源：http://blog.sina.com.cn/s/articlelist_1562107720_3_1.html。

　　如今，许多石库门里弄建筑早已年久失修，破败不堪，居住空间狭促，居民利益错综复杂，如何通过抢救性的保护与城市更新手段，设法留住石库门的红砖褐瓦，留住弄堂里的味道与乡愁，同时改善居民生活品质与居住环境，成为南京东路社区管理者的一大难题。

　　机缘巧合的是，上海城市公共空间设计促进中心的"行走上海2017——社区空间微更新计划"启动后，南京东路街道对老石库门里弄建筑保留保护进行了一次全新的探索。所谓"微更新"的"微"，就是"不破坏、不干扰"。石库门"微更新"要确保不损害历史建筑，具有可逆性——即在将来拆除这些设施时也不损害历史建筑本体，还要在上海的里弄风貌街区中具有普适性。

　　2016年，宁波路587弄（爱民弄）与天津路500弄两个项目被纳入"微更新"试点。这两处里弄相互紧挨，处于宁波路、浙江中路、天津路与贵州路的围合区域，属于小街区石库门里弄类型。两个街坊出门就是繁华街区，但通道面向街区的入口空间布局都不太合理，通道本来就不宽，居民私搭自来水斗或随意停放的非机动车，还侵占不少空间；空中各种晾衣绳和建筑墙面上钉的防雨布等破坏景观，也损坏建筑墙体。近几年，黄浦区政府虽然对这两个社区都进行过大修，但政府大修主要是"托底"，尽量解决社区硬件问题，解决居民最基本的生活需求。居民更高层次的居住与心理需求以及个性化需求，很难通过政府大修得以实现。

　　在"微更新"计划实施过程中，南京东路街道十分注意挖掘与再现旧式里弄中特色的历史文化内涵。如宁波路587弄之所以叫爱民弄，是因为当年"好八连"露宿在贵州路而得名。30多年来，街道、居委与"好八连"始终保持共建关系，留下了很多佳话。负责此项目的日清建筑设计有限公司副总建筑师李竞打算在爱民弄用铜牌制成故事墙，回顾并传承这段军民融合、共建家园的历史。

▪ 图6-18，南京东路街道内的新式石库门（同益里），摄于2017年6月3日

2017年，被列入南京东路街道"微更新"项目计划的还有贵州西社区，这是由西藏中路、北京东路、贵州路与厦门路围合的石库门建筑小区，建于20世纪20年代，内有宏兴里、永平里、永康里和瑞康里4个里弄，目前有700多户居民。负责这一区域"微更新"项目设计的同济大学建筑与城市规划学院教授童明认为，"'微更新'是一种温和微创的方式，未必立竿见影，但只要持续渐进，就会产生效果"。在他看来，贵州西社区"微更新"的核心要点就是里弄内公共空间的改善，希望能更好保留保护弄堂文化。

近年来，随着城市治理水平的提高，黄浦区和南京东路街道深刻地意识到，城市历史文化记忆的传承不仅仅靠保护，这需要与居民的生活高度融合在一起，同时更好地满足居民对文化生活的要求。

南京东路街区内文化要素聚集，文化设施面积、人均面积、文化水平和功能在全市居于前列。以人民广场为圆心的1平方千米范围内，有剧院11家，其中有国内顶级的大剧院、上海音乐厅，有博物馆、规划馆、市工人文化宫，国内一流的大光明电影院、和平影都等文化场所，还有区图书馆、区青少年活动中心等区级文化单位。不缺文化资源的南京东路街道，如何整合资源，实现文化单位之间、文化单位与社区间的文化互动？如何摸索出一条以完善公共文化服务推动社区管理的新路径？这成为摆在社区管理者面前的一大困惑。

自2012年初起，南京东路街道以黄浦区打造"文化先行区"为契机，大胆创新，由街道搭建平台，邀请上海大剧院、上海博物馆、上海城市规划展示馆、上海音乐厅、上海人民大舞台等36家市、区级文化单位，通过"共建共享、互惠共赢"的方式，建立社区"文化大联盟"。

社区文化大联盟是南京东路街道基于创新社会管理的理念，本着完善公共文化服务体系的具体要求，以服务促管理、寓管理于服务的一项有益尝试。在这个平台上，文化单位向群众提供可免费享受的观影、品戏、鉴赏、教育培训等文化服务；社区也为这些文化场馆输出各类志愿服务等资源，实现了双赢。一年之内，该联盟的加盟单位就已包括了上海大剧院、上海博物馆、上海城市规划展示馆、上海音乐厅、上海人民大舞台等37家南京东路街区内的市、区级文化单位。它们提供的活动包括：上海大剧院提供免费艺术教育活动入场券，上海音乐厅每年为街道免费提供一次社区音乐演出场地，天蟾京剧中心逸夫舞台向社区居民提供公益演出票，大光明电影院、黄浦剧场向社区老年人提供低价场电影，格致中学为社区免费提供家庭教育、声乐指导等。

社区文化大联盟的意义在于，它能与普通居民亲切接触，从群众的实际需求出发，使南京东路街道珍贵的历史文化资源通过整合，融入老百姓的生活中去。牛庄居民区陈老伯

■ 图6-20，2014年3月11日下午，南京东路街道与"文化大联盟"成员单位上海大剧院合作，邀请布达佩斯节日管弦乐团的多位艺术家走进居民区，与社区文艺爱好者开展互动交流（南京东路街道提供）

在上海音乐厅欣赏表演后欣喜不已："上海音乐厅价格老巨的，今天终于不用花钱就能进去啦！"而曹光彪小学的小演员们则为小小年纪能登上国际大舞台而感到格外骄傲自豪："我们小巴辣子开心来，可以在顶级的艺术殿堂里表演！"[①]不可否认，近代上海由于受商业自由主义的影响，南京东路街区内的文化设施因其高档而收费昂贵，普通人民群众往往只

① 《上海南东街道：组建文化大联盟　激发文化要素聚合力》，《文汇报》2015年5月11日。

能望而却步。新时期的管理者正通过创新城市治理的方式，使历史文化资源能够让普通市民们共享，这既是对城市历史文化最好的传承，也实践了"人民的上海"的理念。

如今，这个社区文化大联盟又有了新的愿景：针对社区文化需求的多层次和多样化特征，从群众实际需求出发，分别为社区妇女儿童、青年学生、职场白领、社区青少年、老年人、外来流动人口及共建部队的解放军和武警战士等各层次人群度身设计文化活动，提升文化输出

▪ 图6-21，大沽路123号南京东路街道办事处所在地，摄于2017年7月7日

的有效性；以社区文化大联盟作为典型引路，推广体制内外、市区之间共同文化资源和市场文化资源的互通共享，释放文化服务大众、繁荣经济的溢出效应。同时，社区文化大联盟自身要进一步完善各界居民代表的参与机制，充分征询居民群众的精神文化需求，让文化大联盟更接地气，拥有更强的生命力。①

　　走进南京东路街区，这里的文化遗产样态丰富，去发现、去探讨、去品味，感受上海"城市之心"所在街区所散发的无穷魅力。

▪ 图6-22，人民广场喷水池中央浇筑的上海版图，摄于2017年5月31日

① 《上海南东街道：组建文化大联盟　激发文化要素聚合力》，《文汇报》2015年5月11日。

■ 人民广场及附近地区航拍图，王漪平摄于 2017 年 8 月 23 日

附录一
口述资料选

口述历史，或称口碑史学，也称为口头史学，是以口述史料作为主要研究对象的史学。具体来说，主要是历史学工作者以访谈的方式搜集口传记忆以及具有历史意义的个人观点，而后将这些记忆、观点加以整理研究。

在街区研究中，口述资料极为珍贵。保留着城市发展脉络的那些街区，承载着曾经生活在这一地区人们的情感与记忆，这些情感与记忆往往依托于一定的氛围与环境；这些氛围与环境，自然不是一成不变的，关键是生活在这一区域内人群的变化。所以，要考察一个街区，也要了解所在街区的社会生活，如此，就要扎实深入地掌握与分析街区内那些人群的状况。离开了这些人群，要考察一个街区的社会生活形态就无从谈起。有鉴于此，对居民的采访是一项重要工作。

在黄浦区有关部门、南京东路街道的大力支持下，课题组尤其得到辖区内一些居委会的帮助，他们热情联络到部分老居民接受课题组的相关采访。老居民的口述极有价值，主要体现在几个方面：（1）通过他们的回忆走进现场，加深了对所在街区历史的理解；（2）从中获得了一些重要的线索；（3）了解街区变迁的更多细节性内容；（4）有助于对街区发展关节点的把握；（5）采访内容与文献档案相结合，可以互相印证，互为补充。我们组织人员陆续采访了一些居民，整理出部分口述文章。囿于篇幅，我们仅选取其中的两篇。在此，谨向黄浦区有关部门以及所有口述者表示衷心的感谢。

石库门生涯八十年（1924—2003 年）

张景岳　口述、整理

口述、整理者简介：上海音像资料馆研究馆员

口述、整理时间：2015 年 10 月

说明：除叙述自己家庭（新闸路 478 弄 9 号）外，还对相邻的近 10 幢石库门房子的住户群体进行回忆，展示了 80 年来的变迁状况。

一、当年是怎样住进来的

我家是在 1924 年搬入现在的户口所在地新闸路 478 弄 9 号的，即新闸路成都北路口的聚庆里 9 号。之前我家就住在离此很近的新闸路 613 弄的树仁里（后叫经远里），靠近大通路（今大田路）口。当我祖父听到聚庆里开始顶房子的消息时，他跑过来看后一眼相中的是紧靠弄堂口的街面房子。可是当他马上回去拿钱来付定金时，此处已经给人捷足先顶了去了。可见当时街面房子是很抢手的，因为可以楼下开店楼上住家。于是祖父只好挑选了一幢靠近弄堂口、出行比较方便的住家房子，即聚庆里 9 号。

就是这样一幢一上一下单开间的石库门房子，其顶费也要高达 10 根大条子（即 100 两黄金）。以后只要按月付房租就可以一直住下去。不过这也是有限期的。在付顶费时就讲好，这房子 30 年以后要翻造，届时租约就结束了。当然随着时势变迁，直到今天 2015 年这房子仍未拆除翻造。余生也晚，不知其详，是听我母亲与哥哥讲的。不过我也听祖父亲口讲过，当我家正式搬进来时交所谓"开门费"10 块银圆。

当年大房东造好一条弄堂后，是按门牌号头一幢一幢顶出去的。我们聚庆里约有 50 个弄堂房子门牌号头和 25 个街面房子门牌号头，所以至多只能顶给 75 户人家。要顶下一幢石库门房子，是需要一定经济实力的。拿我家来讲，也是在来沪几十年后才能办到。

听我父亲说，虽然族谱上写着我家祖上来自苏州，但我高祖父张振荣年轻时是在江苏江都务农为生，因为家中只有薄田 10 亩，只得弃农经商外出谋生来到六合。这大约是晚晴同治年间的事（1862—1874 年）。所以我曾祖父张玉祥是在六合县城里结婚成家的，以后又到上海经商。我祖父张德林于 1890 年出生于六合时，我曾祖父已经常年在沪居住，只有逢年过节的时候才回去探亲。由于经济条件有所改善，我祖父 5 岁便发蒙，共

读了10年私塾。因为1905年时已经废科举兴学堂，所以祖父便弃学经商跟着曾祖父学做生意了。我幼年时常听祖父讲起这段惊心动魄的故事。1913年二次革命时，我祖父正巧在安徽临淮关收购粮食。当张勋的辫子军冲进来时，见我祖父梳着分开头便大叫："抓住这个剪了辫子的革命党！"我祖父拼命奔跑闪进一家药店，只见一名辫子兵紧紧相随欲举枪射击。我祖父急中生智将绑在腰间的钱袋解开后用力一挥，大叫一声："钱都给你了！"趁着辫子兵低头去捡滚得满地都是的银圆时，祖父从他所熟悉的药店后门跑了出去，躲过了这一劫，平安地回到了上海。当时我家住在虹口海宁路沈家湾，1914年，我父亲张步蟾就出生在那里。之后父亲手头稍有宽裕，开始与人合开一家小食品店。直到1924年前后可以自己独资开设商店，叫永和烟纸店，才能有能力顶下聚庆里9号，不再租住别人家的房子了。

不但我家如此，从我周边的邻居家来看，有能力顶下一幢石库门房子的，一般都是有稳定职业的中产阶层。

聚庆里是一条典型的石库门弄堂，从弄堂口进来是一条南北向的总弄，再通往3条东西向的支弄，成"丰"字型的格局。总弄左边（西边）的房子是单号，右边（东边）是双号，很方便寻找。拿我家所在的这排房子来讲，东西两头的5号、13号是双开间，中间的7号、9号、11号是单开间。这5家相依为邻故相当熟悉。另外，因我家习惯于从后门进出，故对于面朝后面的从15号到23号这5家也很熟悉。现在来说说8家房东1949年后的情况。5号是开医用玻璃器皿厂的，男女主人斯斯文文，家里干干净净，子女读书也很好。7号是位老中医，常州人，作为开业医生虽有点名气，但收入情况一般，故他大儿子弃医从商，去榨油厂当了会计，小儿子在中专学校当老师，只有女儿跟他学中医。他1953年左右去世后，女儿便去医院工作了。11号是邮政局职员，好像是抗战时才搬进来的，会修收音机。1949年后一直卧病在家中休养，30多年如一日拿着不低的病休工资，充分体现邮局职员医疗福利的优越性。13号原来也是一位开厂开店的老板，后因经营失败而离沪回乡。1949年后搬来的是做皮革生意的商人。因为当时货源急缺，皮革价格暴涨，他很快从小贩成为富翁。虽然已经腰缠万贯，有银行存款数十万，黄金几十两，但他在客堂间里吃饭时却仍坐在小竹凳上，保持着往昔的生活习惯。15号是洋行职员，收入颇丰，月薪据说有500多元，10倍于当时的平均水平。所以他是整个聚庆里唯一拥有电冰箱的家庭。1965年时他家又买来了当年极为稀有的电视机，吸引了一群调皮捣蛋的小男孩趴在他家楼下前厢房的窗子前大喊大叫："把电视机拿出来大家一道看看！"直到邻居与弄堂干部前来指责才散去。19号是做珠宝生意的，听说专为有钱人服务，其中的利润空间相当大。他家是整个里弄中十分罕见的整幢房子由他一家居住而没有一间租出去的人家。1949年后只见他一直在家操持家务，家中弄得井井有条十分干净。他有3个儿子，老大是西药房药剂师，老二原是账房先生，但很早就失业在家，老三在百货店当店员。这三兄弟都早已结婚成家，生育了许多子女，所以这幢房子可谓人丁兴旺。21号原来住的是一个老板，因生意不错赚了很多，1949年前夕搬到新式里弄洋房里去了。后来搬进来的是一家里弄工厂，叫"水发昌五金厂"。楼下从天井（已搭成房间）、客堂到灶披间，全部是生产车间，摆了十几台小型的简陋冲床。工人用脚一踩，"哐当"一声就冲下一个如卷笔刀大的椭圆形的小零件，顺势滚落到脚边的圆筐里。楼上则住着老板一家子。他家搬来之前住得并不好。他家大女儿曾说过，当她第一次睡在棕绷床上时觉得真是舒服极了，因为以前一直是睡地板的。23号这一家是卖粱饭的，外号"小粱饭"。他与我爸年龄相仿从小相识。我曾听他亲口讲起，在邻近的和安小学（后为静安区第三中心小学）毕业后，进了电话公司当接线员。当时（1920年代末）他的英语听力很好，接听一般要求转接的英语电话是没问题的。但讨厌的是常会碰到喝醉酒的洋人，用含糊不清的英语叫他立马转接，稍慢一点不但破口大骂还打投诉电话。他受不了这种气，便辞去工作回家卖粱饭。天井就是他的作坊。他每天下午开始用大的淘箩淘米，第二天凌晨两三点钟便生火烧饭。天还没亮他们夫妇俩便推着一大桶粱饭去斜对面马路上设摊，到上午九十点钟收摊回来。他是整个弄堂起得最早的人。不要看他做的是小生意，日子照样过得很滋润，也有能力顶下这幢石库门。

二、何时变得拥挤起来了

一说起石库门房子，就联想到它拥挤不堪的样子，其实抗战之前情况并不是这样的。1924年我家住进聚庆里9号时，家中只有祖父母与父亲三口人。过了5年之后才陆续增加了我母亲、大姐与哥哥。直到抗战爆发家中也只有六口人。3—6人住这样一幢房子是很宽裕的，因此有时会把多余的房间租出去。但是当初要租住去并不容易，往往把招租的纸条贴在弄堂口的电线木杆上好多天才有人来问津。当时整个弄堂里人也不多，并不拥挤。我母亲以往常跟我提起一件往事，更加深了这种印象。我家隔壁11号原来住的人家是工部局里的包打听，后在捉强盗时因公殉职，所以他的儿子被保送到育才中学读书。谁知没两年他儿子因病夭折了，于是他妻子不得不回外地老家去了。就在11号这幢房子空出来之后的那个月，大房东派来收房租的那几人便来与我家商量，说你们家就把这幢房子拿下来吧，只要按月缴房租就行，不要你们顶费。我祖父当时就想，房租是每个月都要交的，而房子却不是每个月都能租出去的，算了就不多这件事了，于是婉言谢绝了大房东的好意。我母亲事后说，谁知道没几年房子竟然变得这么吃香！

聚庆里的房子变得拥挤的转折点是1937年的"八一三淞沪战争"。我父亲清楚地记得8月12日那天当大家得知中国军队开进闸北的消息时马上意识到要打仗了：东洋人肯定又要像"一·二八"时那样对华界闸北狂轰滥炸烧杀抢劫，所以当天就有数十万浜北居民跨过苏州河涌入浜南租界。因为聚庆里所在的新闸路紧靠着苏州河上的新闸桥，所以如洪水一般涌来的闸北市民首先就在这一带找房子住下。一则因为近，逃难过来的闸北市民身上都背着大小包袱，手里拎着大小箱子，都想尽快找到落脚点；二则因为价廉，与北京西路、南京西路上的新式里弄相比，新闸路、成都路上的老式石库门租金要便宜得多，所以我们这一带的石库门房子都变得非常拥挤。更可恨的是，日军在10月27日占领华界闸北后竟然到处纵火，冲天大火至少燃烧了3天3夜，把闸北成千上万幢石库门烧成一片废墟，以后便成为外地难民来沪后搭建的棚户区了。匆忙涌入浜南暂时借房住下的闸北市民，即使等到抗战胜利也无法搬回自己的故居，就只能一直在浜南的石库门房子里挤下去了。我大姐夫每次与我大姐回来探亲都住在我家。他曾不无委屈地对我说，他家原来在闸北的房子还是蛮宽大的，因为父亲在汇丰银行基层部门当职员。后来就是因为东洋人打仗把房子烧掉才住得这么挤。确实，他家从闸北逃过来时就住在后弄堂里，天井加前后客堂满打满算也不足30平方米，而1950年代初期却要住上一家三代11口人，靠在后客堂搭阁楼才解决了众多小孩睡觉的问题。他们直到改革开放后的1980年代末才搬进新居，结束了这种拥挤不堪的状况。

石库门房屋拥挤，也带来了乱搭建成风。我父亲曾讲起过，抗战之前的搭建一般控制在正常范围内，最常见的是候客堂搭个2层阁，前后楼上面搭3层阁开个老虎窗，最多将天井盖上玻璃顶棚变成房间，不会改变整体的外观结构。自"八一三"后，尤其是日军占领租界后，由于管理松懈，乱搭建成风，有的干脆将石库门房子的屋顶整个掀去，将原来的2层加盖成3层，以便增加面积多收租金。如我们弄堂里的29号就是这样。

乱搭建的风气在1958年后得到了有效的阻止，因为这一年上海房地产业完成公私合营，聚庆里的房子也由原来的大房东变成由国家的房管所来管了。现在不再有二房东与房客之分，大家都变成国家房管所的租赁户了。这样一来，原来那种让二房东多搭建多出租多收费的原始冲动被釜底抽薪不复存在。原来搭建的较坚固的被保留了下来，而那些不大牢靠的则被逐渐拆除。拿我家来讲，在1940年前后我祖父因拍叫货（拍卖）而购得一批建材，因来自被拆除的洋房故质量较好。我祖父用它们将晒台搭建成房间，称之为"三层楼"。它南北有窗，又铺了地板，比较高敞明亮坚固，故一直使用到现在。另外，我祖父又买了一批木板木材，在屋头顶上搭建了一个简易的露天晒台，有十三四个平方米。到1964年时房管所因安全问题将其缩小到三四个平方米，到1980年则全部拆除。与此同时，弄堂里原有的几处这样的简易屋顶露台，也都先后被拆除干净了。

1958年的最大变化有两点，一是取消了原来二房东对整幢房子的租赁权，现在不分房东房客大家一律平等都成为房管所的租赁户。二是对所有租赁户一律实行低房租政策，这对原来的房客特别有利。拿我们9号讲，3层楼亭子间的租金锐减到每月只有区区八九毛钱，只有原来3元多的1/4左右。这对广大房客来讲，当然是一件值得举双手赞成的大好事。但是从长远的角度来看，以上两大变化是既有利也有弊。因为1958年以前实行的是一种非常灵活的房屋租赁方式。对房客而言，若想租房只需与有出租意愿的二房东去接洽，一旦谈妥便可入住。对二房东而言，可能因为家中人口少住房面积大而出租，如我家抗战之前；也可能因为想借此增加收入贴补家用而出租，如我家1949年以后。而且一旦家中因人口增加或经济改善，还可按规定辞退房客收回租出去的房子。这是一种有进有出的流动状态，大家可以互相调剂，满足各自的需求。拿我家来讲，因为当时经济比较拮据，于1953年把3楼租了出去，收了顶费300元与每月租金3元5角左右。1955年上半年与下半年又把亭子间与灶披间先后租了出去，其中灶披间收取顶费200元，每月租金2元5角。而亭子间因免收顶费故而每月租金为15元（含电费）。后因亭子间整天把收音机开着，用大电灯泡把房间照得雪亮，所以不久便把电费从房租中扣除了。总之这些所收到的租金与顶费对家中日常开销不无小补，全家人也因此愿意暂时住得挤一点。更重要的是这些房子既租得出去也收得回来，还是属于自己的。如1956年上半年，灶披间的租户因去外地工作而退租。经里弄干部调解，双方达成协议：因对方已经入住了9个月，故从200元顶费中扣除了90元。我家在退回110元顶费后便把灶披间收回了。而1956年后这一切都结束了。石库门房子的租赁关系进入了一种凝固僵化的状态。首先你作为国家房管所的租赁户是无权把房子租出去收取租金与顶费的。其次因实行低房租政策，即使你比以前少住一二间，也只能省下微不足道的一两元钱。当你把腾出的房间让给别人住，就等于把多余的房子无偿地上交给房管所，而且一旦失去便永远失去，因此大家肯定不会这样做了。对人口多房子少的房客而言，现在只能向房管所一家提出申请。至于要等到哪个猴年马月才能分到房子，则谁都说不清了。因为对房管所而言，需要分房的租户太多，而手中新增的房源太少，实在是有点照顾不过来。拿我家来说，自1956年后灶披间先后由祖父与姨婆居住，当1960年、1961年两位老人先后去世后，便有两位邻居提出能否把灶披间借给他们住，我们当然一口谢绝。为了杜绝这种企图，我们干脆把一日三餐等日常起居活动从客堂转移到灶披间。此时竟有邻居去里委公开要求：别家人少房子大（5人住50多平方米），我家人多房子小（6人住11个平方米），应该让出一点给我们住。好在里委干部还是懂政策的，马上说这怎么可以，居民正当的住房权利是受法律保护的。这样，要求一平二调的言论才偃旗息鼓。

不过我们弄堂里在1950年代确实是越来越拥挤了，原因有二：一是公私合营后搬来不少人。原来开设在石库门里的小工厂小作坊搬走了，而由本系统的职工搬来居住。5号的医用玻璃器皿厂搬得早，1959年时就搬来两家人家，一家搬进原为工坊的客房间，一家搬进原为老板办公室的楼上前厢房，每家6口共12人。21号的水发昌五金厂搬得迟，到1961年才搬来4家共10余人，其中3家住在原为车间的统楼下，一家住在原为老板办公室的亭子间。这两幢房子一下子就增加了20多口人。二是正逢生育高峰又增添了不少人。当时这种情况太常见了，起初小两口结婚租下一间房还算可以，但没几年就儿女成群变得十分拥挤。就拿我家3楼来讲，1953年夫妻俩结婚来住，到1959年时已有二男二女，6个人住11平方米怎能不拥挤？再拿隔壁11号灶披间来讲，1948年夫妻俩结婚入住，到1956年已有一女三男。这6个人住的地方竟不足8平方米（7.8平方米），真是太挤了！更极端的例子是东隔壁7号灶披间，老夫妻从1930年到1950年先后生育了三女四男共7个小孩，最后不得不把刚出生的女婴丢到马桶里去。9口之家竟住在7.8平方米的蜗居内，简直难以想象！那么那时的石库门居民是怎样克服极端拥挤的困难呢？以7号灶披间为例，一是向弄堂里借地方。只要不刮风下雨，就从早到夜坐在后门口的弄堂里，从一日三餐到洗衣拣小菜做功课都在弄堂里进行。二是让儿女们外出。1950年代三个女儿先后出嫁，大儿子到外地工作，二儿子进厂后住集体宿舍。到1960年时他家已从一家9口变为一家4口。之后最小的两个儿子又先后参军，由此不再拥挤。11号灶披间那家是比较幸运的，早在1961年就因单位照顾而搬到了张庙一条街的新工房里（在宝山县长江西路一带），告别了蜗居。而9号3楼那家，则于改革开放后的1983年因福利分房而搬到虹口的凉城新村，改善了住房条件。

就在石库门住房最拥挤的年代（从1940年代末到1960年代初），我发现我家所在弄堂的住房状况似乎存在一种出人意料的"马太效应"现象。即原来住得比较拥挤的那些原为房客的人家正变得越来越拥挤，而原来住得比较宽敞的那些原为二房东的人家则变得更宽敞了一点或维持原状。原为房客的拥挤情况已经讲过，现在来看一下原为二房东的情况。以我家为例，1954年前全家共有9口人，后因大姐与哥哥大学毕业后分到外地，祖父与姨婆又先后去世，到1961年后已变成5口之家。在此期间只少了一间亭子间，因此人均居住面积从7平方米增至10.5平方米。再以7号为例，1953年前全家共有8口人，后因老中医去世，大儿子一家3口回了老家常州，女儿出嫁，小儿子结婚后与人换房搬出去住了。到1961年只剩下老中医遗孀与她外孙两人。在此期间只少了一间前楼，故人均居住面积已从6平方米增至17.5平方米。11号那家在1953年前共有7口人，后因3个女儿出嫁而变为1961年后的4口之家，人均居住面积则从8平方米增至14平方米。另外，有关17号、19

号、23号人口与住房变动情况，经考察后发现是不增不减，详情就不展开了（至于5号与
21号因公私合营导致居住人口变多，此处不再赘述，而13号与15号情况不详，故不予讨
论）。现在值得我们引起思考的问题，一是这种住房状况的马太效应是否属于当时全上海
石库门房子的普遍现象？二是如果普遍存在，是否意味着倘若允许有偿租赁互相调剂，当
年拥挤状况能得到一定缓解？

　　自1962年后石库门弄堂里的拥挤状况开始得到一定程度的缓解。原因有二：一是计
划生育的初步开展使小孩出生率降低。以前一对夫妇通常要生4个小孩，现在提出的口号
是"一个不少，两个正好，三个多了"。如同商量好了一样，凡是在20世纪60年代生育的
夫妇几乎都只生了2个孩子。不论是我们9号亭子间还是对门19号的后楼与亭子间，这三
对夫妇都只生了一男一女两个孩子就不生了。而19号亭子间与11号楼上这两对夫妇都只
生了两个女儿就止步了。二是很多年轻人去了外地。第一拨是1963—1966年政府动员没
有考取学校的社会青年去新疆，其中5号、7号、13号、21号、23号均有人去。第二拨是
1968—1976年知识青年上山下乡，涉及5号、7号、9号、15号、19号、21号、23号。有
的一户人家就有3个人去插队，如15号楼上前厢房。另外还有大学毕业分配到外地的，如
5号、9号、13号三家，粗粗统计一下在20人以上。当时已明显感到，平时弄堂里的小孩
与青年人少了。但到春节时又特别热闹，因为大家多从外地回来探亲了。1978年改革开放
以后，虽有不少知青返城，但因实行独生子女政策，小孩出生率更低，故拥挤程度并不严
重。后来随着新工房盖得越来越多，特别是1998年实行住房商品化之后，弄堂里越来越
多的人搬到外面住了，住房问题不再是一个老大难问题了。

三、为何不搬出去住

　　自我家搬进聚庆里9号后的10余年间，上海开始建造新式里弄房子，那里有煤卫设
备与钢窗打蜡地板。与之相比，我们这种石库门房子的缺点已经暴露无遗。一是没有煤卫
设备要倒马桶生炉子，非常不方便。二是房屋结构较差，不仅前后楼，前后客堂之间甚至
前楼与客堂上下之间都是用木板来分隔的，所以隔音与保温的效果都很差。那么为何不搬
走呢？当然主要是经济条件所限。虽然1924年后我祖父开的商店有所扩大，改名为"亚
洲公司"，后来还赶时髦装了霓虹灯，但其实这仍是一家稍大一点的烟纸店而已。1932年
后因受"一·二八"战事影响上海市面很不景气，祖父不得不把商店关掉。之后他又到锦
德银行当职员，这是我祖父一位好友与人合股开设的一家小银行，坐落在天津路上。此银
行在抗战胜利之后的1946年倒闭，祖父从此失业在家。虽然靠自己的经济实力无法办到，
但却有两次搬家的机会被自己放弃了。一次是开设锦德银行的那位老友在新法租界建造了

一处新式里弄房子，他见我祖父工作得很好就要送一幢给他。我祖父婉言谢绝后对家人说，我不想欠人家这么大一个人情，还是住在自己家的石库门里安心。另一次是我父亲所在的国华银行特地为职工建造了一处崭新的新式里弄房子叫华村，坐落在五原路上。我父亲是在1953年以第一名的成绩考进国华银行的，他从练习生做起，此时已有资格入住了，但他却放弃了这一机会。事过几年之后，我们子女仍感到大惑不解，问我父亲这又不欠人情为何不去住？他回答道，一则住在那里太拘束，与同事们上班在一起，下班还在一起，用现在的话来讲就是一点隐私都没有；二则无论出行还是购物都不方便，当时那里的环境非常安静或者说十分冷僻，要步行到静安寺才有各种商店与公交车辆，居家过日子多不方便。我猜想还有一个隐性的原因，那就是石库门更适合于举办那些传统的习俗礼仪。

众所周知石库门房子里的家具摆设，最大特点就是中西合璧。拿石库门中最好的两个地方来讲，一是作为主卧的前楼，其家具无论是红木梳妆枱、面妆枱、大橱、大床、夜壶箱还是靠背椅与五只脚的圆凳子，其造型都带有明显的西洋风格。而楼下客堂间里，不论是两张红木八仙桌、四个茶几、八张靠背椅还是长条供桌（用一整块红木做成的，又厚又宽，长达2米多，再加上两个搁儿），都是典型的中式家具。为何要在此营造如此浓郁的中式氛围？因为全家人都要在此举办最隆重的仪式祭祖，俗称敬老祖宗。我记得小时候每年春夏秋冬都要祭祖，还有一次是小年夜，在临近中午时，大人们先把两张八仙桌拼在一起，在其左、右、后三面放上10张凳子或靠背椅，再放上碗筷饭菜，点上香和蜡烛，并把平时紧闭的大门打开，说是请祖宗进来。此时大人就很严肃地跟我们小孩讲，千万不能碰这些凳子椅子，老祖宗已经坐在上面了。于是站在夹弄里等候的我们，便按辈分大小依次小心翼翼地走过去磕头与焚烧锡箔。一直等到祭祖结束，大家才一齐动手收拾桌椅碗筷，把一切恢复原样。我想只有石库门房子的客堂间，才是最适合搞祭祀这种传统礼仪的地方。要是在新式里弄那些摆放沙发的西式客厅里举行，总有点格格不入的感觉。这可能也是我祖父也赞同父亲不搬去华村的隐形理由之一。不过随着时代的变迁，最隆重的仪式也会消失。我清楚地记得家中最后一次祭祖是1965年12月的冬至日中午。后来祭祖不搞了，客堂间的摆设也随之改变。1967年后父亲搬走长供桌，弄来小铁条把客堂间变成了卧室。1969年底除两张八仙桌外客堂间其余家具被全部卖掉。1974年后我家也开始学邻居样，在客堂间里摆放沙发，除八仙桌外，一切都是西式的了。

出行与购物方便，还真是当年住石库门房子的两大优点。拿交通来讲，我家弄堂口东面就是3路有轨电车的站头，上车后仅几站路便可直达上海最繁华的地方南京路浙江路口，那里是先施公司永安公司所在地。此站还有14路公共汽车可乘。而在我家弄堂口西面就是成都路口，那里总是停着好多辆三轮车，手一招就过来，真是方便极了。说起购物更方便，当年的新闸路东起西藏路西到石门路，是一条布满店铺的商业街，没有一家店面房子是空着的。什么布店、米店、茶馆店、百货店、五金店、烟纸店、酒店、饭店、点心店、银行、当铺、钟表店、中药房、西药店、照相馆、菜场、浴室、理发店、文具店、糖果店、熟食店……可谓应有尽有，虽然档次不高，但都是卖老百姓居家过日子用得着的东西。一直到公私合营之后的1958年，因为许多同类型的商店都进行了合并，新闸路上才出现街面房子改为住家的情况。1992年上海三年大变样：一是要造南北高架拓宽马路，二是旧区改造，如拆了对面仁济里委的石库门而建高层住宅。这之后原来人们所熟悉的各种商店基本上消失了。现在仍住在石库门里的人要买东西已经不太方便。不过交通倒是越来越方便。1960年新闸路拆除有轨改行16号无轨电车。特别是1995年起更是旧貌换新颜。走出聚庆里弄堂口往东就是地铁一号线新闸路站，片刻之间就可到达原本认为相当远的徐家汇。而弄堂口西面就是南北高架的公交车站，有许多南来北往的公交车可乘。出行乘公交已变得四通八达异常快捷。对石库门的居民来说，这真是划时代的进步。

环境嘈杂与设施较差是石库门房子被人诟病的两大缺点，几十年来也稍有改善。摊贩众多是造成环境嘈杂的一个重要原因。我还记得小时候的弄堂里到处是摊头，当初一进弄堂口东边是大饼摊，西边是香烟摊、皮匠摊、糖摊头（一对老夫妇所开）、面摊头、小书摊，又是皮匠摊与糖摊头（一青年于1954年新开张，1958年被招工），一共9个固定摊头。另外还有从早到晚川流不息的流动小贩。天刚亮就有广东人来卖糖伦教糕，雪白的、粉红的蒸糕非常清爽诱人。接着有卖小馄饨、卖豆腐花、卖糖粥、卖面包的……纷至沓来。摊头随着季节变化也会有所不同。夏天有卖棒冰、雪糕与绍兴霉干菜的，冬天则有卖热的焐酥豆与檀香橄榄的。最惊天动地的是爆炒米花的，他会先大叫一声："小人当心，炒米花响了！"然后是"砰"的一声巨响。最受欢迎的是卖三北盐炒豆的，他会边走边喊边把手中的盐炒豆撒一把在你小孩子身上。最滑稽可笑的是每天傍晚卖酱菜的要边走边叫："酱生姜甜酱瓜！"我们小孩就在后面应声叫道："打相打寻相骂！"然后在"勿要捣蛋，回去吃夜饭"的训斥声中哄笑着散开。最悦耳动听的是深夜时传来的"桂花赤豆汤，五香茶叶蛋"那吴侬软语的叫卖声。印象最深的是那些哄骗小孩的，有看西洋镜的，有放小电影的，有用饴糖浇成各种动物形状的，有用彩色面团捏成各种面人的，常吸引着无数小孩在看景。除此之外，有各种小修小补的，如修洋伞、修套鞋、修煤炉以及串牙刷、配钥匙的等，还有染衣裳的、切笋丝的等。不过最常见的是卖旧货的，会边挑着担子边叫喊："易货哎，阿有卖烂东西，烂东西调自来火！"因为当时石库门人家每天都要生炉子，所以火柴是必备的易耗品。弄堂里这么多的摊贩虽然造成了环境的嘈杂，但也带来了生活的便利。不过到了1958年因为政府对小商小贩搞了合作化，所以无论是流动的还是固定的，大部分摊贩

都从弄堂里消失了。到1970年以后连弄堂口仅剩的酱菜摊也撤走了。石库门弄堂变得安静整洁了许多。

　　石库门房子设施较差是人们总想搬离的主要原因。不过这几十年来还是有所变化有所改进的。首先拿生煤炉、倒马桶来讲，大家可能不知道石库门房子最早都是烧大灶头的。我家就从1924年一直烧到1955年。后来因为要把灶披间租出去，这才拆了大灶头改用煤球炉。因为每天一清早起来生煤炉非常麻烦，所以大约在1970年代初大家开始用煤饼炉。只要炉子密封性好又掌握了技巧，就可以封过夜，第二天一打开就又可以用了。如果不巧熄灭了，那么重新生炉子可比用煤球更麻烦些。真正的转折点发生在改革开放后的1991年，我们聚庆里都装上了煤气扔掉了煤炉，有了彻底改变。至于彻底扔掉马桶，虽至今仍无法办到，但情况也有所改善。1960年代时，情况仍然像1940年代的老歌所唱的那样，"粪车是我们的报晓鸡，多少的声音随着它起"。只有大年夜与国庆节前一天才改为下午倒马桶。好在1970年代弄堂口扩建了化粪池，可以让居民随时来此倒痰盂倒马桶，无须再将秽物放在家中一整天后再处理了。这一改进深受居民的欢迎，虽然不时有人拿着痰盂在弄堂里跑来跑去，显得不大雅观与有些无奈。直到1990年末有人开始悄悄采用电泵马桶，因为它是把秽物直接冲入下水道，所以一问世就备受争议，并未在石库门里普及开来。因涉及整个地下管道的重新安装，所以想在原有石库门内用上正规的抽水马桶现在尚无办法。其次石库门房子的隔音、保温与通风效果很差，因涉及整幢房子的建材与结构，故几十年来虽有所改善但终难彻底解决。拿保温与通风效果来讲，我家冬天的前楼虽然白天阳光灿烂但夜晚冷得要命，因为外墙是隔板窗子又漏风。好在只要有热水袋汤婆子躲进被窝里还能过得去。最难过的高温酷暑天，因为家中太闷热，所以一到傍晚弄堂里马路边都坐满了乘凉的人，往往连自行车都推不过去。男的几乎都是赤膊加短裤，汗流浃背之际已顾不上仪表仪容了。虽然1977年起电风扇开始普及，但因吹的是热风，故无济于事。直到上海三年大变样后开始普及空调，情况才有了彻底改观。我家是1999年在客堂间装上空调的。于是酷暑之夜，以前是门窗打开现在是门窗紧闭，以前是赶紧到马路边去乘凉，现在是全家人躲在客堂间里孵空调。不久之后商店办公楼与公交车上都有了空调，盛夏酷暑人们要穿衬衫长裤进去，石库门里的居民变得文明起来了。不过房间之间隔音效果差与黄梅天楼下人家到处回潮湿气重，仍是石库门老房子难以治愈的顽症。

　　与煤卫齐全的新式里弄、大楼公寓相比，石库门居民总盼着能搬出去住。以前我妈老念叨这房子讲好30年后就拆，现在早过了1954年，不知哪年能拆房搬家？哎，到了2002年老房子没拆我们就准备搬走了。为何？因为里弄召开居民大会正式宣布，五六七这三个月先拆平对马路仁济里委的石库门老房子，八九十这三个月就要来拆我们新桥里委。还说因为没有原地安置要全部搬走，所以要赶快去找过渡房。怎么办？在没有拿到动迁款的情况下，只能将就着去买了一处朝向很差的房子。于是我们在2003年7月终于搬出了已经居住了80年的石库门老房子，入住到现在胶州路上的静安教师公寓。由于种种不可预测的原因，拆除马路对面仁济里委竟然拖了整整三四年时间，而关于拆除我们新桥里委之事已经没人再提了。我家和左邻右舍一样都把自己空出来的房子租给了外地来沪打工者。这样一来，除了房子没变，其他都变了。其中反差最大的是春节期间，以往这是弄堂里最热闹的时候，因为凡是在外地插队或工作的亲人几乎都赶回来探亲了。而现在春节却是里弄里最冷清的时候，因为此时几乎所有的外来打工者都已回老家探亲去了。令我们这代人魂牵梦萦的石库门老房子，现在已成为上海的"城中村"，农民工的聚集地。

四、难忘的三大变化

这几十年来住在石库门里的居民怎样看病生孩子？怎样读书上大学？又怎样报户口？有关生育、教育与户籍制度这三大方面的变化，直接涉及居民们的生老病死、文化素质与合法身份，也最能反映一个地方的社会变迁与时代进步，是值得加以记述的。

以前我家是怎样看病生孩子的呢？听长辈说1949年以前都是去看私人医生，而且绝对是以中医为主。尤其令人吃惊的是，生小孩时竟然请的是老法接生婆，俗称"老娘"，连19号吃西药饭的都是这样，更不要说我们家了。所以那时婴幼儿的死亡率特别高。我祖母前后生了3个子女（约在1910—1914年），前2个都夭折了。在生我父亲时因心有余悸不得不听从别人的提醒，用一个罩子把新生的婴儿罩住，并念道："这下罩住了，不会跑掉了！"现在看来这完全是一种心理暗示和自我安慰，但巧的是我父亲竟然就此平安长大了。因此他的小名就叫"罩子"。我母亲在1933年生我大姐、1935年生我哥哥、1938年生我二姐时，都是"老娘"接生。直到1942年我母亲生孩子时因为难产一直生不下来，接生婆一看不对要出人命了，吓得悄悄溜走！在这生死关头家人终于想起来还有新式医院，于是马上叫救命车把人送去，这才救了我母亲一命。但腹中的男孩当然死了，我祖母因此痛哭流涕，我母亲也一直念叨这个属马的男孩死得太可惜了。从此以后我家才坚决摒弃中法接生而相信西法接生了。第二年（1943年）我母亲生我小姐姐时就是去的医院。之后隔壁11号亭子间正巧有了挂牌营业的新式助产士，她是11号户主的妻妹。隔了两年她为我母亲接生时，没料到婴儿在出娘胎前脐带脱落而导致死亡。所以到1948年给我接生时，她就有了准备，先用产钳把我引出来，再倒拎我双脚边摇晃边拍肾，直至我大声哭出来。我母亲在1933—1952年间共生了10胎，只存活了二男三女5人。相比之下，从我大姐姐1956年生第一胎到我妻子1978年生我女儿，我们兄弟姐妹5人先后共生育了10个小孩，

全部都成活了并健康地长大成人。综观我家祖孙三代，其婴儿成活率从1/3提高到1/2，再猛增到100%，其提高之快变化之大，确实令人感到惊讶。其所以如此与1949年后医疗卫生网的进步与完善有关。即使是老式石库门里弄照样每个里委有卫生站，街道也有地段医院，此外还有中心医院，附近还有同济医院、第六人民医院等甲级医院。记得我小时候经常会感冒发烧扁桃体发炎，我母亲就背我到近在咫尺的新城区第三联合诊所去看病。这是1949年后人民政府把附近私人开业医生组织起来而成立的。诊所就在新闸路成都路口西北一侧，坐落在原为江宁会馆的传统中式的高大平房内，离我家只有几十米远，1952—1957年期间我一直在此看病，自1958年这里改为中药制药厂后我才改去附近地段医院。比较完善的医疗条件使石库门里的人均寿命得到延长。拿我家来讲，1948年我祖母去世时年仅58岁，而我祖父1960年去世时为71岁。当年还较认同"人生七十古来稀"这句话，而现在则认为在退休职工中"七十才是小弟弟"。所以我父亲1998年去世时年85岁，而我母亲2000年去世时已87岁。两代人的生命记录表明这半个世纪以来人的寿命有了明显的增长，而这两代四口人都是生老病死在聚庆里9号这幢石库门房屋里的。

那么石库门居民的教育状况又是怎样变化的呢？这几十年间有过快速发展，也有过曲折迂回，大体上形成了快—慢—快这样的三部曲。

拿我家来说，祖孙三代的受教育情况有明显不同。我祖父生于晚清，只读过10年私塾，没上过新式学堂，所以他这一辈子穿的是长衫，写的是毛笔字。有意思的是我祖父晚年放在手边反复观看的是一本手掌大的线装书叫《耳顺集》，是天虚我生（陈蝶仙）晚年所写的一本诗文集。后来我才知道此书作者既是著名文人（鸳鸯蝴蝶派代表人物）又是一位爱国实业家（创办了家庭工业社），这种身份与经历最容易引起祖父的兴趣与共鸣，所以他才会如此喜欢这一本袖珍书。我父亲生于民国初年，接受的全部是新式教育。他在我家附近的和安小学毕业后，先进了南洋中学住读。因为家中觉得校方对学生的管理有点放任自流，就让他重新去读虹口的老牌教会学堂"英华书馆"。那里除了中文课外采用全英文教学，所用教科书都是从英国原版进口的。如历史课本《世界史大纲》(*The Outline of the World History*) 就采用天津北洋大学的教材。这本书我以前看过所以有印象。有意思的是英华书馆规定，高中毕业能否通过要以香港大学新生入学考试能否通过为标准。所以我父亲获得了1933年香港大学新生入学通知书，连新学期的课表都收到了。不过以我家当年的经济状况是无力供养他去读港大的，他不得不寻找职业谋生。后来我父亲以第一名的成绩考进国华银行当上练习生，因英文较好被分在国外汇兑部。以后在孤岛时期又进沪江大学夜校部攻读与银行业务相关的专业，但是太平洋战争爆发后日军占领租界，使这一学习戛然终止。没能接受完整的高等教育，成了我父亲终生的遗憾。直到解放我们这条石库门弄堂也没听说过谁是大学毕业生。不过这一遗憾终于在1949年以后我们这些子女身上得到弥补。

1949年以后尽管百废待兴，但人民政府仍然采取各种措施来大力发展高等教育，鼓励有志青年报考大学。为此国家不仅免除大学生的昂贵学费、免费供应伙食，还让他们享受公费医疗等干部待遇，这真让人喜出望外。我父亲一直希望子女能多读一点书。早在1944年我大姐读中学后，有的亲友就说女孩子读这么多书干什么？日后还不是嫁给别人。这是当年石库门家庭中非常流行的一种看法。我父亲不予理睬坚持让她上完高中。1950年大姐高中毕业后尽管在市纺管局找到了工作，但她提出想读大学时我父亲仍然表示积极支持。1951年我大姐考进上海财经学院，本来讲好读4年，后来学校说现在国家建设紧需人才，所以缩短为3年。1954年我大姐毕业后被分配到沈阳机床厂，这是国家一五计划重点建设单位，所以她是兴高采烈地去的。那时尽管我还很小，但仍清楚地记得弄堂里扩音机老是唱着那首歌，"我们要和时间赛跑，走向工业化的光明大道！我们要和时间赛跑，迎接伟大的建设高潮！"听得使人热血沸腾。当时还没有迁户口一说，户籍登记制度尚在筹办之中。而且那时工作调动也很方便。除了我大姐因为不久与大姐夫在沈阳结婚成家，她班上其他分到外地的同学日后都调回上海了。

我家读书最好的是我哥哥，1948年他考进了当时被公认为最好的育才中学。1951年时因为成绩好又直升高中。1954年高中毕业时已入选留苏名单。但一天中午我清楚地记得，哥哥回来后伤心地说自己体检不合格，查出高血压，不能去苏联留学，只能报考国内大学了。按照当时流行的说法"男读工来女读医"，哥哥考取了交通大学内燃机系，听说这是校内唯一有苏联专家的地方，他感到很高兴。

此时我们石库门弄堂里迎来了一波前所未有的踊跃报考大学而后纷纷入读名校的热潮。首先5号家里的大儿子因成绩非常优秀成功地去苏联留学了。7号3层阁大女儿解放前夕进了育才中学带有业余补课性质的夜校读书。1949年后人民政府为了照顾劳动人民把夜校一律并入日校，于是她与我哥哥成了同学。她虽然基础较差，但非常刻苦用功、十分朴素，经常来我家请教我哥哥怎样解答数学难题，高中毕业时也成功地考进了清华大学。15号楼上前厢房户主叫罗宏道，喜欢春秋战国时期诸子百家学说，也是银行职员，与我祖父相熟。他的大儿子叫罗新璋，约于1953年考进北京大学外语系攻读法文。当时有人从实用角度出发认为读法文没有什么用，谁知他后来成为国内颇有名气的法语专家。就在1956年前又有19号二儿子考进同济大学读建筑，27号大儿子考进交通大学读造船，都是考取名牌大学的名牌专业。此后不久又有不少人陆续考取其他高校。如15号大女儿考取镇江医学院，17号二儿子考取上海第二医学院，11号儿子考取北京邮电学院，11号小女儿考

取上海第一医学院，13号楼上后厢房儿子考取上海铁道医学院，27号小儿子考取上海工业大学等。1961年时我小姐姐与13号小女儿同时考取上海第二医学院医疗系。1963年时15号二儿子从育才中学高中毕业考取清华大学，为我们石库门弄堂这波高校热画上了一个圆满的句号。

从1951—1953年我们这条石库门弄堂，除了21号、23号这两处外，其余每幢房子里都有青年学子考进大学，其中不少还是名牌大学甚至赴苏留学，至今回想起来还十分令人神往。为什么1949年前本弄堂没有一个大学毕业生，一解放就像井喷一样涌现出来？这与原来基础较好有关。一是不仅几乎每幢房子的户主（二房东）甚至不少房客都已接受过中等教育，而且几乎都把自己的子女培养为在读高中生。此时离上大学只有一步之遥，只要国家政策对头就能跨入大学校门。二是当时向劳动人民倾斜的政策非常好，因此不仅中产阶层子女而且劳动人民子弟也能上大学了。如7号3层阁后来从3号2层阁搬来的一户人家，户主是三轮车工人。他为人非常正直善良勤快，而且还很有眼光，尽管他自己没有什么文化，经济条件也不宽裕，但硬是节衣缩食把自己的小儿子培养成为大学生，成为上海师范学院的毕业生。同样，25号楼下客堂间1958年搬来一户人家，户主在菜场工作，自己尽管没什么文化，但照样把儿子培养成大学生，很巧也是师范学院毕业生，后在中学当老师。这就是知识改变命运、促进社会阶层上下流动的最好例证。三是敬重读书人的社会风气非常好。我国几千年的儒家文化使人们养成了这一良好的社会风气。在我们弄堂里就有两个生动的例子。一是13号里有天突然大放鞭炮，当时约1953年我才6岁便跑去看热闹，原来是他家大女儿结婚。女婿还是个小青年，虽然长得很端正但一看就是乡下人。原来13号户主虽然自己没什么文化，是买卖皮革的，但他找的女婿却是自己老家有名的读书很好的小伙子。当时因为没有户口的限制，所以完婚后就培养他在上海读医学院。他女婿也很争气，毕业后便留在上海大医院里工作了。另一个是5号底层后厢房儿子，他因成绩不佳考取的是西北一地方院校。谁知不久，此校便并入了西安交通大学，这使他喜出望外。所以当他日后拍结婚照时，特地把交通大学的校徽别在胸前，因为这是他最引以为傲的地方。

1950年代真是一个人人奋发向上的时代。不仅青年学子，连在职职工与家庭妇女都在忙着学文化。如21号五金厂里的青年工人有的白天上班晚上学习，硬是从中小学一直补习到大专程度，成为工人工程师。而家庭妇女扫除文盲更是面广人多影响大。扫盲的夜校就借用与我们弄堂一街之隔的和安小学（当时叫新城区第二中心小学），当时里弄里的中青年妇女都被动员去参加了。1954年时我母亲才41岁所以也去参加了。由于她儿时读过初小，有点基础，加上她很珍惜这一次学习机会，因此学会了不少生字，测验成绩也很好，所以感到很有意思。可惜在1956年某个秋天的晚上，正当我母亲兴致勃勃地走在去夜校的路上时，我却匆匆忙忙地追了上来。原来大姐从外地回来生孩子，现在面对新生婴儿不知如何给她换衣服，一定要母亲回来帮助她。就这样，我母亲从此结束了夜校扫盲的学习。没过多久，一天下午一位负责扫盲的中年男子来进行家访，我去开的门。他手里拿了一本书要我母亲识字，见我母亲都认识便说："你的文化程度已经小学毕业了，可以直接升初中了。"可惜的是因为家务缠身，母亲再也没有去学习了。不过她已养成每天看书看报的好习惯，能够阅读他人来信，虽然还没法自己写回信。我那时刚读小学一年级，晚上她常和我一起坐在床上看连环画，并说这是一天中最愉快的时候。现在回想起来自己爱看书的习惯实际上就是从那时候养成的。这里面更大的社会意义是，以前很多家庭妇女是文盲，经过这次扫盲，弄堂里的女孩子都上学了。就像1958年动员家庭妇女出来工作以后，女青年结婚时都有自己的工作，成为职业女性了。

可惜敬重读书人的社会风气从1957年起开始悄悄发生了变化。记得1958年春天我们石库门老房子第一次进行大修。只见那些建筑工人平时对我们居民很客气，却对他们中的一位中年人吃五喝六。那人长得斯斯文文又低头哈腰，原来是位被打成"右派"的工程师。如果这只是一种偶然遇到的个别现象，那么户籍制度从1958年起突然收紧，则涉及石库门居民的每户人家。1956年申报户口还是很宽裕的。那年秋冬我大姐回沪生育了一女，马上就报进了上海户口。临走时找了一位江苏乡下保姆，回到河南郑州后就马上帮她报进了常住户口。但1958年后就有明确规定，户口迁移时只能按照"特大城市（如京、沪）、大城市（如广州）、省会城市（如合肥）、省级市（如蚌埠）、地级市（如滁州）、县城（如天长）、建制镇、非建制镇、农村"这样的秩序从上到下进行，而不能由下向上迁移。而就在此时大家发现越是名牌大学生越是要分到外地。我哥哥先是在1957年随交通大学迁往西安，再于1959年毕业后分配到福州。7号考进清华的那位女生毕业后分到兰州。19号考进同济的分到山西太原。15号考进北大读法文的留在北京还算是幸运的。5号留苏的那位大儿子竟得了一身的毛病，只能长期休病在家，5号考进清华的二儿子则分到了湖北襄樊。也就是说考进全国重点大学，竟没有一个留在上海，全部分到了外地。而面临这样的户籍制度，那么只能是"献了青春献终身，献了终身献子孙"了。石库门居民在既想让子女读大学又不想让他们去外地的情结下，发现凡是读上海地方学校的都能分在上海，于是既能留在上海又符合"男读工来女读医"的标准的上海第二医学院，一时间成为沪上女青年的首选。但是谁也没有料到1968年分配时，高教部严格规定京津沪三市医学院毕业生一律分到外地，而且还必须分到县以下农村卫生所，所以我小姐姐被分到了江西省南城县岳口公社下属的一个卫生所。到1969年底时，我家兄弟姐妹5人除了二姐因为在

1954年时报考市第三护校分在上海工作外，我大姐一家下放到福建省松溪县闽北山区，我小姐姐在江西农村卫生所竟传来要放弃工资当赤脚医生的消息（幸亏后来没有实行），我呢因为六八届高中一片红到安徽省天长县农村插队。那时正如白居易唐诗所言"共看明月应垂泪，一夜乡心五处同"。其实早在1960年代石库门居民就已看出，读大学分外地远不如当工人留上海为好。那年我哥哥在福州大学当老师曾饿得在半夜里肚子疼得在地上打滚，人已全身浮肿。我家闻讯后马上全家节衣缩食，硬是从口中省下一些肉票粮票，买了些肉罐头与饼干给哥哥寄去，才算让他渡过难关。而到了"文革"时期，读大学分外地不仅实惠没有连虚荣也没有了。因为读了点书就要去农村改造，而少读书不读书不仅可留上海还能去改造别人！所以"文革"时期石库门弄堂里"读书无用论"乃至"读书有害论"一时之间甚嚣尘上。有人在弄堂里大喊大叫："读书顶没有意思！早点工作顶实惠！"马上引来一呼百应："是的，是的，是这样子的！""我们全家人都在上海，就我们家宝一人因为读了大学而分到了外地，苦得要命！"甚至连我母亲都怨我父亲，"都是你叫小孩子读大学，结果都读到外地去了"。既然读大学有害无益，那么当时石库门里的青年人都在忙什么呢？因为他们也很努力，也想积极向上，不想虚度光阴。所以除了不读书，他们也很忙碌。一是学手艺，如学做沙发、学做裁缝、学做半导体收音机等，忙得不亦乐乎。二是学乐器，有的吹笛子，有的弹琵琶，有的拉胡琴，有的吹小号……真是十分热闹。三是锻炼身体，这边举杠铃，那边拉弹簧……四是自娱自乐，如养金鱼、看小说……最可惜的是这种风气已经影响到了在读的中小学生。邻居中有的在读中学生一开口就说"我家老大已经是外地插队，那么我老二就是上海工矿一档。我是硬档，读不读书都是留上海"。结果名义上中学毕业了（实际上是初中毕业生），自己是三不会（不会顺顺当当地读份报、看本书、写封信），成了新的半文盲。1977年春天有一位亲朋好友向我诉苦："你说怎么办！他讲起来中学已毕业，却连一封信也写不来！"更可悲的是，就是这些不会写信的中学毕业生，其父辈正是在1950年代靠自学读夜校才摘掉文盲帽子苦读成工人工程师的。现在却出现了不应有的倒退。

幸好1976年"四人帮"被打倒，1977年邓小平复出后力挽狂澜恢复高考，使石库门弄堂也感受到了"尊重知识，尊重人才"的新风。这时社会风气马上为之一变，在校中小学生马上变得用功起来。可惜的是，在1977—1997年间，我们弄堂里没能再出现1950年代那种踊跃报考大学纷纷入读名校的空前绝后的盛况。为何？一与十年动乱摧残教育有关。"文革"时期毕业的大批中学生，其中许多人的文化程度还不如"文革"前的小学毕业生。另外"文革"期间的知识分子上山下乡运动，使弄堂里真正具备中等文化程度的大批青年，也不得不离开上海去外地务农。当他们通过病退或顶替等办法回到上海后，因学业已荒废多年，他们的文化程度也大大退步了。二与"文革"之前的人才外流有关。当时弄堂里的大学生十有八九被分到外地，特别是进名牌大学的则达到了百分之百。石库门里的精英都出去了，而留下来的都是文盲、半文盲与中小学文化程度的。这不能不使弄堂里的人口文化素质有了明显的下降，形成了一种人口文化素质上的逆淘汰现象，即越是文化程度高的人越是要被分到外地去，而越是文化程度低的人就越容易留在上海。试想一下，如果当年考取重点大学的那批人都能留在上海，那么他们的子女在恢复高考后将会有何表现呢？这里有一些非常生动有力的例子。恢复高考以后，我们弄堂也不是没有应届高中毕业生考进名牌大学的，而他们恰恰是"文革"前考进重点大学被分到外地去的那些人的子女，因为种种偶然的因素而能留在自己祖父母或外公外婆身边长大。

拿我家来说，1962年我嫂嫂在我家生下大侄女时，因为她于1959年从上海第一医学院毕业后被分配到福建省卫生厅工作，要经常到全省几十个县去调研，所以省里为侄女能留在上海出了证明。当时上海恰好有政策规定，凡从上海毕业分配出去的大学生若从事地质勘探或类似流动性工作的女性，其所生子女可以报进户口。1977年恢复高考后，学校里的功课马上就抓紧了。侄女于1980年以黄浦区高考第一名的成绩进入复旦大学物理系，日后又赴美国耶鲁大学攻读博士，现在澳洲悉尼的国家实验室从事科研工作。我小姐姐的独生女就没这么幸运。虽然她自1975年出生后一直由外婆带领，一天也没离开过上海，但她的户口只能随母亲留在无锡。好在我外甥女的成绩特别好，她所借读的育才中学让她从初中直升高中。1994年高三毕业时因为她的成绩为年级第一，所以保送她去清华。可是因为户口关系，江苏省不同意占用他们的名额，故没有去成。好在她又以高分考入复旦大学电子工程系，到1998年又因成绩年级第一而被保送到香港科技大学攻读硕士。现在她在美国硅谷从事微电子方面的科研工作。这充分说明改革开放为石库门有志青年开辟了一条无限广阔的求学之路。

我们石库门弄堂也和全上海一样，在1977—1997年间普及了十二年制的中等教育。而在1998年大学扩招之后，又开始了普及高等教育的征程。虽然由于原来的基础较差，弄堂里的高三毕业生考取的多为大专或职高，不过这仍是一个令人鼓舞的良好开端。只是2003年以后，我们弄堂里原来的住户绝大多数都搬走了。

一位京剧世家子弟的街区记忆

王瑞麟　口述　李东鹏　采访整理

采访时间：2013 年 11 月 8 日下午，2015 年 9 月 24 日下午补充

口述人：王瑞麟，男，1939 年生，居住在大沽路 183 弄 25 号二楼。其家庭为京剧世家，祖辈均演唱京剧，其父亲王富英为周信芳 1949 年之前的十大弟子之一。姐弟 5 位，分别是王丽君、王竹君、王瑞麟、王长麟、王金麟，均为专业京剧演员。王瑞麟从小生活在均乐里委，曾在安徽省芜湖市群艺馆任文艺副研究员，现退休在家，闲暇时整理编写家族史、街区史等。

采访整理者：李东鹏，博士、上海社会科学院城市人文遗产研究团队成员

整理者按：京剧在近代上海曾经是从大众到精英均十分喜爱的流行艺术，上海京剧风行、茶园斯盛，一度"梨园之盛，甲于天下"。京剧戏院、剧场成为都市民众的主要公共娱乐场地，京剧艺术丰富了市民的娱乐生活。有关艺人的居住环境、戏院与剧场的变迁，也是城市记忆的重要组成部分。

一、我们所生活的街区

我们家是京剧世家，到我这已是第四代。我的曾祖父是著名的京剧艺术家黄月山[①]。清末，我爷爷王素云[②]来到上海，并扎根、定居在当时上海的南市区，亦即老上海县城。后来随着经济的发展和租界市场的日益繁荣，在 20 世纪 20 年代我们搬到了英租界，住在爱多亚路大世界的对面。爱多亚路即现在的延安东路，1915 年填没洋泾浜后，由公共租界的松江路和法租界的孔子路并入形成爱多亚路。抗日战争胜利后，爱多亚路改名为中正东路，1949 年以后改名为延安东路，延安路向西与南京路相交，这是上海的一条重要主干道。

因原先居住的地方拆迁，我父亲王富英[③]在 1930 年代搬到现在的大沽路，以前叫老大沽路。这里的居民一般不称这里为大沽路，就叫这一带为马立斯小菜场，或简称马立斯，大家一听便知特指这一区域。

---

① 黄月山（1850—1900 年），晚晴著名京剧演员，工武生，其曾得到武生任七真传，其所创表演派系，为清末武生三大流派之一。
② 王素云，晚年改名为王少泉，黄月山之子，被过继给黄月山的王姓亲友，所以这一支姓王。工刀马武旦，改名后演文武丑角。
③ 王富英，著名麒派京剧表演艺术家，为周信芳在 1949 年前所招收的十大弟子之一，演武生、红生、文武老生，1958 年底任江西省景德镇市京剧团副团长，先后被选为市人大代表、市政协常委、江西省政协委员。

马立斯的得名,源自英籍爱尔兰人马立斯父子[1]。近代很多外国冒险家怀揣着发财梦来到上海,马立斯就是其中之一,他用很少的钱将这里的地皮买下,然后建造石库门房子。他建造过好多里弄,大部分房子在建好之后出售或出租。凡他所造里弄都以"马"字开头,比如马德里、马乐里、马吉里,还有老马德里、老马安里等。我家现在居住的住宅就叫新马安里,这是相对于街对过的老马安里而言的。老马安里建于1929年,是老石库门瓦房。

我们这里是新马安里,建于1930年,是新式石库门房子,与老式的石库门房子有区别,体现在几个方面:第一,建造时采用钢筋,房屋为钢筋和砖木混合建筑;第二,房顶为水泥平顶,不是瓦房;第三,每幢房子都配备卫生设备,如抽水马桶等。我们是1931年新年搬进来的,当时都是装修好的。刚搬到这里时,一般都为一家人一栋房子,房屋样式为2层,面积不大。基本结构为:一进大门便是天井,客堂后是后房间,紧接着是灶间,再往后就是后门了,这是底楼。2楼灶间上头是亭子间,朝南是正卧房,为统厢房。上面是露台,有卫生间,通自来水。再上去,就是平台。

刚住进来的几年感觉真的很宽敞,大致是这样的:底楼客堂是会客用的,灶间里有大灶,墙壁有烟囱接到通到露台,可烧柴,但当时多用煤球。露台底下还有灶披间。楼梯下的空间蛮大的,保姆可以住在那里,还可做储藏室。奶奶住在亭子间,爸妈与小孩们住在统厢房,房间有20多个平方米。后来,孩子多了,全家共七口住在一起,此外还有一位保姆,苏州人,四五十岁。

淞沪会战打响后,中国军队与日本人在上海开打,南市区、闸北区的难民纷纷涌入租界,房屋资源就变得异常紧俏。房东趁我父亲去外地演出不在家,偷偷又加盖一层使房屋由2层变为3层,多出来的一层他便用于出租,我们回家后发现已成事实,只能默认。原先我们小区的管理很好,房子一家一栋,住三四个人左右。这时人口变多,里弄变得拥挤、嘈杂,居住条件大不如前。1937年以后,我们这栋房子的底楼客堂间,住进了许家,3楼也进来了一家,是许家的亲戚。后来,随着局势的动荡,不断有人进来,住户频繁变动。我们后来则一直居住在2楼。

这栋房子是我父亲用金条与二房东抵押、置换而来的,据说,当时用了二三十根金条。这种做法,套用现在的话,当时购买的实际就是居住权。我们全家于1931年底搬到

---

[1] 亨利·马立斯是一位英国人,同治六年(即1867年)与雷士德一同来沪,先在汇丰银行供职,热衷于跑马,发了一点财后便购买土地,造房屋出租。光绪二十七年(即1901年),他以外滩17号一块地皮折价入股《字林西报》,后当上了董事长。光绪三十二年以后,老马立斯因年迈体弱,把上海的地产和报业交给他儿子经营,本人挟巨资回国,于1919年去世。其子为木杰明·马立斯,生于上海,毕业于上海西童公学,后从事金融及房地产业。1896年起从上海出发历时10余年环游世界。1920年至1921年任公共租界工部局董事。今武胜路、延安东路、重庆北路、大沽路一带,老上海人多呼之为"马立斯",因为这一带大部分都曾是马立斯的地产。

此处，我现在退休仍住在这里，已经历了80多年的风风雨雨了。

关于周边的街区：弄堂内有两口井。我们住宅的南面，与均乐邨有围墙相隔。再往南是高升里，延安路1301弄那里还有一些老式石库门。

二、因京剧而汇成的街区记忆

近代上海被称为"东方巴黎"，城市的经济、贸易、商业等方面都十分繁荣，娱乐业也特别发达，马立斯这一带娱乐场所尤其集中，这也是我们搬到这里的原因。在延安东路有共舞台①、大世界②两个戏院，金陵中路有黄金大戏院③，西藏路有皇后大戏院④，望亭路口有龙门大戏院⑤、南京电影院⑥。龙门大戏院隔壁，嵩山路口是沪光电影院⑦。沪光电影院过重庆路是九星大戏院⑧，九星电影院对过是光华大戏院⑨，光华大戏院西边同孚路口是金都大戏院⑩，金都大戏院向西，临近茂名路口是金门大戏院⑪。仅现在的延安路上就有这么多戏院、电影院，不算其间开设的评弹书场、歌舞厅、咖啡厅和饭店等，还有配套的商业店铺，足可见这一带娱乐业的发达。此外这附近的新世界游乐场底层有皇宫大戏院⑫。皇宫大戏院西边是天宫剧场⑬，天宫剧场旁是卡尔登剧场，即后来的长江剧场⑭。牛庄路上有中国大戏院⑮，中国大戏院后面是大上海电影院⑯。这一带还有先施公司、永安公司等，它们的大楼上都有大型京剧戏班，当时全上海有14个大京班全部在这一带演出。因为上班比较近，而且这一带有娱乐氛围，所以很多京剧演员在这一带安家，主要分布在老大沽路、黄陂路、重庆路、威海路、嵩山路、龙门路、普安路和八仙桥等地的街区、里弄。英国人所建造的马立斯菜场采用钢筋混凝土结构，是一所现代化的菜场，在这一带非常有名。环绕着马立斯菜场，是在沪艺人尤其是京剧艺人比较集中的地方。

① 民国时位于中正东路（今延安东路）433号。
② 西藏南路中正东路（今延安东路）口。
③ 金陵中路1号。
④ 云南北路287号。
⑤ 中正东路（今延安东路）665号。
⑥ 中正东路（今延安东路）523号。
⑦ 中正东路（今延安东路）725号。
⑧ 中正中路（今延安中路）359号。
⑨ 中正东路（今延安东路）1440号。
⑩ 中正中路（今延安中路）572号。
⑪ 中正中路（今延安中路）745号。
⑫ 西藏中路465号。
⑬ 西藏中路355号。
⑭ 黄河路21号。
⑮ 牛庄路704号。
⑯ 西藏中路500号。

从大沽路总弄进来，新马安里弄，按门牌号排，我们这一排住宅，是单号，包括3号到33号，一共有十几家住户。这条弄堂对过，为双号，大约有三四十户人家。在这片区域有很多京剧演员，我们家住在新马安里25号，是其中的一户。

1949年前，周信芳有十大弟子，[①] 其中的陈鹤峰，以前就住在19号，即现在的均乐居委会办公室位置。虽然他比我父亲拜周信芳为师晚，但因为他年龄比我父亲大4岁，所以我父亲仍叫他师兄，他演老生。李琴轩是周信芳的结拜兄弟，他演男旦，住在15号。11号住的是上海京剧院的著名琴师李秋菊，他的儿子叫李东荣，也是京剧琴师，亦住在这里。双号住户中的30多号是名丑韩金奎，他两个儿子韩云峰和韩锡麟分别演武生和老生。我家后门旁边住的是叶鸿钧，也是唱武生的。现在的大沽路100号住的是周信芳的十大弟子之一李如春，1958年被文化局派去支援庐山，成为庐山京剧团的演员。对过的淡水路也在马立斯范围内，周信芳的十大弟子之一杨宝童住在那里。靠近普安路口有一门面房，住的是钱浩亮的父亲钱龄童，他也是周信芳的十大弟子之一。以上所说的都是比较有名的京剧艺人。现在大沽路口有一片绿地叫风帆广场，以前"南京路上好八连"在那驻军，它隔壁就是有名的京剧前辈赵如泉，他的房子是私人建造的，他的儿子赵东生亦是京剧演员。街对过住的王英武，在1930年代也是很有名的武生。以上列举的只是少数，主要我现在年龄大，记忆力不好了，想不起来更多的人了。但可以确定的是，住在这里的京剧艺人可以说数不胜数，少说也有百八十号。

这个街区还有一些其他名人，如董庭瑶医生是上海有名的小儿科专家。此外企业家、金融家在这一片区域也有，但我对这些行业的人不太关注，比较陌生。在老大沽路路口有一个拉丝厂，因为铜丝既是军用物资，也是民用物资。所以这个厂虽然规模不大，但是生意兴旺。我的同学就是里面的"小开"，也就是老板的儿子，用现在的话讲就是富二代。信谊药厂的前身美林登药厂也在我们的均乐里，其所制造的都是外国进口药。这一片黑道上人物也有，黄金荣就住在现在音乐厅后面的恒茂里，黄金大戏院就是他的产业，大世界共舞台也是他开的。大沽路100号的大都会百货公司开业时，80多岁高龄的黄金荣还亲自为他徒弟所开产业来剪彩。抗日战争时，黄金荣运枪、运药并资助新四军，为新四军出过力。黄金荣老家黄桥在苏北的新四军根据地内，他还掩护了一批地下党。他这种人是两面派，国内各方势力都能摆平。所以1949年前地下党跟黄金荣说你不要走，共产党不会对你过分的。杜月笙便一定要走，因为"四一二"大屠杀他参与

---

① 据王瑞麟回忆，周信芳在1949年前的十大弟子为：大弟子程毓章，二弟子高百岁，三弟子陈鹤峰，四弟子王富英，五弟子于琼英，六弟子王瀛洲，七弟子李如春，八弟子杨宝童，九弟子钱麟童，十弟子王少楼。

了，有些旧账他讲不清楚，所以他跑到香港去了。黄金荣最后虽也被管制，但毕竟年纪大，已是80多岁的高龄，只是做做样子。黄金荣徒弟多，蒋介石也是他的徒弟。当时这一带的部分街区都是黄金荣在实际管理，他对国民政府一套，对上海社会一套，对日本侵略者还有一套。

　　因为这一带娱乐业发达，这里的地产价格可谓寸土寸金，不是一般人能买得起的。我父亲1932年到天蟾舞台①挂牌演出的时候，一个月可以赚2 000块银洋。同时期上海普通工人、店员，一般月薪5块到10块，中学校长一般是170块，最知名的教授可以赚700块，一般的讲师、助教也就170块左右。上海有的演员可以赚3 000多块，像周信芳这样的头牌演员，月薪是4 000多块银洋。当然京剧界并不是所有演员都是天价工资，像跑龙套的就不能跟演员、大牌演员相比。京剧圈里要分头牌、二牌、三牌、四牌等，最差的跑龙套虽然也就赚十几块大洋，也比普通工人、店员的工资高。十几块大洋是这个圈子里的"板价"了，所以京剧演员的生活还是比较不错的。

　　抗日战争对京剧演员的生活影响相当大。"八·一三"淞沪抗战打响后，市区很多居民都到租界里避难，租界的房子变得紧俏，房租价格也攀升。我们居住的地区属于公共租界，归工部局管理。因为这一带的房子相当紧俏，房东不仅纷纷加层，原先房屋之间的空隙也都加盖房屋。

　　抗战时期上海的京剧演出并没有被禁止、中断。因为日本人要考虑国际影响，对外宣传上海"繁荣"景象，所以日本人管理下的上海允许京剧演出。日本人在淞沪战役后并没有立刻开进租界，太平洋战争爆发前日本还没对英美宣战，公共租界还在工部局的管理之下。此时的公共租界日本人想管但还管不到，美英管得松，国民党撤退了没法管，迎来了所谓的"孤岛时期"时期，虽然暗地里租界的日常生活已是乌烟瘴气、民不聊生，但表面还维持着一种虚假繁荣的景象。租界的天蟾舞台、共舞台、大舞台，生意不仅没有萧条，反而更红火了。此外，其他地方的演员纷纷逃到租界，也促进了租界演出的繁荣。日本人打着"大东亚共荣圈"的旗号，对外宣称是来"解放亚洲人民"的，如果市面萧条，他们脸上也无光，不能自圆其说。出于以上种种原因，娱乐界没有受太大影响。但是随着战争的持续进行，整个租界的失业人口越来越多，物价开始飞涨。到1941年12月8日太平洋战争爆发，日本军队一夜之间进入租界，虽然公共租界名义上仍是工部局管理，但事实上已听命于日本人。从那时算起，直到1945年，上海在日本人的管理之下被搞得越来越差，就像世界末日似的。这时生活很艰苦，工资不仅少，而且在不断贬值。配给的东西不够

---

① 福州路701号。

吃，黑市又买不到，很多市民只能偷偷地通过封锁网去乡下弄些米、菜。在这种残酷统治之下，演员的生活水平开始直线下降，直到1949年前都没喘过气来。

抗战胜利后，演员的生活并没有好转，从某种意义上讲，甚至比抗战时期还要艰苦。国民政府太腐败，其所派的接收大员不是来接收政权，而是来抢劫的。张恨水写的《五子登科》中形象地形容这些国民政府接收大员是来"抢房子、抢票子、抢车子、抢金子、抢女子"，他们根本不顾老百姓死活。我父亲那时月工资有几麻袋金圆券，他坐三轮车去领工资，不敢拿回家，而是立刻到米店、煤球店去买米、买煤球。因为金圆券的贬值速度太快，等回家数好后再去买东西，就又贬值很多，必须立刻花掉。这时大家有的是不买草纸的，因为几张金圆券才能买一张草纸，何必再买草纸呢。于是印着蒋介石头像的金圆券都在公共厕所的茅坑里漂着。此外私人不能拥有金子，要全部兑换金圆券，否则会被抓去坐牢。国民政府将搜刮到的所有金子全部运到台湾。这样的政权不亡，什么样的政权亡？老百姓在它的统治下根本没法活。

它还实行反动政策，1946年国民党市政当局要求"艺员登记"，要求演艺人员和舞女、妓女、女招待等一起登记，佩戴桃花章，随时受检。这种对艺人侮辱性的规定使人想起"娼优并列"的社会陋习，遭到演艺界和整个社会的反对，引起上海文艺界大游行。我父亲所在的京剧界和其他艺术界同仁都参加了这次游行，地点就在繁华的南京路。这次运动历时半年，取得彻底胜利。伶界是有行会组织的，上海京剧界的组织叫上海伶界联合会，成立于1912年，宗旨"在联络同业感情，力争伶工人格，保障伶工职业地位"。会长大家公选，周信芳曾做过会长，我父亲是一直是常任理事。上海伶界联合会经常组织义务演出，如为"八一三"抗战支援前线的义演，或为赈济淮河水灾难民的义务演出。上海伶界联合会还开办小学——榛岑小学校，为伶人贫困子弟免费发放书籍用品，解决伶人子弟教育问题。上海伶界联合会还举办养老院，赡养无子嗣、无生活能力的老伶人；举办长生会，为无力负担病故家属丧葬的伶人提供棺木衣衾。还有如寡妇粮、失业救济、济助川资和梨园公墓等组织，这是一个非常典型的艺人自助、互助组织。京剧艺人都信仰梨园的祖师爷，这是我们这一行所共同信奉的保护神，既不相信基督教、伊斯兰教，也不相信我们传统的道教、佛教。我们这是一种民俗信仰。我们也不干涉别人，不引起这方面的冲突。

1949年后政府进行戏剧改革，不提倡私人剧团，剧场也不提倡私人老板，实行一化三改造，一切走集体化道路。本来京剧演员属于自由职业，这时便不允许自由流动，要求参加某个剧团，固定下来。我父亲王富英最初被邀请去苏北实验京剧团，当副团长。后来因为气候、饮食、水土等方面的不适，又回到上海。之后又被文化局派到蚌埠京剧团，也当副团长。我父亲跟我两个姐姐一起去蚌埠，我二姐王丽君后被调到上海京剧院。因1956年要到苏联访问演出，我父亲便带着我大姐一起再次回到上海。到1958年，政府不允许艺人流动搭班，必须加入某个单位组织，结果文化局就派我父亲支援到江西省景德镇市京剧团当副团长。1977年底我父亲因病退休回沪，1978年10月份便去世了。

三、伴京剧而行的一生

我是我们家族的第四代人，我们共五姐弟，都从事京剧工作，分别是：王竹君、王丽君、王瑞麟、王长麟、王金麟。大姐主演青衣花旦，二姐演刀马武旦，我唱老生，王长麟唱花脸，王金麟唱武生。我们从小练功，一边练功一边读书，我们上学的学校就在弄堂里，叫万象小学，后来与中华小学合并为万华小学。我们5人小学都在这里读书。两个姐姐读完后就直接参加演出了。王金麟在上海京剧院学馆学徒，目前也退休了。我从小就学老生，10岁就登台演出，是娃娃生，有小孩戏就参加。我一边读书一边演戏，后来十几岁的时候因为发育而嗓子变声，唱不出来，我就专心读书去了。我中学是在淮海路上的晓光中学，后并到向明中学。高中在威海路上的民立中学，这是一所男子中学。高中毕业后参加高考，考取北京外语大学，专业为俄语。但我大学并没有顺利毕业，三年困难时期我因病无法学习，就休学回到上海养病。

等在家把病养好后，我的嗓子也莫名其妙地好了，因此我便不再去北京读书，而是弃学从艺，专心去当演员，走上我父辈的从艺之路。也可以说是祖师爷的鞭杆长，又把我给拴回来了。在上海市文化局的安排下，我最早参加的是安徽省徽州地区京剧团。徽州地区京剧团就是现在的黄山市京剧团。后来我先后在芜湖地区京剧团、芜湖市京剧团工作。"文化大革命"后，我主动向组织要求调出，遂被调往芜湖市文化馆。在芜湖市文化馆我担任创编部主任，主要因为我过去在剧团里不仅演戏，还兼做编剧和导演的工作，专业能力相对对口。芜湖市文化馆在1980年代初改为芜湖市群众艺术馆，在这里我一直工作到1999年退休。现在群众艺术馆又恢复为文化馆。在创编部工作期间，我事实上不敢创作，那时候流行"文化工作危险论"，"文化大革命"搞得大家心有余悸。我在那里便做些实实在在的工作，比如编杂志、写通讯、组织学习班、采风等，有时市政府借调我到市文联去编写民间文学集成、民间故事、民间谚语、民间歌谣等，地方志中的词条、地名志等也是我的工作领域，这些是群众艺术馆辅助文化局的工作。群众艺术馆有时候开展辅导班、排节目、演小品等，并组织小品比赛、春联比赛、群众业余会演，编小报等。事无巨细都要自己去干，我也无力搞像样的创作，再说我才疏学浅，文艺创作才能一般而已。

1960年代我就到外地工作，在外面待了30多年。在外工作期间，我回上海的机会还

是蛮多的。一是我有探亲假；二是我出差的机会多，单位里不时会组织去上海会演、参观、观摩、搞活动等，工作期间我基本没有与上海断过联系。

"文革"对我家是有影响的。我父亲被称为周信芳的"得意弟子""孝子贤孙"，在江西就受到冲击。当时周信芳排的《海瑞上疏》我父亲也参与了在江西的排演工作，后来《海瑞上疏》被批判，我父亲便受到影响。同时我父亲又是景德镇京剧团副团长，是所谓的"当权派""反动权威"。历史上我父亲是清白的，就是一个简简单单的演员，但就因为这些"罪名"，被批判、抄家、关牛棚、降工资。直到我父亲去世时，他的工资待遇还没有完全落实。1976年打倒"四人帮"后，我父亲被庸医用药所误，身体受到损伤，于1977年底被迫退休回到上海。后来到瑞金医院检查，才知道是血癌，之后不到半年就去世了。我父亲的追悼会在上海龙华革命公墓大厅隆重召开，景德镇文化局派人主持。追悼会规格很高，中国社会科学院的周扬、中央文化部的夏衍和全国十几个城市的京剧、文化单位都送了花圈，著名的京剧演员、作家曹禺的夫人李玉茹致悼词，还有周信芳之子周少麟致辞，上海市政协、上海市文化局等单位派代表参加，此外上海很多文艺界的名人都来参加追悼会。我父亲从小没上过学，8岁进科班，10岁登台演出，60年舞台生涯。他有一种顽强的学习精神，背台词一遍就可以。他很多朋友是上海光华大学、圣约翰大学的教授，田汉也是他的好朋友。我父亲这人很洁身自好，在旧社会灯红酒绿的花花世界里，烟酒不沾，黄、赌、毒这些嗜好一个没有，钻研业务，工作认真，对家庭、社会有很重的责任感。我姐姐在"文革"时期多少受一点影响，但没大碍。

我在外工作的30多年里，不仅上海的变化很大，我家所在的街区变化也非常大。我母亲于1996年去世，享年85岁。我曾讲笑话说："如果我父母亲在天有灵的话，他们到了这里都找不到回家的路了。"当然，这一带变化基本上发生在改革开放后。在此之前，整个上海的变化也不大。整个20世纪五六十年代，上海最新的建筑只有中苏友好大厦一座，其他没有造过一座像样的高楼。另外跑马厅被拆掉，建造了人民广场、人民大道、人民公园等，其他基本保持1950年代初的原样。

四、巨变的街区环境与生活感想

抗日战争以前，上海是亚洲第一大城市，被誉为"东方的巴黎"，香港、东京没法与上海相提并论。当时世界有几大城市：巴黎、伦敦、纽约、上海。美国新上映的电影到上海的时间比到巴黎还要快，而且上海与其他许多城市有直航飞机。

20世纪五六十年代京剧艺术一直在走下坡路。在经历了"文化大革命"后，大部分剧院、戏院都关掉了。南京大戏院1949年后改为北京电影院，后又改为上海音乐厅，这座

建筑保留了下来，而且往后移动了一下。龙门大戏院被拆除了，造型讲究、小巧玲珑的沪光电影院也拆掉了，九星大戏院、光华大戏院、黄金大戏院、嵩山电影院、西藏书场、皇后大戏院、皇宫电影院、时懋书场、大上海电影院等全部都拆掉了。金都大戏院改为瑞金剧场。金门大戏院总算还幸运，关掉一阵子后又重新营业，恢复为儿童艺术剧场。兰心大戏院本来关掉的，现在又恢复了。

至于艺人，有的重新安排工作，有的往外调，有的人则转业。很多艺人从小没读过几本书，京剧艺人基本上只会演戏，文化不高，没有其他工作能力，所以转业后的工作也不好干。随着国家经济的发展，现在的领导人都认识到文化建设的重要性。而我们这一带就是老上海一个重要的文化区，有如此多的文化艺术场所。范围稍广些还有很多戏院等，如福州路天蟾舞台、贵州路的北京大戏院、工人文化宫旁边的中央大戏院、牛庄路的新光大戏院、中国大戏院等。

改革开放后我们街区包括周边环境都大变样。从大世界一直到瑞金路，拆迁了几十万户，建造了上海市中心区的绿肺——延中绿地。建设这么一大片绿地，政府下了非常大的决心。整个拆迁过程相当平稳，没有出现群众闹事现象，虽然也有少数人有不满的意见，但政府对其做工作做得比较好。大部分老居民都拆到了浦东、闵行。越早拆迁的，安置地离市中心越近。最早一批拆迁的，安置在浦东金融街，那时是田地，现在则是寸土寸金。现在新马安里开发商肯定不会要，地皮太小、户数太多，不好规划，安置费用又太高，地皮太贵拆不起。我们对过是市政府办公大楼，因市政府没有停车场，据说计划将小区拆掉后建绿地，绿地下面建停车场。这一块地皮实在太小，其他项目也没法造。另外市政府门前也不适合建造高大建筑，但这个地方将来肯定是要拆迁改造的。

现在的生活环境与过去相比变化很大。这里日常生活还是比较方便，菜市场比较发达，生活购物都很方便。以前我们弄堂较封闭，前后弄堂都很干净。如今像我们这样的老居民或跟随儿女去住，或自己换了新居，把空出的房子出租或卖给别人，大部分都走了。现在这里住的外来户太多，人口拥挤，东西乱放，乱搭乱建，进出也不方便，同时卫生也搞得不好，本来很干净的弄堂，现在乱得触目惊心。这里很多房子本来是没有卫生间的，一般一栋房子只有一个卫生间，前段时间政府花了很大力气给每个住户装上卫生马桶，再也不用倒痰盂、马桶。但是越改地方越小，烧饭也没法烧。再比如楼梯也是年久失修，80多年的木质楼梯现在已是吱吱作响，摇摇欲坠了。所以说生活环境已不是很好。譬如到我家去，楼梯过人都很困难。我退休后将外地东西运回来，把屋里都放满了。我本来下决心对房子进行装修，但考虑到年纪大了，若对屋子大改、大修，说不定房子还没装修好，我人已垮掉了。

　　我现在年纪大了，平时就在家里写家族史，会会朋友，去图书馆查阅资料，平时喜爱散散步。我每天都过得很充实，天天有事干。我所进行的家族史研究、街区考察，现在已写了30多万字。我先写个粗线条的大框架，然后再加上血、肉，进行精加工。

　　街区领导对老年人是非常照顾的，业余文化生活非常丰富。前几年南京东路街道和上海京剧院联合举办的"把京剧送到街道"，在逸夫舞台我演唱过一次，平常我并不唱京剧。转到文化馆后，我被评为副研究员，以副高退休，所以生活待遇还可以。我认为保持良好心态，知足常乐，平安、健康、少生病，比拿较多的工资更重要。

第 2 章

第 3 章

第 4 章

第 5 章

第 6 章

卷尾图片

人民广场及附近地区航拍图，王溦平摄于 2017 年 8 月 23 日

附录三

参考文献

一、地方志、文集笔记、资料集

〔明〕郭经修，唐锦编纂：弘治《上海志》，明弘治十七年（1504年）刊本。

〔明〕郑洛书修，高企纂：嘉靖《上海县志》，传真社据明嘉靖三年（1524年）刊本影印。

〔清〕王大同修，李松林纂：嘉庆《上海县志》，清嘉庆十九年（1814年）刊本。

〔清〕应宝时等修，俞樾等纂：同治《上海县志》，清同治十年（1871年）刊本。

吴馨等修，姚文枬等纂：民国《上海县续志》，民国七年（1918年）南园刻本。

吴馨、江家嵋修，姚文枬、秦锡田等纂：民国《上海县志》，民国二十五年（1936年）排印本。

《上海外事志》编辑室编：《上海外事志》，上海社会科学院出版社1999年版。

《上海房地产志》编纂委员会编：《上海房地产志》，上海社会科学院出版社1999年版。

《上海租界志》编纂委员会编：《上海租界志》，上海社会科学院出版社2001年版。

《上海金融志》编纂委员会编：《上海金融志》，上海社会科学院出版社2003年版。

上海市地方志办公室编著：《上海名建筑志》，上海社会科学院出版社2005年版。

上海市黄浦区人民政府编：《上海市黄浦区地名志》，上海社会科学院出版社1989年版。

上海市黄浦区志编纂委员会编：《黄浦区志》，上海社会科学院出版社1996年版。

《黄浦区年鉴》编纂委员会编：《黄浦区年鉴》（2015），上海文化出版社2015年版。

《上海指南》，商务印书馆1909年版。

《旧上海》，振寰书局1914年版。

商务印书馆编译所编纂：《上海指南》，商务印书馆1922年版。

商务印书馆编译所编纂：《上海指南》，商务印书馆1926年版。

林震编纂：《上海指南》，商务印书馆1930年版。

《上海小蓝本》（*The Little Blue Book of Shanghai*），1931年版。

许晚成编：《上海重要人名录》（简称《上海人名录》），上海龙文书店1941年版。

《上海银行业概况》，"中储丛书之二"，1945年版。

葛石卿等编纂绘制：《袖珍上海里弄分区精图》，国光舆地社1946年版，作者书社发行。

鲍士英测绘、顾怀冰等编辑：《上海市行号路图录》（上册），上海福利营业股份公司编印，1947年再版。

上海通社编：《上海研究资料续编》，上海中华书局1936年版。

上海统览编纂社编：《上海统览》，1948年刊印。

王铁崖编：《中外旧约章汇编》（第一册），三联书店1957年版。

〔清〕毛祥麟：《墨余录》，上海古籍出版社1985年版。

〔清〕王韬：《瀛壖杂志》，上海古籍出版社1989年版。

〔清〕包天笑：《钏影楼回忆录》，山西古籍出版社1999年版。

〔清〕徐润：《徐愚斋自叙年谱》，江西人民出版社2012年版。

〔清〕葛元煦：《沪游杂志》，上海书店出版社2006年版。

陈伯熙编著：《上海轶事大观》，"民国史料笔记丛刊"，上海书店出版社2000年版。

蒋梦麟：《西潮》，天津教育出版社2008年版。

顾炳权：《上海历代竹枝词》，上海书店出版社2001年版。

丁文江、赵丰田编：《梁启超年谱长编》，上海人民出版社2009年版。

费唐：《费唐法官研究上海公共租界情形报告书》第1—3卷，工部局华文处译述，1931年版。

许晚成编：《上海重要人名录》，上海龙文书店1941年版。

许晚成编：《战后上海暨全国各大工厂调查录》，上海龙文书局1940年版。

上海特别市社会局编：《上海之工业》，中华书局1930年版。

何行：《上海之小工业》，上海生活书店1932年版。

蒋乃镛编：《上海工业概览》，学者书店1947年版。

吴国桢：《上海市年鉴》，中华书局1946年版。

上海市商会编：《上海国慎厂商名录》（时间不详）。

冷省吾：《最新上海指南》，上海文化研究社1946年版。

东南文化服务社：《大上海指南》，光明书局1947年版。

上海社会科学院历史研究所编：《上海小刀会起义史料汇编》，上海人民出版社1980年版。

中国人民银行上海分行：《上海钱庄史料》，上海人民出版社1960年版。

张仲礼、陈曾年：《沙逊集团在旧中国》，人民出版社1985年版。

张静庐辑注：《中国现代出版史料丁编》，上海书店出版社2011年版。

上海社会科学院历史研究所编：《五四运动在上海史料选辑》，上海人民出版社1980年版。

徐雪筠等译编：《上海近代社会经济发展概况（1882—1931）《〈海关十所报告〉译编》，上海社会科学院出版社1985年版。

吴汉民主编：《20世纪上海文史资料文库》第4辑《商业贸易》，上海书店出版社1999年版。

上海市政协文史资料委员会编：《上海文史资料存稿汇编》第1册《政治军事》、第8册《市政交通》，上海古籍出版社2001年版。

陈荒煤：《陈荒煤文集》，中国电影出版社2013年版。

马光仁：《马光仁文集》，上海社会科学院出版社2013年版。

上海市政协文史资料委员会编：《上海文史资料存稿汇编》，上海古籍出版社2001年版。

上海市地方志办公室、上海市历史博物馆编：《民国上海市通志稿》（第一册），上海古籍出版社2013年版。

印永清、胡小菁主编：《海外上海研究书目（1845—2005）》，上海辞书出版社2009年版。

《上海解放档案文献图集》编辑委员会编：《上海解放档案文献图集》，中国档案出版社2009年版。

熊月之主编：《稀见上海史志资料丛书（1—10册）》，上海书店出版社2012年版。

二、档案、报刊杂志、口述

上海档案馆编：《清代上海房地契档案汇编》，上海古籍出版社1999年版。

"英册道契"档案，上海市档案馆、上海市房产管理局藏。

蔡育天主编：《上海道契》，上海古籍出版社2005年版。

上海市档案馆编：《工部局董事会会议录》第1—28册，上海古籍出版社2001年版。

上海商业储蓄银行档案，上海市档案馆藏，档号：Q275-2-2090。

公私合营大新有限公司总管理处：《上海大新有限公司私营时期经营管理历史经营总结》，上海市档案馆藏，档案号：Q228-1-17。

上海市黄浦区南京东路街道凤阳路200弄2—12号户籍档案，档号：永久PH1.1-1-118。

沙逊洋行档案，上海市房地产管理局藏，档号：乙7457。

《申报》

《国闻周报》

《东方杂志》

《钱业月报》

《中外经济周刊》

《社会月刊》

《商业杂志》

《新商业周刊》

徐基钧口述，鲍彦悦、金坡采访整理：《我在衍庆里的七十年》，载黄浦区政协学习和文史资料委员会编：《黄浦百年》口述史专辑2014年。

张景岳口述：《石库门生涯八十年（1924—2003）》，2015年10月。

三、部分研究著作、译著、外文著作

陈炎林编著：《上海地产大全》，上海地产研究所1933年版。

张辉著：《上海市地价研究》，正中书局印行1935年版。

吴圳义著：《清末上海租界社会》，台湾文史哲出版社1978年版。

徐公肃、丘瑾璋编著：《上海公共租界制度》，上海人民出版社1980年版。

蒯世勋编著：《上海公共租界史稿》，上海人民出版社1980年版。

邹依仁著：《旧上海人口变迁的研究》，上海人民出版社1980年版。

上海社会科学院经济研究所编：《上海永安公司的产生、发展和改造》，上海人民出版社1986年版。

政协上海市委员会文史资料工作委员会编：《旧上海的外商与买办》，上海人民出版社1987年版。

王绍周编：《上海近代城市建筑》，江苏科技出版社1987年版。

陈从周、章明主编，上海市民用建筑设计院编著：《上海近代建筑史稿》，上海三联书店1988年版。

上海百货公司、上海社会科学院经济研究所、上海市工商行政管理局编：《上海近代百货商业史》，上海社会科学院出版社1988年版。

上海社会科学院经济研究所、上海市国际贸易学会学术委员会编著：《上海对外贸易》，上海社会科学院出版社1989年版。

唐振常主编：《上海史》，上海人民出版社1989年版。

张仲礼主编：《近代上海城市研究》，上海人民出版社1990年版。

熊月之著：《西学东渐与晚清社会》，上海人民出版社1994年版。

熊月之主编：《上海通史》（15卷），上海人民出版社1999年版。

上海市黄浦区档案局编：《福州路文化街》，文汇出版社2001年版。

马学强著：《从传统到近代：江南城镇土地产权制度研究》，上海社会科学院出版社，2002年版。

宋钻友著：《广东人在上海（1843—1949年）》，上海人民出版社2007年版。

熊月之著：《异质文化交织下的上海都市生活》，上海辞书出版社2008年版。

马学强、张秀莉著：《出入于中西之间：近代上海买办社会生活》，上海辞书出版社2009年版。

上海市档案馆、中山市社科联编：《近代中国百货业先驱——上海四大公司档案汇编》，上海书店出版社2010年版。

宋钻友：《永安公司与上海都市消费（1918—1956）》，上海辞书出版社2011年版。

《黄浦物语——黄浦区文化遗产》编辑委员会主编：《黄浦物语——黄浦区文化遗产》，上海辞书出版社2011年版。

万勇：《近代上海都市之心：近代上海公共租界中区的功能与形态演进》，上海人民出版社2014年版。

徐雪筠等译编：《上海近代社会经济发展概况》（1882—1931），上海社会科学院出版社1985年版。

［美］罗兹·墨菲著，上海社会科学院历史研究所译：《上海——现代中国的钥匙》，上海人民出版社1986年版。

李必樟编译：《上海近代贸易经济发展概况》（1854—1898年英国驻上海领事贸易报告汇编），上海社会科学院出版1993年版。

［法］白吉尔著，张富强、许世芬译：《中国资产阶级的黄金时代（1911—1937年）》，上海人民出版社1994年版。

［美］马士著，张汇文等合译：《中华帝国对外关系史》，上海书店出版社2000年版。

熊月之、马学强、晏可佳选编：《上海的外国人》，上海古籍出版社2003年版。

［英］阿绮波德·立德著，杨柏、冯冬等译：《亲密接触中国——我眼中的中国人》，南京出版社2008年版。

王维江、吕澍辑译：《另眼相看——晚清德语文献中的上海》，上海辞书出版社2009年版。

上海图书馆编：《皇家亚洲文会北华支会会刊》（1858—1948），上海科学技术文献出

版社2013年版。

马学强、王海良主编：《〈密勒斯报〉总目与研究》，上海辞书出版社2015年版。

The North China Herald（《北华捷报》）

The North China Daily News（《字林西报》）

The North China Desk Hong List（《北华案头行名录》）

The North China Hong List（《字林西报行名簿》）

The China Weekly Review(Shanghai)（《密勒氏评论报》，上海）

Fou Mothths of war（《字林西报画册·中日战争四个月》，1946年版）

REPORT OF THE ANNUAL MEETING AND SPECIAL MEETING OF RATEPAYERS（1900—1941），上海市档案馆藏档案，上海公共租界西人纳税人年会、特别会议及选举工部局董事与地产委员的材料，档案号：U1-1-825—U1-1-875。

上海公共租界工部局年报（1904—1943），上海市档案馆馆藏档案，档案号U1-1-917—972。

Twentieth Century Impressions of Hongkong Shanghai, and other Treaty Ports of China: Their History, People, Commerce, Industries, And Resources. Editor-in-Chief: Arnold Wright, Lloyd's Greater Britain Publishing Company, LTD. 1908.

Far Eastern Commercial and Industrial Activity—1924. Compiled by E.J. Burgoyne, Edited by F.S. Ramplin. The Commercial Encyclopedia Co. (London, Shanghai, Hongkong, Singapore), 1924.

Leaders of Commerce, Industry and Thought in China (Shanghai), Compiled by S. Ezekiel, Published by Geo.T. Lioyd, Shanghai, 1924.

The "Shanghai" of 1924.

Men of Shanghai and North China: A Standard Biographical Reference Work. second edition, Shanghai: The University Press, 1935.

V. D. Jiganoff: *The Russians in Shanghai*（《俄罗斯人在上海》），1936, Shanghai.

Stephen C. Lockwood: *Augustine Heard and Company,1858—1862: American Merchants in China*（琼记洋行）. Harvard East Asian Monographs, Harvard University Press Cambridge, Mass, 1971.

Andrea Lee McElderry: *Shanghai Old-Style Banks（Ch'ien-Chuang）1800—1935: A Traditional Institution In A Changing Society.* Center for Chinese Studies The University of Michigan, 1976.

Susan Mann: *Local Merchants and the Chinese Bureauracy,1750—1950.* Stanford University Press, 1987.

Peter Hibbard: *ALL ABOUT SHANGHAI AND ENVIRONS: The 1934—1935 Standard Guide Book*, China Economic Review Publishing for Earnshaw Books, 2008.

后 记

　　一座城市，是由一个个不同的街区所构成的，而一个街区的魅力，就在于它与众不同的特色，也是这个街区的内涵文脉和外在表现明显区别于另一个街区的个性特征。基于此，我们需要研究不同的街区，依据扎实的文献资料，结合一些社会调查，对一些街区的形成、演变进行系统梳理，尤其要注意街区形成的功能、特点，街巷演变的内在肌理，以及深层的经济结构、民情风俗、社会生活等，与此同时，也要关注在城市更新中街区历史空间与人文遗产的保护问题。近年来，我们组建研究团队，将目光移向上海的一些街区，选择不同的类型进行研究，其中包括复兴中路（思南公馆）、建国中路（原法租界会审公廨、警务处旧址）、城南、龙华、静安里弄等，范围涉及近代上海城市形成中的不同区域。近代上海实际上是一个集合城市，分为三个部分，分别是公共租界、法租界、华界，也被称为"三界"，这"三界"各有三个不同的市政机构管辖，彼此独立，"各该机关又按照其自有之特殊法规而行使职权"，并"按照新时代方式而发展之都市区域"（《费唐法官研究上海公共租界情形报告书》第一卷，1931年版），这是近代上海城市发展的整体格局。究竟是什么力量在推动着这座巨大都会的形成，这需要对内部的不同街区作更多深入而细致的解析。

　　几年前，南京东路街道办事处的负责人来到上海社会科学院历史研究所，商谈如何合作研究这个地处上海市核心区域的街道。该辖区内的人民广场是上海的中心地标，是一个融行政、文化、交通、商业等为一体的广场。由于其特殊的地理与地位，这个街道值得研究的内容很多。经过几次研讨，我们拟以"上海城市之心"为题展开，重点探讨南京东路街区如何由"边缘"成为"中心"，以及这些"中心"演变的脉络与具体表现。随后，我们确立了相关的研究路径，着重从几个维度解析：

　　首先，从历史空间的演变中考察。有关南京东路街区档案的数据浩如烟海，仅仅依据文字的表述有其局限性，得到的也只是一个局部，或者一个侧面，易于"碎片化"。近年

来城市史研究中出现了题目愈做愈小、内容愈来愈琐碎的现象，即是例证。面对近代城区的快速变化，功能关系的错综变换，我们愈来愈需要借助于城市的各类地图，以及相关的图像数据来帮助研究。换言之，随着城市史研究的深入，我们迫切需要利用各种图像来探讨城市整体的空间布局以及内部的结构变迁，对于一个街区也是如此。要完整展现100多年来南京东路街区的变迁，无论是道路、建筑，还是街区的形成、空间的延伸，都需要借助于不同时期、不同类型的地图。近年来，我们从海内外陆续搜集到这一带街区的各类地图数十幅，这些地图绘制的时间跨度很大，体现了多种维度，且有不同的构图特点。通过对各种空间构图的解析，南京东路一带的空间形态、功能结构等得以充分显示。

其次，探讨谁在主导这个街区的形成与演变，具体又是哪些因素在推动。街区作为城市空间的重要组成部分，无论从哪一种维度来讲，都与"权利"有关，而这个权利又由多个层次、不同人群构成，组合在一起，共同制约着不同街区的发展、变迁。多种多样的"权利人"，在不同时期构成了复杂的权属关系。依据大量的户籍、房地产、市政、保甲和其他文献档案，可以解析街区内部的权属构成。课题组深入派出所、房地等部门，寻找到大量户籍资料、房地产信息，这是研究南京东路街区内部权属关系的重要依据。可惜，由于一些资料的特殊性，不少内容还不能公布。在书稿中，我们根据掌握的材料适当进行了处理。

再次，置于城市更新的背景之中去探讨。任何一个有历史的街区，都具有动态性、复杂性、多样性和时空连续性的特征，这是一个有机体，而这个有机体是需要新陈代谢的。历史街区也永远面临着新与旧、新生与消亡、保留与淘汰的选择。1949年以后，在我国的城市建设中，很长一段时期较多使用的是"旧区改造"这一方式。所谓旧区改造，是指局部或整体地、有步骤地改造和更新老城区的物质生活环境，以便根本改善其劳动、生活服务和学习等条件。旧区改造的内容包括：改造街区规划结构，在其行政界限范围内，实行街区用地的规划分区；更新、调整街区布局；更新或完善街区道路系统；改善街区居住环境并进行大规模的公共服务设施建设，把旧街坊改造成完整的居住区。作为一个近代形成的街区，南京东路的改造与更新也是在这样的背景与模式下进行的。地处上海城市中心的南京东路街区存在着数量庞大的、近代形成的各类建筑，亟待保护。如今，大拆大建的时代已经过去，中心城区也开始进入了有机更新的时期。保留历史建筑，保护历史街区已到了一个新阶段。在街区演进的脉络中，我们结合相关主题，对区域内的人文遗产进行了梳理，挖掘历史资源，彰显街区特色。

100多年来，这片土地上孕育了独特的近现代海派文明，积淀了深厚的历史文化底蕴。为推动南京东路街区文化的发展与繁荣，提升街区人文价值，增强街区的文化认同感，南京东路街道与上海社会科学院城市人文遗产研究团队紧密合作，共同编写了这部书稿。

该课题研究历时2年，书稿于2017年6月完成。主编为马学强，执行主编为张婷婷、陆烨，副主编为任伟峰、徐叶玉。撰稿人的具体分工如下：第一章，马学强；第二章，陆烨；第三章，李东鹏；第四章，胡端；第五章，胡端；第六章，陆烨；附录，马学强、张婷婷、张景岳、李东鹏等。同时，其他编委也做了大量工作。书稿完成后，由马学强进行通读审阅，并邀请中国史学会副会长、中国城市史研究会会长、上海社会科学院原副院长熊月之研究员为本书撰序。

本书稿由文字、图片两部分组成，根据书稿内容配图，采取以图带文，以文释图的形式，图文并茂。书中图片有几个来源：一为历史图片，从各种文献档案中选取，由鲍世望先生翻拍；二为近年来拍摄的照片，鲍先生不辞辛劳，兢兢业业，往返于南京东路街区，为研究小组拍摄、保存了大量图片；三为相关部门提供的图片，在书稿中均予以注明。

在书稿撰写过程中，我们得到了国家图书馆、中国第二历史档案馆、上海图书馆、上海市档案馆、上海博物馆、上海音像资料馆、复旦大学图书馆、华东师范大学图书馆、上海社会科学院图书馆、上海社会科学院历史研究所图书资料室、上海社会科学院经济研究所图书资料室等部门的大力协助与支持。本书的出版，与中共黄浦区委常委、宣传部部长余海虹，黄浦区五里桥街道党工委书记沈永兵担任南京东路街道党政主要领导时的大力推动分不开，也与黄浦区公益性文化专项资金资助项目、黄浦区南京东路街道党工委、南京东路街道办事处、南京东路街道派出所及一些社区居民的倾力支持密切相关。在此，一并致以最诚挚的谢意。

马学强

2017年6月8日

图书在版编目（CIP）数据

上海城市之心：南京东路街区百年变迁 / 马学强，张婷婷主编. — 上海：上海社会科学院出版社, 2017

（"城市更新与人文遗产"上海系列）

ISBN 978-7-5520-2110-3

Ⅰ. ①上… Ⅱ. ①马… ②张… Ⅲ. ①城市道路—介绍—上海 Ⅳ. ①K925.1

中国版本图书馆CIP数据核字(2017)第203715号

上海城市之心
　　——南京东路街区百年变迁

主　　编：马学强

执行主编：张婷婷　陆　烨

责任编辑：蓝　天

封面设计：黄婧昉

出版发行：上海社会科学院出版社
　　　　　上海顺昌路622号　邮编200025
　　　　　电话总机021－63315900　销售热线021－53063735
　　　　　http://www.sassp.org.cn　E-mail: sassp@sass.org.cn

排　　版：南京展望文化发展有限公司

印　　刷：上海万卷印刷股份有限公司

开　　本：889×1194毫米　1/16开

印　　张：17

字　　数：302千字

版　　次：2017年10月第1版　2017年12月第2次印刷

ISBN 978-7-5520-2110-3 / K · 409　　　　定价：108.00元

版权所有　翻印必究